Ursula Schindler
Kurt Klinner
Wolfram Nestler

Excel-Grundlagen der Makroprogrammierung

Software Trainer Aufbaustufe

Ursula Schindler
Kurt Klinner
Wolfram Nestler

Excel-Grundlagen der Makroprogrammierung

Friedr. Vieweg & Sohn   Braunschweig / Wiesbaden

Der Verlag Vieweg ist ein Unternehmen der Verlagsgruppe Bertelsmann.

ISBN 978-3-528-04651-4   ISBN 978-3-322-89723-7 (eBook)
DOI 10.1007/978-3-322-89723-7

Inhaltsverzeichnis

Vorwort

Hochleistungsfähige Prozessoren im Bereich der Personalcomputer sowie hochauflösende Monitore und Drucker mit Buchdruck-Qualität fordern eine neue Software, die in der Lage ist, die angebotenen Möglichkeiten zu nutzen. Diese neue Software eröffnet eine vielfältige Anwendungsbreite und gewinnt durch eine graphische Benutzeroberfläche ein Mehrfaches an Bedienerfreundlichkeit.

Microsoft hat durch die Schaffung der Windows-Oberfläche eine neue Softwareebene oberhalb der bekannten Produktfamilie (Word, Chart, Multiplan) erschlossen, die auf die oben beschriebenen Hardwaredimensionen abgestellt ist. Mit Microsoft Excel ist eine Windowsapplikation vorgestellt worden, die alle Merkmale der Windows-Oberfläche, wie graphische Benutzeroberfläche, erweiterte Speicherausnutzung und dynamischer Datenaustausch nutzt.

Microsoft Excel ist ein leistungsfähiges Tabellenkalkulationsprogramm mit integrierter Datenbankfunktion und Geschäftsgraphik. Das bereitgestellte Leistungsspektrum ist derart vielfältig, daß selbst wir, nach etwa einem Jahr intensiver Nutzung, immer wieder neue Dimensionen in diesem Programmpaket entdecken. Der Benutzer wird aus dem gebotenen Leistungsspektrum allenfalls die Hälfte der Möglichkeiten ausschöpfen, die Microsoft Excel bietet.

Dieses Buch soll dem interessierten Excel-User einen Einblick besonders in die Bereiche bieten, die ihm im täglichen Umgang mit einem solchen Programm die Arbeit wesentlich erleichtern. Dazu haben wir, an Beispielen aus der Praxis, die Grundfunktionen dieses Tabellenkalkulationsprogrammes dargestellt und darüberhinaus erläutert, wie die Arbeitsabläufe durch Makros automatisiert werden können. Nach dem Durcharbeiten der Beispiele dieses Buches haben Sie nicht nur vertiefte Excel-Kenntnisse erworben, sondern Sie besitzen auch Anwendungsprogramme, die der Verwaltung von Anlageverzeichnissen oder der Reisekostenabrechnung dienen.

Zum Abschluß möchten wir es nicht versäumen, unseren Ehepartnern und Familien für das Verständnis zu danken, mit dem sie die mutter- oder vaterlosen Wochenenden ertragen haben.

Bendorf-Sayn, im Februar 1989   Ursula Schindler, Kurt Klinner, Wolfram Nestler

1 Einführung in Excel

1.1 Die Excel-Werkzeuge

Obwohl wir davon ausgehen, daß dem Leser die grundlegenden Eigenschaften von Microsoft Excel schon einigermaßen bekannt sind, möchten wir dennoch auf die wesentlichen Charakteristika dieses Softwarepaketes eingehen.

Microsoft Excel stellt dem Benutzer die automatisierten Werkzeuge

Tabelle

Diagramm

Datenbank

Makro

zur Verfügung.

Zunächst wollen wir kurz auf die wichtigsten Merkmale dieser Werkzeuge eingehen und dann anhand eines kleinen Beispiels ihre Verwendung verdeutlichen.

1.1.1 Die Tabelle

Die Tabelle stellt das Hauptdokument von Microsoft Excel dar.

Sie besteht aus 256 Spalten und 16384 Zeilen. Der Schnittpunkt einer Spalte mit einer Zeile wird als Feld oder Zelle bezeichnet und ist die Grundeinheit, in der Daten gespeichert werden. Inhalte von Tabellenfeldern können konstante Werte oder Formeln sein (siehe Abbildung 1-1).

	A	B	C	D	E	
				BSPTAB1.XLS		
1		Einnahmen	Ausgaben	Überschuß		
2	Filiale A	1234	1009	225		
3	Filiale B	2176	1428	748	— Konstanten
4	Filiale C	5920	2109	3811		
5						
6		9330	4546	4784		
7						

Abbildung 1-1a: Excel-Tabelle (in Bildschirmanzeige Werte)

=			BSPTAB2.XLS		
	A	**B**	**C**	**D**	**E**
1		Einnahmen	Ausgaben	Überschuß	
2	Filiale A	1234	1009	=B2-C2	
3	Filiale B	2176	1428	=B3-C3	
4	Filiale C	5920	2109	=B4-C4	
5					─Formeln
6		=SUMME(B2:B4)	=SUMME(C2:C4)	=B6-C6	
7					

Abbildung 1-1b: Excel-Tabelle (in Bildschirmanzeige Formeln)

1.1.2   Die Datenbank

Als Datenbank bezeichnet Microsoft Excel eine Sammlung von Informationen, die in einer logischen, konsistenten Reihenfolge angeordnet ist. Eine Datenbank wird in einer Tabelle erstellt. Sie ist ein Tabellenbereich, der durch den Namen "Datenbank" besonders gekennzeichnet ist (siehe Abbildung 1-2). Zur Eingabe von Datensätzen stellt Microsoft Excel eine Datenmaske zur Verfügung, die aufgrund der vom Benutzer verwendeten Datenelementbezeichnungen definiert wird.

=					BSPDB1.XLS	
=	**Datei**	**Bearbeiten**	**Formel**	**Format**	**Daten**	**Optionen**
	H20					
	A	**B**	**C**	**D**	**E**	
1	Filiale	Anzahl Mitarbeiter	Verkaufsfläche			
2	A	128	1002	⎫ Datensatz		
3	B	102	897			
4	C	198	1567			
5						
6		**Datenelemente**				

Abbildung 1-2: Excel-Datenbank

1.1.3 Das Diagramm

Ein Diagramm ist die grafische Darstellung von Daten aus einer Tabelle. Microsoft Excel stellt sieben Diagrammarten in 44 Standardformaten zur Verfügung (siehe Abbildung 1-3).

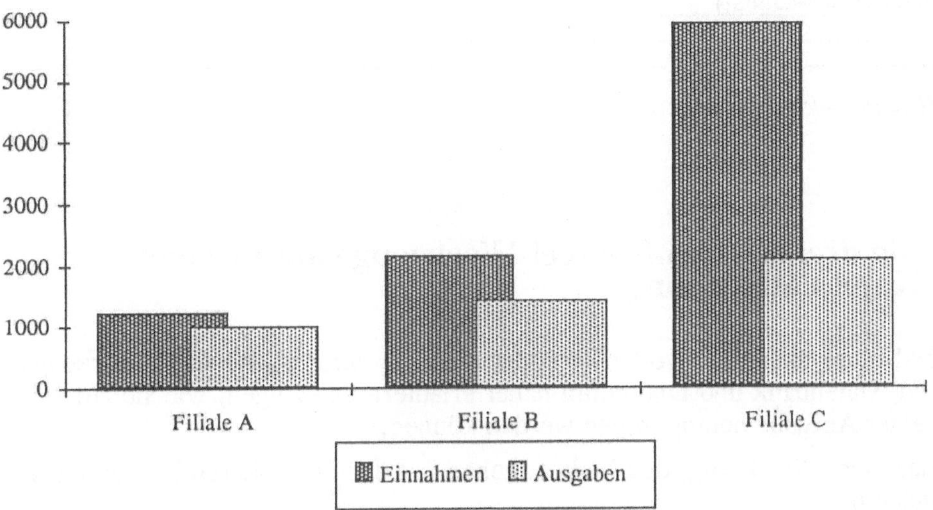

Abbildung 1-3: Excel-Diagramm

1.1.4 Der Makro

Ein Makro ist eine vom Benutzer erstellte Menge von Anweisungen, die Microsoft Excel ausführt. Er kann gespeichert und damit jederzeit wiederverwendet werden. Die Festlegung von Makros erfolgt in einer Makrovorlage, die in ihrem Aufbau einer Tabelle ähnlich ist (siehe Abbildung 1-4). Makros dienen dazu, die Durchführung sowohl von Routineaufgaben als auch von komplizierten Berechnungen zu automatisieren und damit den Eingabeaufwand für den Anwender bei der Benutzung von Programmen auf ein Minimum zu reduzieren.

```
┌─────────────────────────────────────────── Microsoft Excel ──────┐
│  ▭   Datei   Bearbeiten   Formel   Format   Daten                 │
├──────────────────────┬─────────┬─────────────────────────────────┤
│        C20           │         │                                 │
├──────────────────────┴─────────┴─────────────────────────────────┤
│                                 A                                 │
├───┬───────────────────────────────────────────────────────────────┤
│ 1 │ bspmak1                                                       │
│ 2 │ =AKTIVIEREN("BSPTAB1.XLS")                                    │
│ 3 │ =AUSWÄHLEN("Z2S2:Z6S4")                                       │
│ 4 │ =FORMAT.ZAHLENFORMAT("#.##0,00 DM;-#.##0,00 DM")              │
│ 5 │ =RÜCKSPRUNG()                                                 │
│ 6 │                                                               │
│ 7 │                                                               │
└───┴───────────────────────────────────────────────────────────────┘
```

Abbildung 1-4: Excel-Makro

1.2 Die drei Microsoft Excel-Werkzeuge am Beispiel Kapitalaufzinsung

Anhand eines Beispiels wollen wir nun die drei Microsoft Excel-Werkzeuge Tabelle, Datenbank und Diagramm näher erläutern und zeigen, wie sie zur Lösung einer Aufgabe herangezogen werden können.

Auf das vierte Werkzeug, den Makro, gehen wir dann in späteren Kapiteln ausführlich ein.

Bei dem Beispiel werden nicht mehr alle Details bis ins kleinste erläutert, da ein Vertrautsein mit den elementaren Funktionen von Microsoft Excel vorausgesetzt wird. Wir haben uns jedoch bemüht, auf wesentliche Dinge, die für das Verständnis der Beispiele wichtig sind, einzugehen und Besonderheiten herauszustellen.

Dem besprochenen Beispiel liegt folgende Problemstellung zugrunde, die in der Bank- bzw. Versicherungspraxis täglich vorkommt:

Ein Kunde möchte wissen, wieviel sein Kapital, das er heute

für einen bestimmten Zeitraum zu einem bestimmten Zinssatz anlegt,

nach Ablauf der vereinbarten Zeit einbringt.

Der Berater greift hierzu auf ein vorbereitetes Formular zurück, das den folgenden Aufbau haben könnte:

<table>
<tr><td colspan="3" align="center">Kapitalaufzinsung</td></tr>
<tr><td colspan="3">Name :.................
Nennkapital :.........
Laufzeit (in Jahren):
Zinsfuss :.............</td></tr>
<tr><td align="center">Jahr</td><td align="center">Auszahlungsbetrag</td><td align="center">jährlicher Zuwachs</td></tr>
<tr><td></td><td></td><td></td></tr>
</table>

Abbildung 1-5: Formular zur Kapitalaufzinsung

Er füllt den Kopf des Formulars mit dem Namen des Kunden, Nennkapital, Laufzeit und anzubietendem Zinssatz aus und erhält sofort die gewünschten Angaben zur Information seines Kunden.

Kapitalaufzinsung

Name :................. Schulz
Nennkapital :......... 10.000,00 DM
Laufzeit (in Jahren): 5
Zinsfuss :............. 5,00%

Jahr	Auszahlungsbetrag	jährlicher Zuwachs
1	10.500,00 DM	500,00 DM
2	11.025,00 DM	525,00 DM
3	11.576,25 DM	551,25 DM
4	12.155,06 DM	578,81 DM
5	12.762,82 DM	607,75 DM

Abbildung 1-6: Ausgefülltes Formular

Somit hat der Berater in kürzester Zeit die geforderten Informationen, zugeschnitten auf den jeweiligen Bedarfsfall, zur Hand.

In Microsoft Excel wird das gezeigte Formular über eine Tabelle realisiert, die in dem vorliegenden Fall folgendermaßen aussieht:

	A	B	C
1			
2		**Kapitalaufzinsung**	
3			
4			
5	Name :...................	Schulz	
6	Nennkapital :...........	10000	
7	Laufzeit (in Jahren) :	5	
8	Zinsfuss :...............	0,05	
9			
10			
11	Jahr	Auszahlungsbetrag	jährlicher Zuwachs
12			
13			
14	1	=$B$6*(1+$B$8)^A14	=B14-B6
15	2	=$B$6*(1+$B$8)^A15	=B15-B14
16	3	=$B$6*(1+$B$8)^A16	=B16-B15
17	4	=$B$6*(1+$B$8)^A17	=B17-B16
18	5	=$B$6*(1+$B$8)^A18	=B18-B17
19			
20			
21			
22			
23			
24			

Abbildung 1-7: Realisierung des Formulars in einer Microsoft Excel-Tabelle

Wir wollen in diesem Kapitel nur auf die verschiedenen Feldinhalte der Tabelle, ihre Bedeutung und Besonderheiten im Hinblick auf die Verknüpfung mit einer Datenbank eingehen. In Kapitel 2 wird dann im Punkt 2.7 die Vorgehensweise zur Erstellung der Tabelle ausführlicher beschrieben.

Feldinhalte

Die Felder A5 bis C11, sowie A14 bis A18 enthalten **konstante Werte**, die Felder B14 bis C18 dagegen **Formeln**.

Die Formel für den *jährlichen Zuwachs* erklärt sich als Differenz der Auszahlungsbeträge zweier aufeinanderfolgender Jahre.

Für den **Auszahlungsbetrag** existiert die Formel:

Auszahlungsbetrag = Nennkapital * (1 + Zinsfuß) ^ Jahreszahl

entsprechend der Formel, die Sie in jeder mathematischen Formelsammlung finden : $Kn = K0 * (1 + i)$ ^ n, wobei i p/100 entspricht.

Wichtig: Beachten Sie bitte, daß eine Division durch 100 in unserem Fall nicht notwendig ist, da das Feld B8 bereits den entsprechenden Inhalt hat.

Bezugsformate

In den beschriebenen Formeln finden Sie zwei verschiedene Arten von Adressen von Feldern, nämlich z.B. $B$6 oder A14.

Es handelt sich hierbei um sogenannte *Bezugsformate*.

Feldbezüge beruhen auf den Spalten- und Zeilenköpfen in einer Tabelle. Sind die Spalten von A bis IV und die Zeilen von 1 bis 16384 numeriert, so liegt das *Bezugsformat A1* vor.

Ändern Sie die Spaltenbezeichnungen von Buchstaben in Zahlen, dann erreichen Sie das *Bezugsformat Z1S1*.

Jedes Format können Sie absolut oder relativ verwenden. Absolute Adressen kennzeichnen Sie dabei durch ein $-Zeichen.

$B$6 ist also im *absoluten Bezugsformat*, A14 im *relativen Bezugsformat* dargestellt.

Worin unterscheiden sich diese beiden Formate?

Der Unterschied wird am schnellsten deutlich, wenn man beobachtet, was beim Kopieren der Formel in die anderen Felder der Spalte geschieht. Sie sehen, in den Feldern B15 bis B18 haben sich die absoluten Bezugsformate nicht geändert, sie lauten nach wie vor $B$6 bzw. $B$8, wohingegen sich das relative Format A14 der entsprechenden Zeile angepaßt hat und nun A15,...,A18 heißt.

Darüberhinaus können Sie auch beide Formate gemeinsam verwenden und erhalten dann das *gemischte Bezugsformat*. So bedeutet z.B. $A6, daß die Spalte A als absoluter Verweis zu sehen ist, 6 dagegen relativ interpretiert wird.

Erweiterung der Problemstellung : Zugriff auf eine Datenbank

Wir wollen nun davon ausgehen, daß der Berater jederzeit verschiedene Beispielfälle zur Vorführung bereithalten möchte. Dabei will er aber nicht die entsprechenden Ausgangsdaten jeweils neu eingeben, sondern sie automatisch bei Eingabe eines Namens abrufen können, d.h. der Berater möchte auf eine andere Tabelle zurückgreifen, die aus den Ausgangsdaten besteht, die er für je eine Berechnung braucht, nämlich Name, Nennkapital, Zinssatz und Laufzeit.

1. Schritt: Definition der Datenbank

Zur Lösung dieser Fragestellung bedient man sich in Microsoft Excel einer Datenbank, die wiederum in einer Tabelle definiert wird.

Folgende Schritte sind in unserem Beispiel zur Erstellung der Datenbank nötig:

Erstellen Sie eine neue Tabelle durch Auswahl des Befehls *Datei Neu*.

—		**Datei**	**Bearbeiten**	**Formel**	**Format**	**Daten**	**Optio**
		Neu...					
		Laden...				**D**	**E**
1		**Schließen**					
2		**Verknüpfte Dateien laden...**					
3							
4		**Speichern**					
5		**Speichern unter...**					
6		**Arbeitsbereich speichern...**					
7		**Löschen...**					
8		**Layout...**					
9		**Drucken...**					
10		**Druckereinrichtung...**					
11							
12		**Beenden**					

Abbildung 1-8: Das Menü Datei

Als Option klicken Sie *Tabelle* an.

Abbildung 1-9: Optionsfeld Datei Neu

Geben Sie dann die Feldnamen Name, Nennkapital, Zinssatz und Laufzeit in die erste Zeile der Tabelle ein.

Markieren Sie die Feldnamen und mindestens eine leere Zeile darunter.

Wählen Sie dann den Befehl *Daten Datenbank festlegen*.

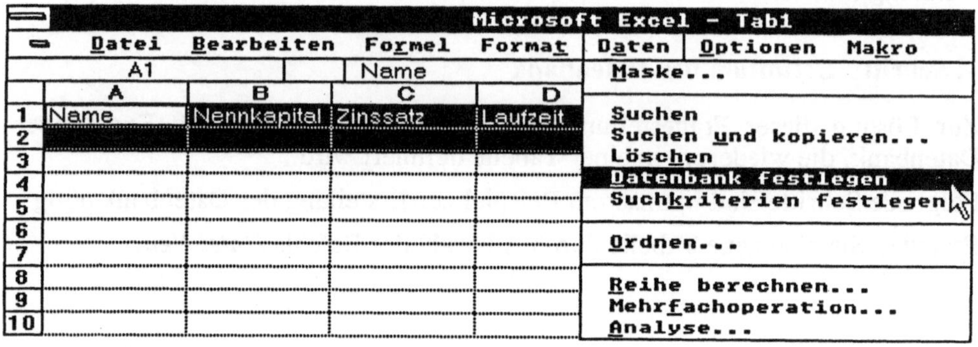

Abbildung 1-10: Das Menü Daten

Daraufhin nennt Microsoft Excel den festgelegten Bereich automatisch *datenbank*.

Um Datensätze einzugeben, wählen Sie den Befehl *Daten Maske*.

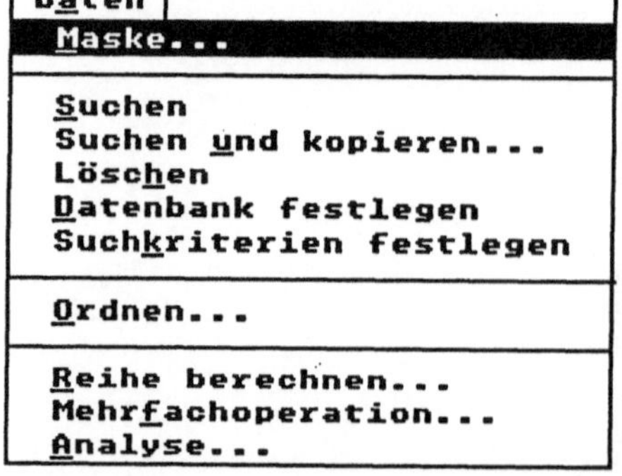

Abbildung 1-11: Der Befehl Daten Maske

Microsoft Excel generiert daraufhin automatisch eine der Definition Ihrer Datenbank entsprechende Eingabemaske. Sie sehen, es erscheinen die Feldnamen, die Sie in der obersten Zeile definiert hatten. Mit Hilfe dieser Maske können Sie die verschiedensten Operationen auf der Datenbank durchführen.

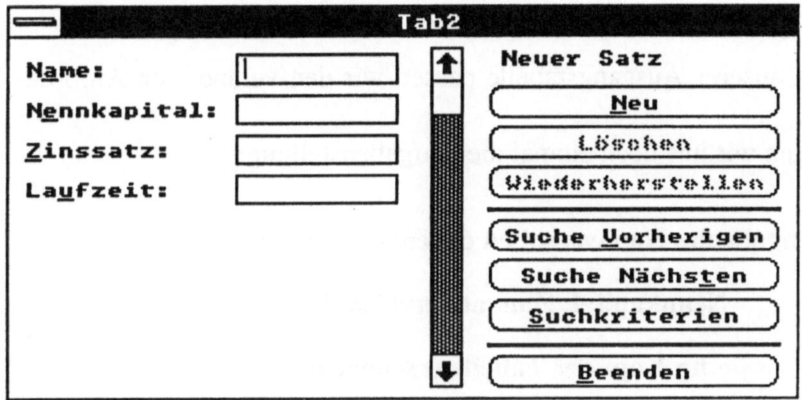

Abbildung 1-12: Datenmaske zur Eingabe von Sätzen in eine Datenbank

Geben Sie die Sätze, die im folgenden (siehe Abbildung 1-13) angezeigt werden, nacheinander über die Maske ein.

Wichtig: Achten Sie bitte darauf, daß die Sätze der Datenbank nach dem Namen sortiert eingegeben werden. Nur so funktionieren die Befehle zum Durchsuchen der Datenbank korrekt. Liegen sie unsortiert vor, so müßte zunächst ein Sortierlauf vorgenommen werden.

Nach der Eingabe von Daten sollte die Datenbank dann folgendermaßen aussehen.

	A	B	C	D
1	Name	Nennkapital	Zinssatz	Laufzeit
2	Klinner	15.000 DM	5,00%	20
3	Meier	20.000 DM	4,00%	12
4	Müller	25.000 DM	6,00%	15
5	Nestler	15.000 DM	5,50%	7
6	Schindler	10.000 DM	5,00%	8
7	Schulz	10.000 DM	5,00%	5
8	Zander	12.500 DM	4,50%	10

Abbildung 1-13: Datenbank zur Problemstellung

Auf Felder der Datenbank kann von anderen Dokumenten innerhalb von Microsoft Excel durch Verwendung eines *externen Bezugsformates* zugegriffen werden. Heißt die Tabelle, in der die Datenbank definiert ist, z.B. ZINS_DB.XLS, so kann auf die Datenbank durch den Namen ZINS_DB.XLS!*datenbank* Bezug genommen werden.

2. Schritt: Änderung der konstanten Tabellenfelder

Die Formeln in unserer Ausgangstabelle passen wir den veränderten Anforderungen an.

Vergegenwärtigen wir uns noch einmal die Aufgabenstellung:

Nach Eingabe des Namens sollen die entsprechenden Werte für

Nennkapital, Zinssatz und Laufzeit

im Kopf der Tabelle erscheinen.

Wir müssen also die Datenbank nach einem Datensatz durchsuchen, dessen erstes Element dem eingegebenen Namen entspricht und geben dann im Feld B6 das entsprechende Nennkapital, in B7 die Laufzeit und in B8 den Zinssatz aus.

Die Tabellenfunktion, die dies leistet, ist die Funktion SVERWEIS mit den Parametern: Suchkriterium, Mehrfachoperationsmatrix (d.h. Name des zu durchsuchenden Datenbereiches) und Spaltenindex (d.h. gesuchter Eintrag).

In unserem Fall lautet die Formel zum Auffinden des Nennkapitals bei eingegebenem Namen

=SVERWEIS($B$5;ZINS_DB.XLS!datenbank;2)

D.h.: suche den Datensatz im Datenbankbereich der Tabelle ZINS_DB.XLS, dessen erstes Feld mit dem Feld B5 der aktiven Tabelle, also dem Namen, übereinstimmt und gebe das zweite Feld des gefundenen Datensatzes, also das Nennkapital, in das aktive Feld aus.

Diesen Befehl verwenden wir analog für die Laufzeit und den Zinssatz.

Damit sieht der Kopf der Tabelle folgendermaßen aus:

	A	B
1		
2		**Kapitalaufzinsung**
3		
4		
5	Name :..	Schulz
6	Nennkapital :................................	=SVERWEIS($B$5;ZINS_DB.XLS!Datenbank;2)
7	Laufzeit (in Jahren) :..............	=SVERWEIS($B$5;ZINS_DB.XLS!Datenbank;4)
8	Zinsfuss :....................................	=SVERWEIS($B$5;ZINS_DB.XLS!Datenbank;3)
9		
10		
11	Jahr	Auszahlungsbetrag
12		

Abbildung 1-14: Formeln im Kopf der Tabelle

3. Schritt: Variable Laufzeit

Da die Laufzeit von Kunde zu Kunde unterschiedlich sein kann, muß die Länge der Tabelle variabel gehalten werden.

Demzufolge wollen wir die erste Spalte unserer Tabelle ab Zeile 14 solange mit den Zahlen 1, 2, 3 usw. füllen, bis die angegebene Laufzeit erreicht ist.

Dazu bedienen wir uns der Funktion WENN in Verbindung mit der Funktion ZEILE().

WENN entspricht einer Verzweigung in der Bedeutung eines IF-THEN-ELSE, d.h., wenn die als erster Parameter angegebene Bedingung erfüllt ist, wird der Befehl, der als zweiter Parameter angegeben ist, ausgeführt, ansonsten der dritte.

ZEILE() gibt die aktuelle Zeilennummer aus. Da wir in Zeile 14 starten, müssen wir, um eine 1 zu erhalten, ZEILE()-13 berechnen.

Die entsprechende Formel lautet also:

=WENN((ZEILE()-13)<=$B$7; ZEILE()-13;"")

D.h.: ist die aktuelle Zeilennummer-13 kleiner als die angegebene Laufzeit, so schreibe in die Position den Wert der aktuellen Zeilennummer-13, ansonsten bleibt der Eintrag leer.

Beispiel: Bei einer Laufzeit von 5 Jahren, liefert Zeile 14 den Wert 1, Zeile 15 den Wert 2, Zeile 16 den Wert 3, Zeile 17 den Wert 4 und Zeile 18 den Wert 5. Bei Zeile 19 gilt schon nicht mehr ZEILE()-13 < = 5, denn hier lautet das Ergebnis von ZEILE()-13 = 6, also bleiben ab Zeile 19 alle folgenden Zeilen leer.

Analog verfahren wir mit der Ausgabe der beiden anderen Werte Auszahlungsbetrag und jährlicher Zuwachs.

Eine Zeile unserer Tabelle hat also folgendes Aussehen:

	A
14	=WENN((ZEILE()-13)< =$B$7;ZEILE()-13;"")

	B
14	=(WENN(A14< >"";$B$6*(1 +$B$8)^A14;""))

	C
14	=WENN(A14< >"";B14-B6;"")

Abbildung 1-15: Formeln zur Realisierung der Postenzeilen

Die weiteren Zeilen erhalten Sie durch Kopieren der entsprechenden Felder in die übrigen Felder der Spalte.

Erstellung des zur Tabelle gehörenden Diagramms

In einem letzten Schritt möchten wir zeigen, wie zu der oben definierten Tabelle ein Diagramm erstellt werden könnte. Es soll zum einen verdeutlichen, wie das Kapital anwächst und zum anderen die Entwicklung des Zuwachses aufzeigen.

Grundsätzlich erstellt man ein Diagramm folgendermaßen:

Markieren der entsprechenden Tabellenspalten (in unserem Fall A14 - C21) und Auswahl des Befehls *Datei Neu* mit der Option *Diagramm* oder Betätigen der Tastenkombination ALT+F1.

```
┌──────────────────────────────────────────────────────┐
│ ═══                                     Microsoft      │
├────────┬───────────────────────────────────────────────┤
│ Datei  │ Bearbeiten   Formel   Format   Daten          │
├────────┴────────────────────────────────┬──────────────┤
│ Neu...                                   │              │
│ Laden...                                 │░░░░░░░░░░░░░░│
│ Schließen                                │              │
│ Verknüpfte Dateien laden...              │       D      │
│                                          ├──────────────┤
│ Speichern                                │              │
│ Speichern unter...                       │              │
│ Arbeitsbereich speichern...              │              │
│ Löschen...                               │              │
│                                          │              │
│ Layout...                                │              │
│ Drucken...                               │              │
│ Druckereinrichtung...                    │              │
│                                          │              │
│ Beenden                                  │              │
└──────────────────────────────────────────┴──────────────┘
```

Abbildung 1-16: Der Befehl Datei Neu

```
┌────────────────────────────────────────────┐
│  ┌─Neu──────────────┐   ┌──────────────┐    │
│  │ ○ Tabelle        │   │     OK       │    │
│  │ ● Diagramm       │   └──────────────┘    │
│  │ ○ Makrovorlage   │   ┌──────────────┐    │
│  └──────────────────┘   │  Abbrechen   │    │
│                         └──────────────┘    │
└────────────────────────────────────────────┘
```

Abbildung 1-17: Das Dialogfeld Neu

Daraufhin generiert Microsoft Excel automatisch ein Diagramm, bestehend aus den Datenreihen Auszahlungsbetrag und jährlicher Zuwachs (siehe Abbildung 1-18). Die Beschriftung der Achsen wird ebenfalls entsprechend der Definition der Datenbank vorgenommen.

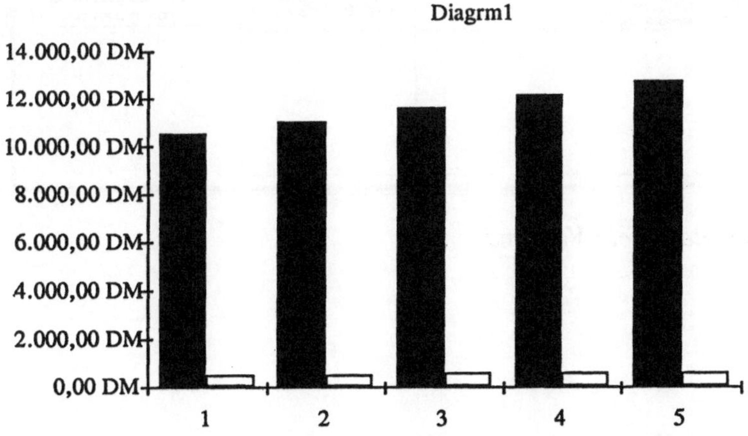

Abbildung 1-18: Von Excel automatisch zu der Tabelle generiertes Diagramm.

Das angezeigte Diagramm entspricht dem Aussehen nach noch nicht unseren
Vorstellungen, wir wollen es unseren Wünschen gemäß verändern.

Da das Diagramm zwei verschiedene Kurven beinhaltet, wählen wir den Befehl
Muster Verbund und ändern damit das Format des aktiven Diagramms in das
Verbundformat, das wir aus dem Musterverzeichnis auswählen.

Es empfiehlt sich in unserem Fall, zwei Größenachsen zu wählen, da sich die
Werte in ihrer Größenordnung sehr unterscheiden. Also klicken Sie das zweite
Bild an und danach die Schaltfläche OK.

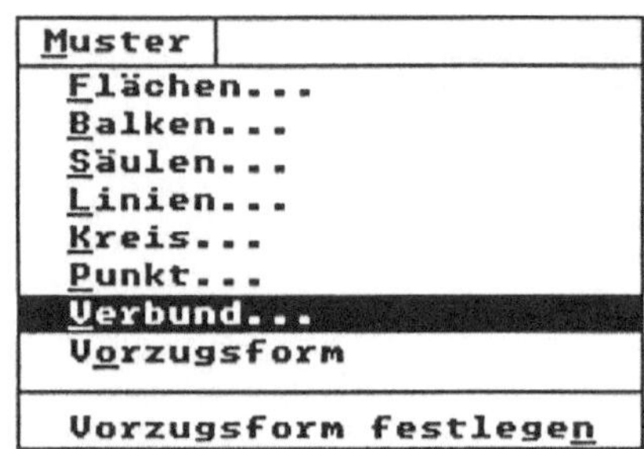

Abbildung 1-19: Der Befehl Muster Verbund

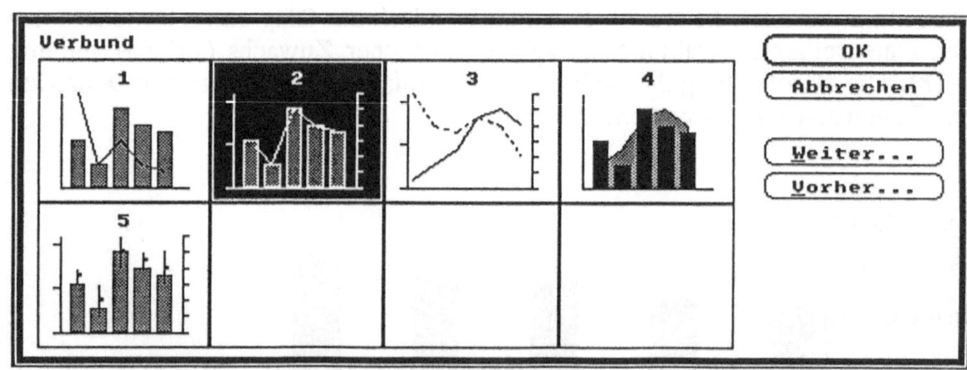

Abbildung 1-20: Das Dialogfeld Verbund

Es erscheint ein Verbunddiagramm, bei dem das Hauptdiagramm (Säulen) die
Datenreihe1 und das überlagerte Diagramm (Linien) die Datenreihe2 beschreibt. Außerdem erhalten wir eine zweite Größenachse.

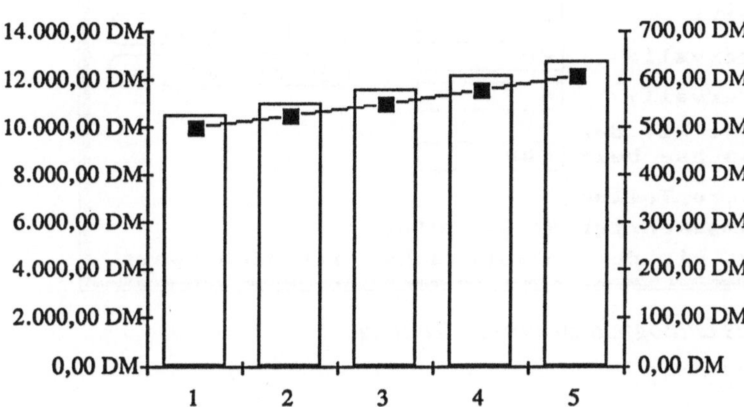

Abbildung 1-21 : Verbunddiagramm

Um deren Erscheinungsbild zu ändern, klicken wir sie mit der Maus an und
wählen dann den Befehl *Format Teilung*.

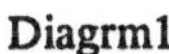

Abbildung 1-22: Der Befehl Format Teilung

Es wird folgendes Dialogfeld angezeigt, das uns erlaubt, die Größenachse bzgl.
der Werte und der Intervalle neu zu bestimmen.

```
Größenachse                                    ┌─────────────────┐
Automatisch                                    │       OK        │
   ☐    Kleinstwert:        500                 └─────────────────┘
                                               ┌─────────────────┐
   ☒    Höchstwert:         620                 │    Abbrechen    │
                                               └─────────────────┘
   ☒    Hauptintervall:     20
                                               ┌─────────────────┐
   ☒    Hilfsintervall:     4                   │    Muster...    │
                                               └─────────────────┘
        Schnittpunkt mit der                   ┌─────────────────┐
   ☒    Rubrikenachse bei:  500                 │  Schriftart...  │
                                               └─────────────────┘
   ☐ Logarithmische Teilung
   ☐ Größen in umgekehrter Reihenfolge
   ☐ Schnittpunkt mit der Rubrikenachse bei Höchstwert
```

Abbildung 1-23: Das Dialogfeld zu Format Teilung

Sie sehen, das Dialogfeld bezieht sich auf die angeklickte Größenachse. Setzen
Sie bitte den Kleinstwert auf 500, da ein Zuwachs von 500 DM dem Aus-
gangswert entspricht. Das überlagerte Diagramm wird steiler und damit aussa-
gekräftiger.

Um die Achsen zu beschriften, wählen Sie den Befehl *Diagramm Text zuordnen.*

```
┌──────────────┬────────────────────────┐
│ Diagramm     │                        │
├──────────────┴────────────────────────┤
│ Text zuordnen...                       │
│ Pfeil einfügen                         │
│ Legende einfügen                       │
│ Achsen...                              │
│ Gitternetzlinien...                    │
│ Überlagerung löschen                   │
├────────────────────────────────────────┤
│ Diagramm auswählen                     │
│ Diagrammfläche auswählen               │
├────────────────────────────────────────┤
│ Datei schützen...                      │
├────────────────────────────────────────┤
│ Neu berechnen                          │
│ Kurzmenüs                              │
└────────────────────────────────────────┘
```

Abbildung 1-24: Der Befehl Diagramm Text Zuordnen

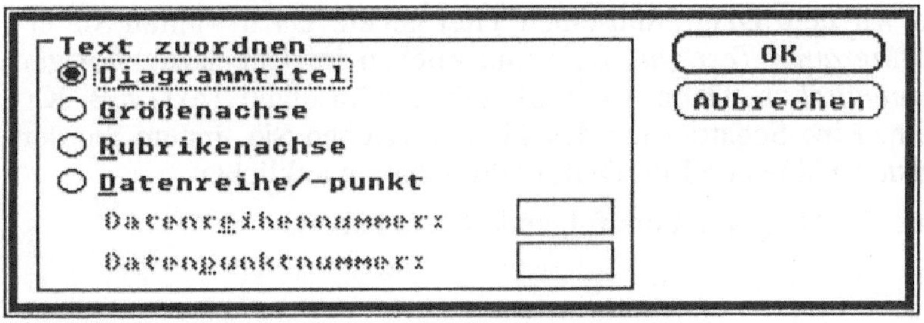

Abbildung 1-25: Das Dialogfeld Text zuordnen

Klicken Sie *Größen-* oder *Rubrikenachse* an, und geben Sie den gewünschten Text ein. Er bezieht sich allerdings nur auf die Achsen des Hauptdiagramms.

Eine Beschriftung der Größenachse des überlagerten Diagramms realisieren Sie über *nicht zugeordneten Text*. Dazu geben Sie den Text in die Bearbeitungszeile ein und bestätigen mit Anklicken des Schaltfeldes Eingabe. Der Text erscheint an einer beliebigen Stelle im Diagramm. Um ihn an die gewünschte Stelle zu bewegen, klicken Sie den Text mit der Maus an, halten den linken Mauszeiger fest und verschieben ihn. Lassen Sie den Mauszeiger los, so ist der Text positioniert. Eine spätere Verschiebung ist aber jederzeit auf die beschriebene Art und Weise möglich. Eine Formatierung erreichen Sie durch Anklicken des Textes und Auswahl des Befehls *Format Text*. Durch Anklicken von *vertikaler Text* wird die Achse von oben nach unten beschriftet.

Als nächstes verändern wir das Muster der Säulen. Dazu klicken Sie die erste Säule an und wählen den Befehl *Format Muster*. Klicken Sie das gewünschte Muster an und die Säule verändert ihr Aussehen. Für alle anderen Säulen können Sie ein vereinfachtes Verfahren anwenden. Sie brauchen nur noch die entsprechende Säule anzuklicken und dann den Befehl *Bearbeiten Wiederholen* auszuwählen.

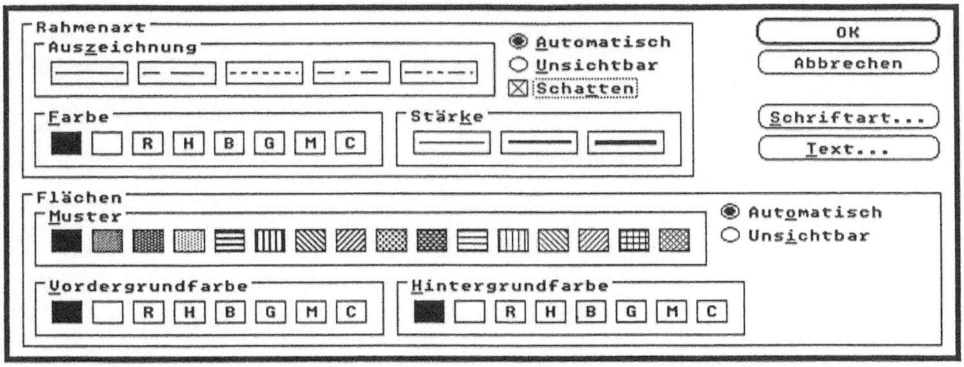

Abbildung 1-26: Das Dialogfeld Format Muster

Als letztes wollen wir dem Diagramm einen Titel geben. Dazu wählen Sie erneut den Befehl *Diagramm Text zuordnen* und klicken in dem dazugehörigen Dialogfeld *Diagrammtitel* an. Dann geben Sie den gewünschten Text, z.B. Kapitalaufzinsung, ein. Eine Schattierung des Titels erreichen Sie, indem Sie den Befehl *Format Muster* wählen und im Dialogfeld Schatten anklicken.

Letztendlich könnte das Diagramm die folgende Form haben:

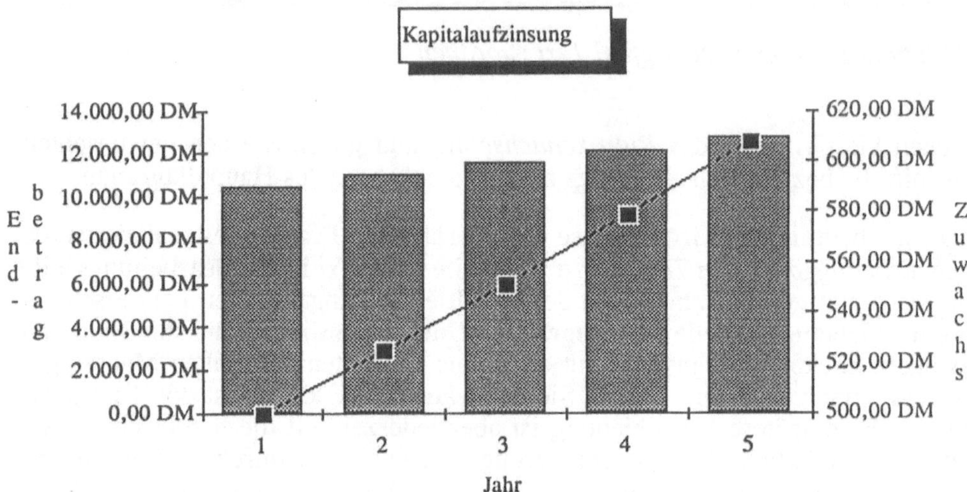

Abbildung 1-27: Verbunddiagramm zur Kapitalaufzinsung

2 Werkzeuge für das Bearbeiten von Excel-Dokumenten

In diesem Kapitel werden wir auf die Microsoft Excel-Befehle eingehen, die Sie später bei der Entwicklung und Bearbeitung von Makros benötigen.

Die Menüs Datei und System (gekennzeichnet durch den Querbalken) werden dabei als bekannt vorausgesetzt. Das Menü Daten ist schon in Kapitel Eins erläutert worden, ebenso die Menüs zur Erstellung und Bearbeitung von Diagrammen.

Das Menü Makro wird in Kapitel Fünf ausführlich beschrieben, so daß wir an dieser Stelle darauf verzichten.

Wir beginnen mit der theoretischen Beschreibung der einzelnen Menüpunkte.

In einem abschließenden Beispiel soll danach aufgezeigt werden, wie die Tabelle aus Kapitel Eins in Microsoft Excel erstellt und formatiert werden kann.

Doch zunächst einige Vorbemerkungen zu den verwendeten Begriffen.

Ein **Befehl** ist ein Wort oder ein kurzer Satz, der Microsoft Excel anweist, eine Aktion auszuführen.

Die Microsoft Excel-Befehle sind in aufschlagbaren **Menüs** zusammengefaßt. Diese Menüs bestehen aus Gruppen von verwandten Befehlen. Nachdem Sie einen Befehl gewählt haben, zeigt Microsoft Excel in vielen Fällen ein Dialogfeld an und fordert Sie damit zur Eingabe weiterer Informationen auf, die es zur Ausführung des Befehls benötigt.

Die Art der angezeigten Menügruppe hängt von der aktiven Fensterart ab, d.h. ein Tabellen- oder Makrovorlagenfenster zeigt die Namen von Tabellenmenüs an, ein Diagrammfenster die Namen von Diagrammenüs.

2.1 Das Auswählen von Bereichen

Vor der Ausführung der meisten Befehle in Microsoft Excel müssen Sie zunächst den Teil der Tabelle oder des Diagramms auswählen, mit dem Sie arbeiten wollen. Eine Auswahl erkennen Sie auf dem Bildschirm daran, daß die entsprechenden Felder hervorgehoben sind, das aktive Feld mit einem dicken gepunkteten Rahmen und die anderen ausgewählten Felder in schwarzer invertierter Anzeige.

Wir wollen uns, wie oben schon angedeutet, auf die Beschreibung der Tabellen-auswahl beschränken und die verschiedenen Arten der Auswahl beschreiben.

Auswahl eines einzelnen Feldes

Wollen Sie ein einzelnes Feld auswählen

- und arbeiten Sie mit der Tastatur, so drücken Sie die Richtungstasten, um zu dem Feld zu gelangen, das ausgewählt werden soll.

- und arbeiten Sie mit der Maus, so klicken Sie das entsprechende Feld an.

Auswahl eines Bereiches

Unter einem Bereich versteht man einen rechteckigen Abschnitt einer Tabelle, der zwei oder mehr Felder enthält.

Wollen Sie einen solchen Bereich auswählen,

- und arbeiten Sie mit der Tastatur, so wählen Sie das erste Feld aus. Halten Sie danach die UMSCHALTTASTE gedrückt und drücken Sie die jeweilige(n) Richtungstaste(n) so oft, bis alle gewünschten Felder ausgewählt sind.

  Besonderheit:

  Bei Auswahl einer gesamten Zeile oder Spalte, wählen Sie ein Element der entsprechenden Zeile oder Spalte aus und betätigen Sie danach die Tasten-kombination STRG+LEERTASTE.

- und arbeiten Sie mit der Maus, so ziehen Sie den Mauszeiger über die entsprechenden Felder.

  Besonderheit:

  Bei Auswahl einer gesamten Zeile oder Spalte, brauchen Sie nur den entsprechenden Spalten- oder Zeilenkopf anzuklicken, bzw. bei mehreren Zeilen oder Spalten zusätzlich den Mauszeiger über die Überschriften zu ziehen.

Mehrfachauswahl

Eine Mehrfachauswahl ist eine beliebige Kombination aus einzelnen Feldern oder Feldbereichen. Wichtig dabei ist, daß die Felder nicht zusammenhängend sein müssen.

Wollen Sie eine Mehrfachauswahl durchführen,

- und arbeiten Sie mit der Tastatur, so wählen Sie das erste Feld aus, drük-ken danach die Taste F8 zur Aktivierung des Verlängerungsmodus und benutzen die Richtungstasten, um die Auswahl zu verlängern. Anschließend drücken Sie die Tastenkombination UMSCHALTTASTE+F8, um diese Auswahl beizubehalten, und gehen zum ersten Feld des nächsten Bereichs, der ausgewählt werden soll. Wiederholen Sie diese Folge für jede weitere Auswahl.

- und arbeiten Sie mit der Maus, so klicken Sie das erste Feld an oder ziehen Sie den Mauszeiger über den ersten Bereich. Halten Sie anschließend die STRG-Taste gedrückt, während Sie jedes weitere Feld anklicken oder den Mauszeiger über jeden weiteren Bereich ziehen.

2.2 Das Menü Bearbeiten

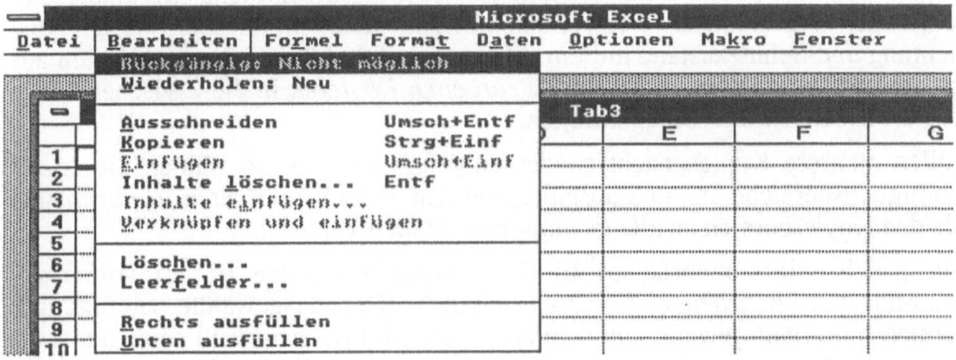

Abbildung 2-1 : Das Menü Bearbeiten

Bearbeiten Ausschneiden

Mit diesem Befehl wird eine Auswahl festgelegt, die später mit dem Befehl *Bearbeiten Einfügen* an eine andere Stelle bewegt werden soll.

Wichtig: Es muß sich um einen zusammenhängenden Tabellenbereich handeln.

Microsoft Excel kennzeichnet die Auswahl nach Anklicken des Befehl mit einem Laufrahmen, bewegt diese aber erst, wenn der Befehl *Bearbeiten Einfügen* ausgewählt wird.

Bearbeiten Kopieren

Mit diesem Befehl legen Sie den Bereich fest, der bei der Wahl des Befehls *Bearbeiten Einfügen* bzw. *Bearbeiten Inhalte einfügen* kopiert werden soll.

Wichtig: Es muß sich auch hier um einen zusammenhängenden Bereich handeln.

Nach Anklicken des Befehls kennzeichnet Microsoft Excel den ausgewählten Bereich mit einem Laufrahmen. Nachdem Sie einen Feldbereich kopiert haben, können Sie ihn noch in andere Felder der Tabelle einfügen.

Bearbeiten Einfügen

Dieser Befehl überträgt den Inhalt und die Formate der kopierten oder ausgeschnittenen Felder in die im Augenblick ausgewählten Felder, den sogenannten "Einfügungsbereich".

Wichtig: Haben Sie vorher den Befehl *Bearbeiten Ausschneiden* verwendet, so muß der Einfügungsbereich die gleiche Größe wie der Ausschneidungsbereich haben.

Der Befehl *Bearbeiten Einfügen* fügt für jedes Feld sämtliche Merkmale einschließlich Formel oder Wert, Zahlenformat, Rahmen, Auszeichnung, Ausrichtung und Schutzzustand mit ein. Mit dem Befehl können Sie auch Daten aus anderen Anwendungen, die Sie mit *Bearbeiten Kopieren* in die Zwischenablage kopiert haben, in Ihre Datei einfügen.

Sollen mehrere Kopien nacheinander eingefügt werden, so wählen Sie so oft Einfügungsbereiche aus und anschließend den Befehl *Bearbeiten Einfügen*, bis Sie den Kopierbereich an alle gewünschten Stellen kopiert haben.

Ein gleichzeitiges mehrfaches Einfügen derselben Daten ist bei vorheriger Auswahl von *Bearbeiten Kopieren* möglich. Der ausgewählte Einfügungsbereich muß dann jeweils eine Einfach- oder Mehrfachauswahl sein, die zwei oder mehr Bereiche aufnehmen kann, der mit dem Kopierbereich in Größe und Form genau übereinstimmt. Beim Einfügen vervielfältigt Microsoft Excel den Kopierbereich und füllt damit den Einfügungsbereich.

Bearbeiten Inhalte löschen...

Dieser Befehl löscht Daten, Formate oder beides aus den ausgewählten Feldern, je nachdem, was aus dem angezeigten Dialogfeld ausgewählt wird.

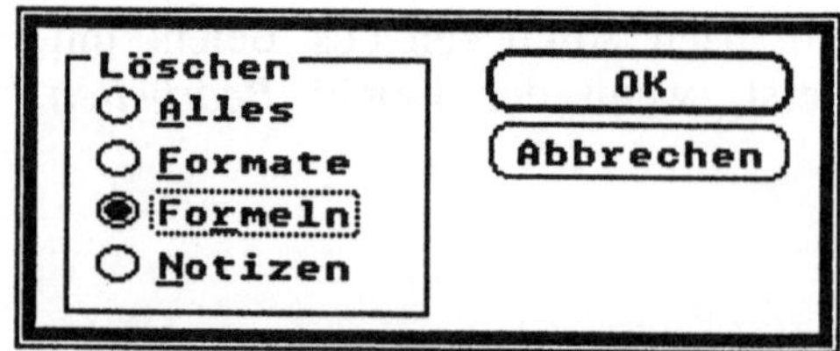

Abbildung 2-2: Dialogfeld zu Inhalte löschen

Wichtig: Der Befehl löscht nur die Inhalte, nicht die Felder selbst.

Bearbeiten Inhalte einfügen...

Dieser Befehl fügt ausgewählte Teile des Kopierbereiches in die Felder der aktuellen Auswahl ein. Dabei wählen Sie im angezeigten Dialogfeld aus, welche Teile Microsoft Excel auf welche Weise einfügen soll.

Abbildung 2-3: Dialogfeld zu Inhalte einfügen

Wählen Sie die runden Optionsfelder *Alles* und *Keine*, so entspricht dies der Wahl des Befehls *Bearbeiten Einfügen*.

Unter *Rechenoperation* legen Sie fest, wie die Felder des Kopierbereiches mit den Feldern des Eingabebereiches verbunden werden sollen.

Bearbeiten Verknüpfen und Einfügen

Dieser Befehl fügt kopierte Daten in die Felder der aktuellen Auswahl ein und stellt eine Verknüpfung mit dem Ursprung der Daten her. Wenn sich die Ausgangsdaten ändern, werden diese Änderungen auch in Ihrer Tabelle berücksichtigt.

Bearbeiten Löschen...

Dieser Befehl löscht die ausgewählten Felder und verschiebt die übrigen Felder so, wie Sie es im angezeigten Dialogfeld bestimmen.

Abbildung 2-4: Dialogfeld zu löschen

Wie Sie sehen, haben Sie dabei die Auswahl Felder nach links oder nach oben zu verschieben. Beim Löschen ganzer Zeilen oder Spalten führt Microsoft Excel automatisch eine Verschiebung in die entsprechende Richtung durch, ohne das Dialogfeld anzuzeigen.

Wichtig: Dieser Befehl unterscheidet sich vom Befehl *Inhalte löschen* dadurch, daß die ausgewählten Felder vollständig entfernt werden. Achten Sie also darauf, daß keine Formeln existieren, die auf diese Felder Bezug nehmen, Sie erhalten sonst die Fehlermeldung #Bezug!.

Bearbeiten Leerfelder...

Dieser Befehl fügt ein leeres Feld oder einen leeren Feldbereich in eine Tabelle ein und verschiebt die ausgewählten Felder so, wie Sie es im angezeigten Dialogfeld bestimmen (nach rechts oder nach unten).

Abbildung 2-5: Dialogfeld zu Bearbeiten Leerfelder

Beim Einfügen ganzer Zeilen oder Spalten führt Microsoft Excel automatisch eine Verschiebung in die entsprechende Richtung durch, ohne das Dialogfeld anzuzeigen.

Bearbeiten Rechts ausfüllen

Dieser Befehl kopiert den Inhalt und die Formate der Felder in der äußersten linken Spalte eines ausgewählten Bereiches in die restlichen Spalten dieses Bereiches.

Bei einer Mehrfachauswahl wird jeder Bereich in der Auswahl mit dem Inhalt der jeweils äußerst linken Spalte ausgefüllt.

Besonderheit: Halten Sie bei Auswahl des Menüs die UMSCHALTTASTE gedrückt, so wird der Befehl auf **Bearbeiten Links ausfüllen** umgeschaltet.

Bearbeiten Unten ausfüllen

Dieser Befehl kopiert den Inhalt und die Formate der Felder in der obersten Zeile eines ausgewählten Bereiches in die darunterliegenden Zeilen des Bereiches.

Besonderheit: Umschalten auf *Bearbeiten Oben* ausfüllen durch Festhalten der UMSCHALTTASTE bei Auswahl des Menüs Bearbeiten.

2.3 Das Menü Formel

Zunächst einige Grundsatzbemerkungen zum Thema "Namen" in Microsoft Excel.

Wie in anderen Programmiersprachen auch, sollte man Namen verwenden, um Formeln leichter lesbar zu machen, den Zugriff zu Feldern von verschiedenen Stellen aus zu vereinheitlichen oder auch, um Makros übersichtlich zu strukturieren.

Wenn Sie Namen festlegen, beachten Sie bitte folgende Regeln:

-   Das erste Zeichen eines Namens muß ein Buchstabe sein, alle anderen Zeichen können Buchstaben, Ziffern, Punkte oder Unterstreichungszeichen sein. Ein Name darf außerdem nicht wie ein Bezug (A1 oder Z1S2) aussehen.

-   Leerzeichen und Bindestriche sind innerhalb von Namen nicht zulässig.

-   Die Länge eines Namens kann bis zu 255 Zeichen betragen.

-   Microsoft Excel macht keinen Unterschied zwischen Groß- und Kleinbuchstaben.

Die Hauptbefehle zur Festlegung und Verwendung von Namen sind im Menü Formel enthalten.

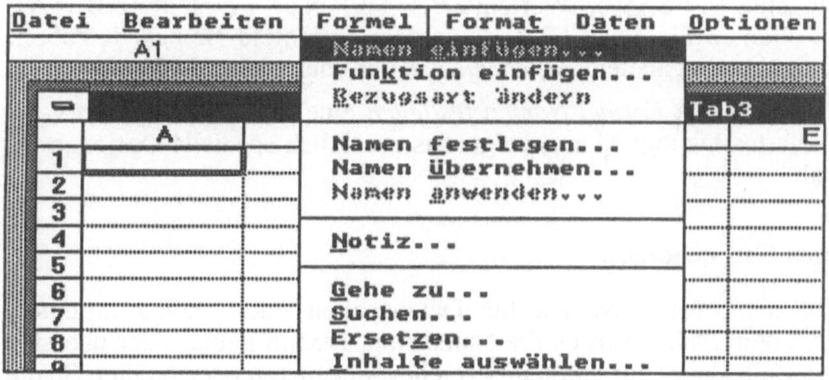

Abbildung 2-6 : Das Menü Formel

Formel Namen festlegen...

Mit diesem Befehl erstellen, löschen oder ändern Sie einen Namen.

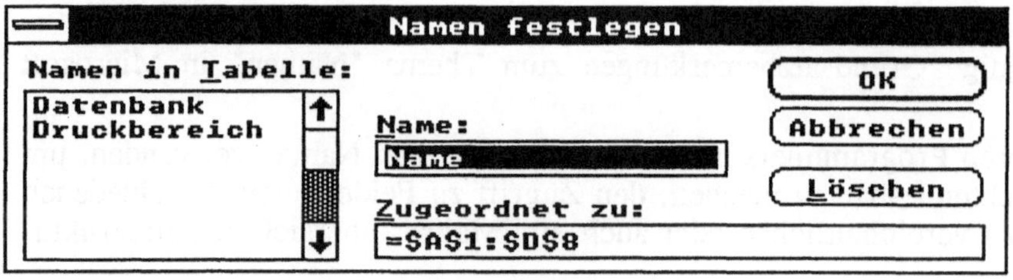

Abbildung 2-7: Dialogfeld zu Namen festlegen

Das angezeigte Dialogfeld enthält im Listenfeld *Namen in Tabelle* die im Augenblick festgelegten Namen.

Am häufigsten erstellen Sie Namen als Bezug auf ein Feld oder eine Gruppe von Feldern. Enthält das aktive Tabellenelement Text, so wird dieser automatisch als Name vorgeschlagen, ist es leer, so schlägt Microsoft Excel den Text im Feld links davon oder darüber vor. Sie können auch selbst einen Namen festlegen, indem Sie diesen in das Eingabefeld *Name* eintragen.

Im Eingabefeld *Zugeordnet zu* legen Sie dann fest, auf welches Feld oder welchen Bereich sich der eingegebene Name beziehen soll. Hier ist die Eingabe von Feldbezügen(z.B. =$A$5), Werten(z.B. =4%) oder Formeln (z.B. =A1-C5) möglich. Wählen Sie einen Namen aus dem Listenfeld Namen in Tabelle aus, so erscheint im Eingabefeld *Zugeordnet zu* der entsprechende Bezug.

Ist bei der Auswahl von *Formel Namen festlegen* eine Makrovorlage aktiv, so wird ein erweitertes Dialogfeld angezeigt, das zusätzlich spezielle Optionen für Makros enthält.

Formel Namen übernehmen...

Dieser Befehl dient dazu, Namen für Datenspalten oder -zeilen in einem Bereich zu erstellen. Dabei werden die Namen aus Text in Feldern der obersten oder untersten Zeile des ausgewählten Bereiches, der linken oder rechten Spalte dieses Bereiches oder aber einer beliebigen Kombination aus diesen vier Positionen übernommen, so, wie Sie es im angezeigten Dialogfeld festlegen.

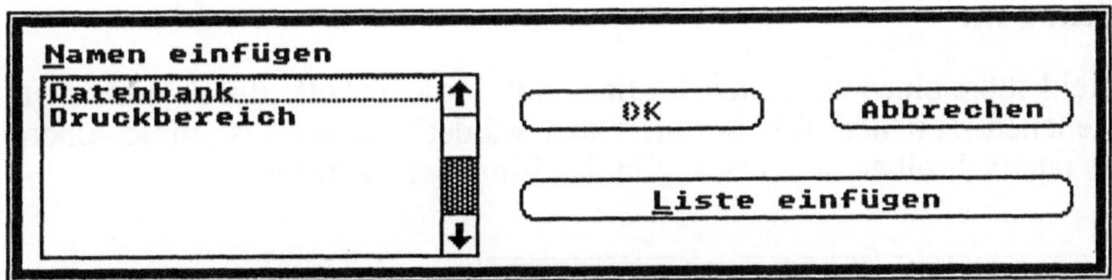

Abbildung 2-8: Dialogfeld zu Namen übernehmen

Falls Sie zwei sich überlappende Optionen verwenden (z.B. oberste Zeile und linke Spalte), so wird der Text in der oberen linken Ecke zum Namen des gesamten ausgewählten Bereichs.

Formel Namen einfügen...

Dieser Befehl dient dazu, einen festgelegten Namen in die Bearbeitungszeile einzufügen. Ist sie nicht aktiv, so wird sie durch den Befehl aktiviert und der Name eingefügt.

Bei Auswahl des Befehl wird ein Dialogfeld angezeigt, das alle in der aktiven Tabelle festgelegten Namen enthält. Sie wählen den gewünschten Namen aus und klicken die Schaltfläche OK an.

Abbildung 2-9: Dialogfeld zu Namen einfügen

Formel Namen anwenden...

Dieser Befehl ersetzt Bezüge durch die entsprechenden Namen. Dazu werden die Formeln in den ausgewählten Feldern durchsucht und die Feldbezüge durch die Namen ersetzt, die definiert sind. Im Listenfeld Namen anwenden werden dabei alle in der Tabelle vergebenen Namen aufgeführt. In diesem Listenfeld ist auch eine Mehrfachauswahl möglich (siehe Mehrfachauswahl).

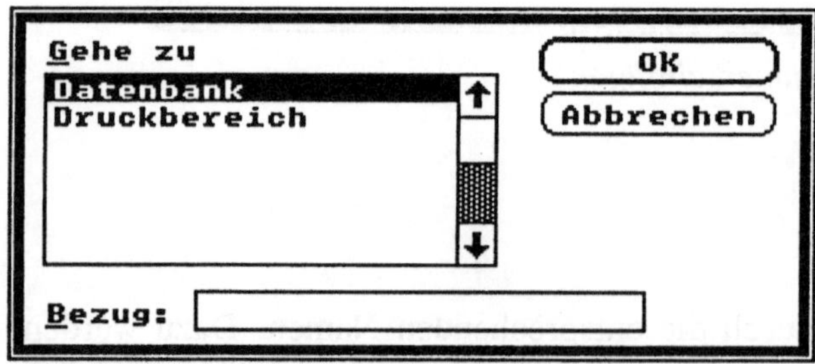

Abbildung 2-10: Dialogfeld zu Namen anwenden

Formel Bezugsart ändern

Dieser Befehl ändert die ausgewählten Bezüge von relativ in absolut, von absolut in gemischt und von gemischt in relativ.

Die folgenden Befehle dienen dazu, bestimmte Felder auszusuchen oder Felder mit bestimmten Daten zu suchen.

Formel Gehe zu...

Dieser Befehl führt einen schnellen Bildlauf durch die Tabelle durch und zeigt den angegebenen Teil der Tabelle an. Dazu wählen Sie im Listenfeld einen Namen aus oder schreiben einen Bezug in das Eingabefeld Bezug.

Abbildung 2-11: Dialogfeld zu Gehe zu

Ist die Bearbeitungszeile aktiv, so können Sie den Befehl auch verwenden, um einen Namen oder Bezug in die Formel mit aufzunehmen. Microsoft Excel führt einen Bildlauf durch die Tabelle zu dem angegebenen Teil durch.

Formel Suchen...

Mit diesem Befehl können Sie Felder mit bestimmten Formeln, Werten oder einer beliebigen Zeichenfolge suchen. Ist nur ein einzelnes Feld ausgewählt, so durchsucht Microsoft Excel die gesamte Tabelle, beginnend bei diesem Feld. Ist ein Bereich ausgewählt, so wird nur dieser durchsucht.

Im Eingabefeld Suchen geben Sie den zu suchenden Begriff ein und bestimmen dann in den Optionsfelder die Art und Weise der Suche. Das nächste Vorkommen des Suchbegriffs erhalten Sie durch Betätigen der Taste F7.

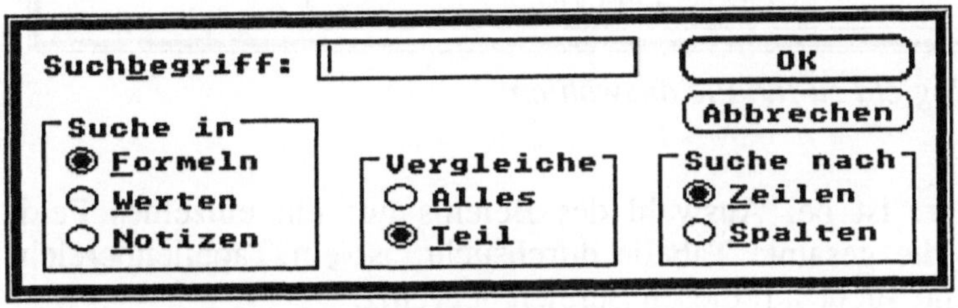

Abbildung 2-12: Dialogfeld zu Suchen

Formel Ersetzen...

Dieser Befehl sucht, entsprechend den Angaben im Dialogfeld, nach dem eingegebenen Suchbegriff und ersetzt ihn durch eine andere Zeichenfolge.

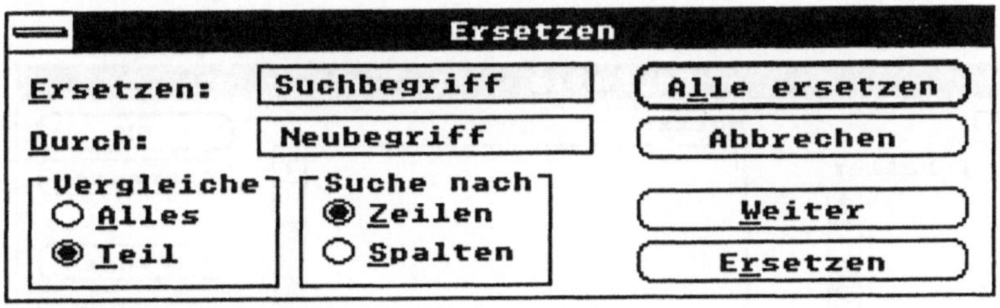

Abbildung 2-13: Dialogfeld zu Ersetzen

Formel Inhalte auswählen...

Mit diesem Befehl ist es möglich, eine Mehrfachauswahl aller Felder in einem
Bereich oder in einer Tabelle durchzuführen, die die im Dialogfeld angegebenen Charakteristika aufweisen. Gesucht werden kann dabei nach Notizen, Konstanten, Formeln sowie leeren Feldern.

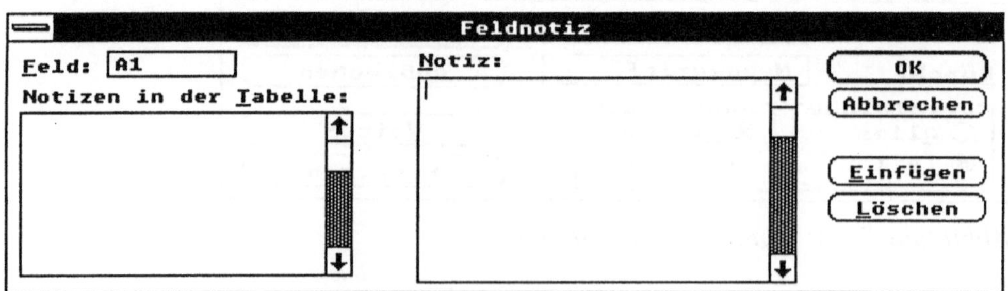

Abbildung 2-14: Dialogfeld zu Inhalte auswählen

Auch hier gilt wieder: ist bei Auswahl des Befehls nur ein einzelnes Feld
ausgewählt, so wird die gesamte Tabelle durchsucht, ist ein Tabellenbereich
ausgewählt, so wird die Suche auf diesen Bereich begrenzt.

Formel Notiz...

Mit diesem Befehl können Notizen in der aktiven Tabelle eingefügt, gelöscht
oder geändert werden. Das Eingabefeld Feld nennt dabei den Bezug für das im
Listenfeld Notizen in der Tabelle ausgewählte Feld, während das Eingabefeld
Notiz den entsprechenden Text enthält. Durch Wahl der Schaltfläche Löschen
oder Einfügen bestimmen Sie den Modus.

Abbildung 2-15: Dialogfeld zu Notiz

Formel Funktion einfügen...

Dieser Befehl fügt eine Funktion in die Bearbeitungszeile ein. Ist die Bearbeitungszeile aktiv, so wird an der ausgewählten Stelle eingefügt, ansonsten wird sie durch den Befehl erst aktiviert und dann die Funktion eingefügt.

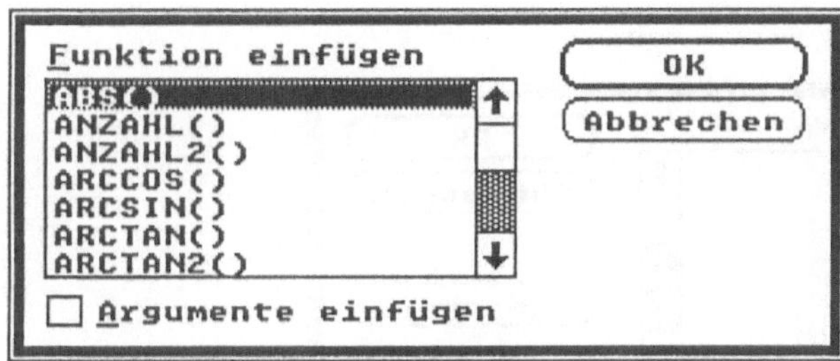

Abbildung 2-16: Listenfeld Funktion einfügen

Das Listenfeld *Funktion einfügen* enthält sämtliche Microsoft Excel-Funktionen, die zur Verfügung stehen. Eine weitere Erklärung dieser Funktion finden Sie in Kapitel 3, wo die Unterschiede zwischen Tabellen- und Makro-Funktionen aufgezeigt werden.

2.4 Das Menü Format

Dieses Menü dient dazu, Inhalte markierter Felder bzw. von Tabellenbereichen in der Form und im Aussehen zu verändern.

			Microsoft Excel		
Datei	Bearbeiten	Formel	Format	Daten	Optionen
	A1		Na Zahlenformat...		
			Ausrichtung...		
			Schriftart...		
	A	B	Rahmenart...		E
1			Feldschutz...		
2					
3			Zeilenhöhe...		
4			Spaltenbreite...		
5			Bündig anordnen		

Abbildung 2-17 : Das Menü Format

Format Zahlenformat...

Mit diesem Befehl können Sie festlegen, wie Microsoft Excel die Zahlen, sowie Datums- und Zeitwerte anzeigt. Es stehen dazu 21 Standardformate zur Verfügung, die bei Auswahl des Befehls in einem Listenfeld angezeigt werden. Es ist aber auch möglich, eigene Formate zu entwickeln und diese im Eingabefeld Format zu definieren.

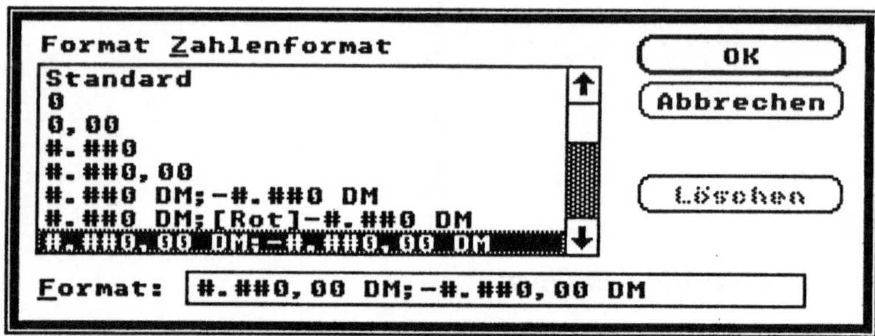

Abbildung 2-18: Dialogfeld zu Zahlenformat

Microsoft Excel stellt Zahlenformate mit einem Bildformat dar, das zeigt, wie die Zahlen in den formatierten Feldern wiedergegeben werden. Jedes Bild besteht aus vier Abschnitten, drei Zahlenabschnitten und einem Textabschnitt, die durch Semikolons voneinander getrennt sind.

Bei den drei Zahlenabschnitten bezeichnet der erste das für eine positive Zahl verwendete Format, der zweite das für eine negative Zahl und der dritte das für die Null verwendete Format. Bei nur zwei Angaben gilt die erste für positive Zahlen und die Null und die zweite für negative Zahlen. Bei einer Angabe werden alle Zahlen auf die angegebene Art und Weise dargestellt.

Zur Erläuterung der einzelnen Formatsymbole verwenden Sie bitte das Microsoft Excel-Handbuch.

Format Ausrichtung...

Dieser Befehl richtet den Inhalt der ausgewählten Felder entsprechend der gewählten Option aus. Bei der Erstellung einer Tabelle gilt für alle Felder zunächst die Standardausrichtung, d.h. Text wird automatisch am linken Rand eines Feldes, Zahlen am rechten Rand und Wahrheits- und Fehlerwerte in der Feldmitte ausgerichtet. Die Option Ausfüllen erlaubt es, Zeichen schnell über ein gesamtes Feld oder einen Feldbereich zu wiederholen.

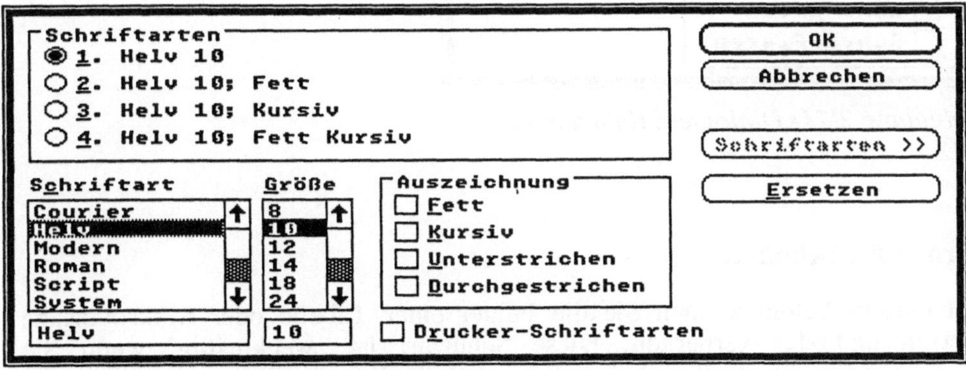

Abbildung 2-19: Dialogfeld Ausrichtung

Format Bündig anordnen

Mit diesem Befehl können Sie Absätze mit erläuterndem Text oder Kommentare in einer Tabelle ansprechend ausrichten. Microsoft Excel richtet den Text in einem von Ihnen angegebenen ein- oder mehrspaltigen Bereich linksbündig aus und nutzt dabei in jeder Zeile die maximal mögliche Breite der Spalte oder des Bereichs.

Format Schriftart...

Dieser Befehl ändert die Schriftart der gesamten aktiven Datei oder eines Teils davon.

Bei Auswahl des Befehls wird ein Dialogfeld angezeigt, das aus zwei Teilen besteht.

Abbildung 2-20: Dialogfeld Schriftart

Wählen Sie eine der vier angegebenen Schriftarten und klicken Sie dann die Schaltfläche OK an, so wird der markierte Tabellenbereich in der gewählten Schriftart dargestellt.

Wählen Sie dagegen die Schaltfläche Schriftarten und dann die Schaltfläche Ersetzen, so legen Sie damit eine der vier in dieser Tabelle verfügbaren Schriftarten neu fest.

Wichtig: Beachten Sie bitte, daß die erste Schriftart des Listenfeldes Schriftarten immer die Standardschriftart für die gesamte Tabelle, inklusive der Zeilen- und Spaltenbezeichnungen, darstellt. Eine Änderung dieser Schriftart wirkt sich also auf die gesamte Tabelle aus.

Format Rahmenart...

Dieser Befehl fügt um die Felder im ausgewählten Bereich einer Tabelle verstärkte Begrenzungslinien hinzu oder schraffiert die Felder. Sie können dabei auswählen, ob die Felder nur einen einseitigen Rand bekommen oder mit einem Kasten versehen werden sollen. Der Befehl eignet sich insbesondere zum Zeichnen von Linien, zur Abtrennung verschiedener Tabellenbereichen voneinander oder zum Hervorheben von besonders wichtigen Informationen innerhalb von Tabellen.

Wichtig: Beachten Sie bitte, daß Rahmen etwas anderes sind als Gitternetzlinien.

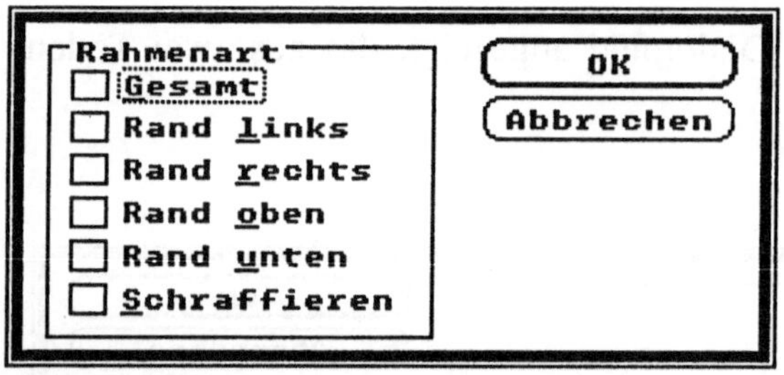

Abbildung 2-21: Dialogfeld Rahmenart

Format Feldschutz...

Mit diesem Befehl können Sie die Felder einer Tabelle oder Makrovorlage sperren und/oder verbergen. Diese Schutzart ist zweckmäßig, wenn Sie Modelle oder Anwendungsbeispiele erstellen, die von anderen Anwendern benutzt werden sollen. Durch die Sperrung von Feldern verhindern Sie deren Änderung (siehe Abbildung 2-22).

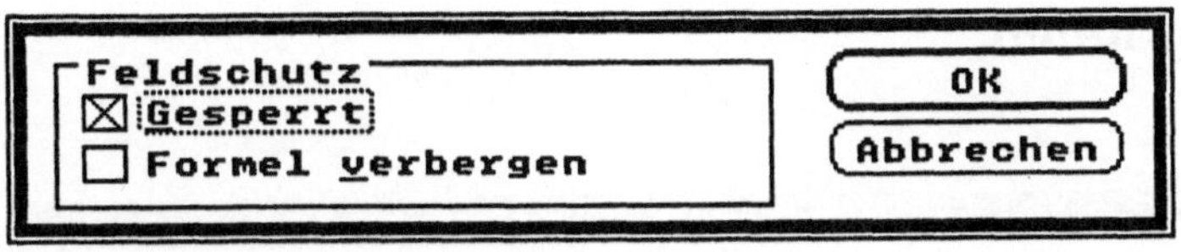

Abbildung 2-22: Dialogfeld Feldschutz

Hinweis: Die Einstellungen werden nur wirksam, wenn Sie danach den Befehl Optionen Datei schützen wählen.

Format Zeilenhöhe...

Mit diesem Befehl legen Sie die Höhe der ausgewählten Zeilen fest. Die Höhe wird dabei in Punkten gemessen. Standardhöhe bedeutet, daß die Zeilenhöhe so ausgerichtet wird, daß jede Zeile des ausgewählten Bereiches die größtmögliche Schrift aufnehmen kann.

Abbildung 2-23: Dialogfeld Zeilenhöhe

Anmerkung: Es reicht, vor Auswahl des Befehl ein Feld der gewünschten Zeile auszuwählen, der Befehl wirkt sich dann automatisch auf die gesamte Zeile aus.

Wollen Sie die Zeilenhöhe mit der Maus ändern, so führen Sie den Mauszeiger auf die Begrenzungslinie unter der Kopfleistennummer für die zu ändernde Zeile, und ziehen Sie sie in die gewünschte Richtung.

Format Spaltenbreite...

Dieser Befehl verhält sich analog zu dem vorher besprochenen.

Die Standardbreite beträgt 10 Zeichen.

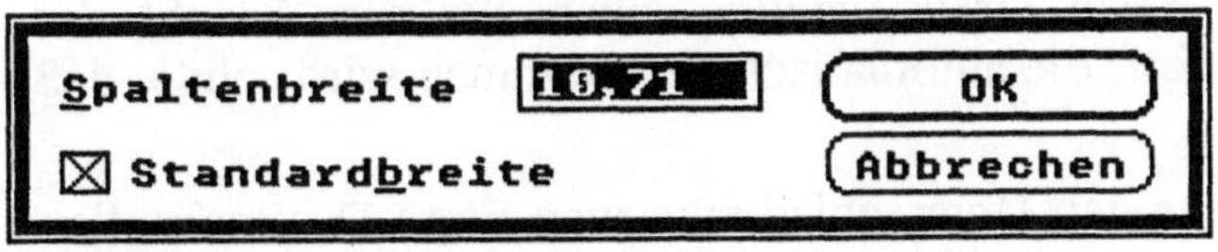

Abbildung 2-24: Dialogfeld Spaltenbreite

2.5 Das Menü Optionen

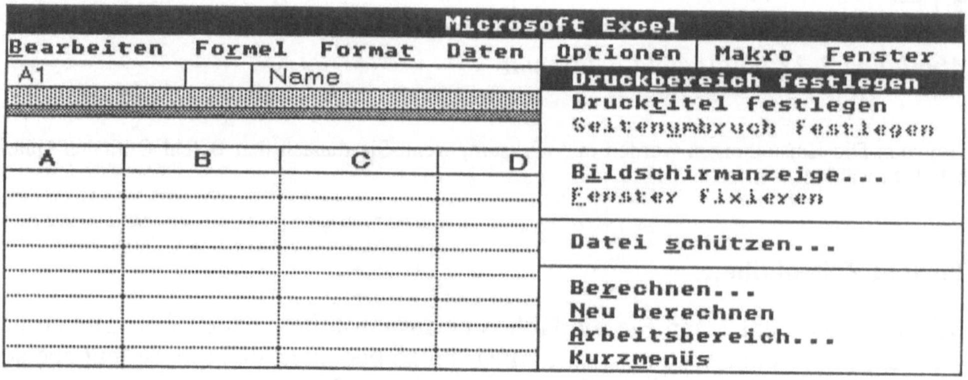

Abbildung 2-25: Das Menü Optionen

Optionen Arbeitsbereich...

Dieser Befehl legt die gesamte Microsoft Excel-Arbeitssitzung fest.

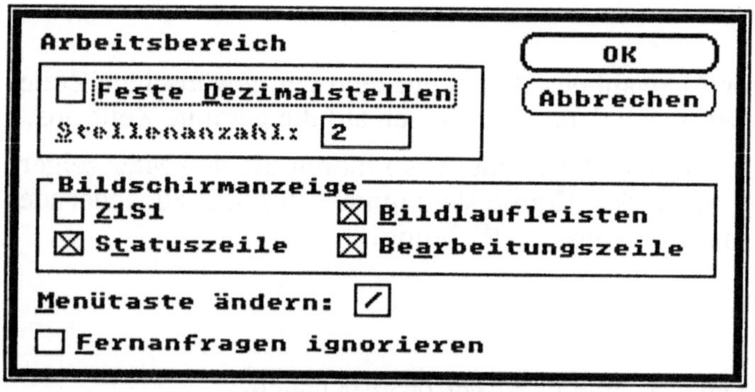

Abbildung 2-26: Dialogfeld Arbeitsbereich

Mit der Wahl der Option *Feste Dezimalstellen* legen Sie die Anzahl der gewünschten Dezimalstellen fest, die automatisch angenommen wird, ohne, daß Sie diese eingeben.

Anmerkung: Beachten Sie bitte den Unterschied zwischen Feste Dezimalstellen und einer Formatierung von zwei Dezimalstellen über den Befehl *Format Zahlenformat*. Bei einer Festlegung von zwei festen Dezimalstellen wird bei Eingabe von 1987 automatisch die Zahl 19,87 gespeichert.

Im Feld Bildschirmanzeige legen Sie Charakteristika der Anzeige fest. Mit Z1S1 schalten Sie z.B. um auf eine Anzeige, die sowohl Zeilen als auch Spalten durchnumeriert. Außerdem haben Sie die Möglichkeit, die Status- oder auch die Bearbeitungszeile sowie die Bildlaufleisten auszublenden.

Normalerweise ist die Option *Fernanfragen ignorieren* gesetzt. Wollen Sie aber Daten zwischen verschiedenen Anwendungen unter Microsoft Windows und Excel austauschen, so muß diese Option rückgängig gemacht werden.

Achtung: Denken Sie daran, daß die hier vorgenommenen Einstellungen für die gesamte Microsoft Excel-Sitzung gelten.

Optionen Bildschirmanzeige...

Im Gegensatz zum vorher beschriebenen Befehl betreffen die hier getroffenen Vereinbarungen nur das aktive Fenster.

Abbildung 2-27: Dialogfeld Bildschirmanzeige

Sie können mit diesem Befehl die Art und Weise festlegen, wie die Daten auf dem Bildschirm angezeigt werden. Zur Gestaltung von Formularen z.B. können Sie die Anzeige der Gitternetzlinien, der Spalten- und Zeilenköpfe oder auch der Nullwerte abschalten. Zur Überprüfung der Berechnungen in einer Tabelle empfiehlt es sich, die Option Formeln anzuklicken und so nicht mehr die Inhalte, sondern die zugrundeliegenden Formeln anzuzeigen. Diese Option richtet außerdem alle Feldinhalte linksbündig aus und verdoppelt die Breite aller Spalten zur Aufnahme der Formeln.

Anmerkung: Die Vereinbarungen betreffen nur die Bildschirmausgabe, sie haben keinen Einfluß auf die Druckausgabe.

Mit den folgenden drei Befehlen legen Sie zusätzliche Druckoptionen für Tabellen und Makros fest.

Optionen Druckbereich festlegen

Dieser Befehl ermöglicht es, Teile einer Tabelle auszudrucken. Markieren Sie den zu druckenden Teilbereich, und wählen Sie dann den Befehl *Optionen Druckbereich festlegen*. Der ausgewählte Bereich erhält automatisch den Namen Druckbereich. Zum Ausdrucken wählen Sie dann den Befehl *Datei drucken*.

Optionen Drucktitel festlegen

Mit diesem Befehl können Sie festlegen, welche Zeilen und/oder Spalten als Titel mit ausgedruckt werden. Bei jedem Ausdrucken von Feldern in derselben Zeile oder Spalte druckt Microsoft Excel die Drucktitel mit aus, Zeilen oben auf eine Seite, Spalten links auf eine Seite. Der ausgewählte Bereich erhält automatisch den Namen Drucktitel.

Anmerkung: Es müssen immer ganze Zeilen bzw. Spalten ausgewählt werden, bei mehreren Zeilen oder Spalten muß es sich um benachbarte handeln.

Optionen Seitenumbruch festlegen

Mit diesem Befehl können Sie manuelle Seitenumbrüche festlegen, Microsoft Excel paßt dann die automatischen Seitenumbrüche in der restlichen Tabelle entsprechend an.

Optionen Seitenumbruch aufheben

Dieser Befehl wird nur dann im Menü Optionen angezeigt, wenn das aktive Feld direkt unter oder rechts von einem manuellen Seitenumbruch liegt. Der Befehl **Seitenumbruch festlegen** wird dann auf diesen Befehl umgeschaltet. Er bewirkt, daß die manuellen Seitenumbrüche wieder entfernt werden.

Optionen Fenster fixieren

Dieser Befehl fixiert die Unterfenster oben und links, die Sie in der aktiven Tabelle mit dem Befehl *System Teilen* erstellt haben. An dieser Stelle soll nicht weiter darauf eingegangen werden, für weitere Informationen verweisen wir auf das Handbuch.

Optionen Datei schützen...

Mit diesem Befehl können Sie festlegen, ob die gesperrten Felder einer Tabelle geändert werden können. Sie können wahlweise ein Paßwort festlegen, bestimmen, ob Inhalte oder Formatierungen nicht geändert werden dürfen und ob Fenster bewegt, in ihrer Größe verändert oder verborgen werden dürfen.

Ist die aktive Tabelle geschützt, so wird der Befehl *Datei schützen* umgeschaltet auf den Befehl *Dateischutz aufheben*.

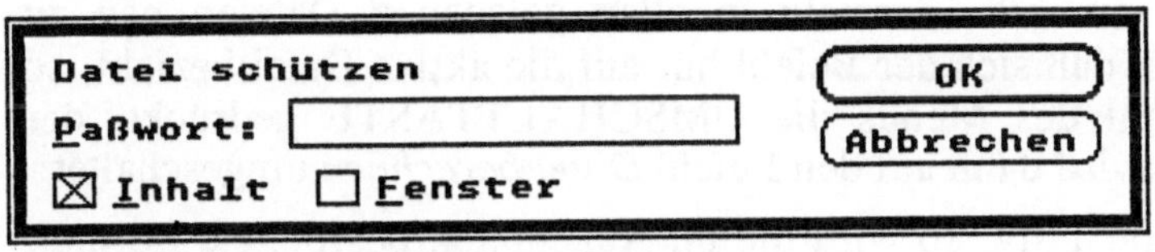

Abbildung 2-28: Dialogfeld Datei schützen

Optionen Dateischutz aufheben...

Dieser Befehl macht den vorher beschriebenen wieder rückgängig.

Wichtig: Sie müssen hier dasselbe Paßwort eingeben, daß Sie zum Dateischutz eingegeben haben.

Optionen Berechnen...

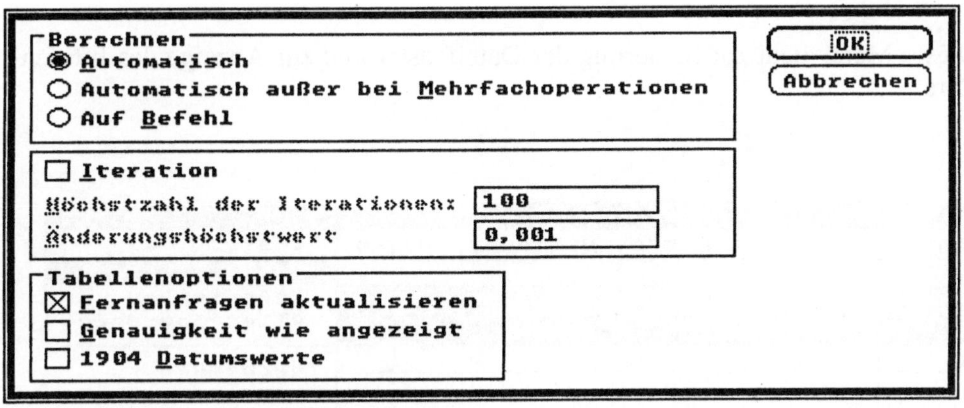

Abbildung 2-29: Dialogfeld Berechnen

Mit diesem Befehl legen Sie im Feld Berechnen fest, wann Formeln in geladenen Dateien neu berechnet werden sollen. Die Option Iteration steuert die Ausführung von Iterationen. Mit der Option Tabellenoptionen legen Sie fest, ob Formeln, die Bezüge auf andere Anwendungen enthalten, berechnet werden sollen, mit welcher Genauigkeit Werte in Feldern gespeichert werden und welches Datum als Bezugsdatum zur internen Darstellung von Datumswerten angenommen wird.

Optionen Neu berechnen

Diesen Befehl benötigen Sie, wenn Sie im Dialogfeld *Optionen Berechnen* die Option Auf Befehl gesetzt haben. Mit dem hier beschriebenen Befehl weisen Sie nun Microsoft Excel an, alle Formeln in allen geladenen Dateien neu zu berechnen. Wollen Sie, daß sich der Befehl nur auf die aktive Datei bezieht, so halten Sie bei Auswahl des Menüs die UMSCHALTTASTE gedrückt, der Befehl *Neu Berechnen* wird dann auf den Befehl *Datei berechnen* umgeschaltet.

Ist die Bearbeitungszeile aktiv, so wird die im Augenblick bearbeitete Formel, die mit = beginnt, neu berechnet.

Optionen Kurzmenüs

Dieser Befehl bewirkt, daß bei den Menüs für alle Dateien nicht alle Befehle angezeigt werden, sondern nur eine verringerte Anzahl auf dem Bildschirm erscheint. Haben Sie auf Kurzmenüs umgeschaltet, so lautet der entsprechende Befehl im Menü Optionen nun *Ganze Menüs*. Durch Auswahl dieses Befehls erreichen Sie dann wieder den Ursprungszustand, d.h. Anzeige aller zur Verfügung stehender Befehle in allen Menüs.

2.6 Das Menü Fenster

Dieses Menü dient zur Steuerung der Dateifenster und zur Anzeige des Infofensters.

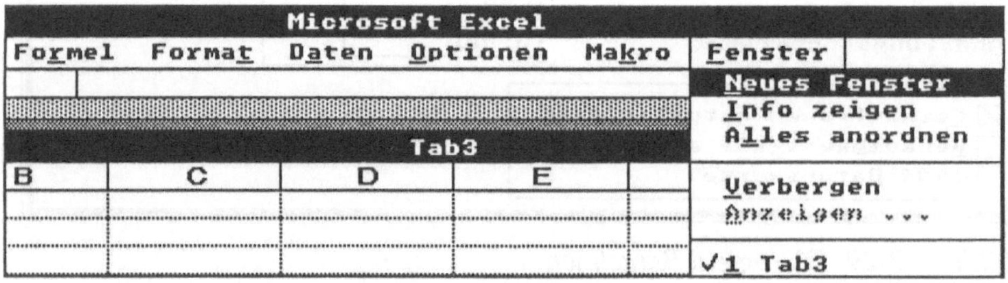

Abbildung 2-30: Das Menü Fenster

Fenster Neues Fenster

Dieser Befehl richtet für die aktive Datei ein zusätzliches Fenster ein. Dies ist besonders dann sinnvoll, wenn Sie in zwei weit auseinanderliegenden Bereichen einer größeren Tabelle arbeiten wollen.

Fenster Info zeigen

Dieser Befehl zeigt das Infofenster mit Informationen über die aktive Tabelle oder Makrovorlage an. Wenn Sie diesen Befehl gewählt haben und das Infofenster erscheint, so kehren Sie mit dem Befehl *Fenster Dokument* zeigen, in den der beschriebene umgeschaltet wird, wieder zum urspünglichen Fenster zurück.

Fenster Alles anordnen

Dieser Befehl bewirkt, daß alle geladenen Fenster neu angeordnet werden.

Fenster Verbergen

Mit diesem Befehl können Sie erreichen, daß ein Fenster auf dem Bildschirm nicht angezeigt wird. Er ist besonders zweckmäßig, wenn Tabellen oder Makrovorlagen geladen werden sollen, deren Daten Sie zwar verwenden wollen, die Sie aber nicht zu sehen brauchen und die demzufolge auch keinen Platz auf dem Bildschirm verbrauchen sollen. Ist das Fenster mit dem Befehl *Optionen Datei schützen* geschützt, so müssen Sie das Paßwort eingeben. Sind alle Fenster verborgen, so erscheint der Befehl *Anzeigen* im Menü *Datei* unter dem Namen Fenster Anzeigen.

Fenster Anzeigen...

Dieser Befehl macht ein zuvor verborgenes Fenster sichtbar. Ist es geschützt, so werden Sie wieder nach dem Paßwort gefragt.

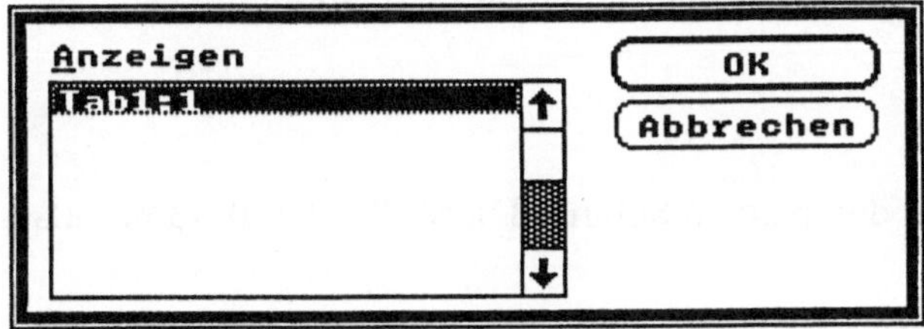

Abbildung 2-31: Dialogfeld Anzeigen

Fenster aktivieren

Mit diesem Befehl aktivieren Sie das von Ihnen ausgewählte Fenster. Dieser Befehl am Ende des Menüs Fenster ändert sich je nach Anzahl der geladenen Fenster, da die Namen der einzelnen Fenster hier erscheinen. Durch Anklicken des entsprechenden Namens machen Sie das ausgewählte Fenster zum aktiven Fenster.

2.7 Zusammenfassendes Beispiel

Im Folgenden soll die Tabelle aus Kapitel 1 Schritt für Schritt aufgebaut und dabei einige der oben besprochenen Menübefehle angewendet werden.

Nach dem Laden von Microsoft Excel erscheint eine leere Tabelle mit dem Namen TAB1. In dieser Tabelle führen wir die nachfolgend aufgeführten Befehle durch.

Überschriften

Wählen Sie das Feld B1 aus und schreiben Sie "Kapitalaufzinsung". Bestätigen Sie die Eingabe durch Anklicken der Schaltfläche OK in der Bearbeitungszeile. Damit erscheint der eingegebene Text im Feld B1, er muß allerdings noch formatiert werden.

Die größere Schrift erhalten Sie durch Anklicken von *Format Schriftart*. Da Sie nur die Schriftart des aktiven Feldes ändern wollen, nicht jedoch die Standardschriftart, klicken Sie bitte in der Schaltfläche Schriftarten die zweite Option an und wählen danach Schriftarten. Hier wählen Sie z.B. Helv 14 und löschen die Auszeichnung Fett durch Anklicken der entsprechenden Option.

In die Felder A5, A6, A7 bzw. A8 schreiben Sie die Worte: "Name", "Nennkapital", "Laufzeit" bzw. "Zinsfuß" und in die Felder A11, B11 und C11 "Jahr", "Auszahlungsbetrag" bzw. "jährlicher Zuwachs". Die gewünschte Ausrichtung erreichen Sie durch Auswahl des entsprechenden Bereiches, Anklicken von *Format Ausrichtung* und Anklicken der gewünschten Option, in diesem Fall z.B. rechtsbündig.

Um Trennlinien zu ziehen, markieren Sie die entsprechenden Zeile und klicken Format Rahmenart an. Als Option wählen Sie in unserem Fall Rand unten.

Formeln der Kopfzeilen

In das Feld B5 schreiben Sie nun den Namen Schulz. Dieser Text soll immer als Konstante einzugeben sein.

Die Felder B6 bis B8 dagegen werden als Formeln realisiert, die aufgrund des eingegebenen Namens den entsprechenden Wert aus der Datenbank liefern.

Markieren Sie also B6 und geben Sie ein Gleichheitszeichen(=) ein, um zu kennzeichnen, daß es sich bei der folgenden Eingabe um eine Formel handelt.

Mit der noch aktiven Bearbeitungszeile klicken Sie dann den Befehl *Formel Funktion Einfügen* an. Im angezeigten Listenfeld wählen Sie die Funktion SVERWEIS aus und klicken Argumente an, da Sie die einzugebenden Argumente vorgegeben bekommen möchten. Die Bearbeitungszeile enthält danach den Inhalt

=SVERWEIS(Suchkriterium;Mehrfachoperationsmatrix;Spaltenindex)

Suchkriterium ersetzen Sie durch den absoluten Bezug $B$5, also den eingegebenen Namen.

Zur Angabe der Mehrfachoperationsmatrix müssen Sie den externen Bezug auf die Datenbank eintragen. Dazu wollen wir den Befehl *Formel Namen Einfügen* verwenden.

Wichtig: Dieser Befehl kann nur dann ausgewählt werden, wenn Tabellen aktiv sind, die vereinbarte Namen enthalten. In unserem Fall müssen Sie also die Tabelle mit der Datenbank vorher laden und diese über *Fenster ZINS_DB.XLS* aktivieren. Die Bearbeitungszeile mit der Formel ist nach wie vor aktiv.

Nun können Sie den Befehl *Formel Namen Einfügen* anwenden und im angezeigten Dialogfeld den Namen Datenbank auswählen. Nach Anklicken der Schaltfläche OK in diesem Dialogfeld erscheint in der Bearbeitungszeile der entsprechende externe Bezug.

Als letztes ersetzen Sie Spaltenindex durch die Zahl 2, denn das gesuchte Nennkapital steht in der Datenbank in der zweiten Spalte.

Damit sieht die Bearbeitungszeile folgendermaßen aus:

=SVERWEIS($B$5;ZINS_DB.XLS!Datenbank;2)

Nach Anklicken der Schaltfläche OK der Bearbeitungszeile müßte im Feld B6 der Wert 10000 erscheinen, der allerdings noch unformatiert vorliegt.

Damit er die Form erhält, die Sie für die weiteren Rechnungen brauchen, klikken Sie bitte *Format Zahlenformat* an und wählen das Format #.##0,00 DM;-#.##0,00 DM aus.

In die Felder B7 und B8 schreiben Sie analoge Formeln in der oben beschriebenen Weise, nur mit den Spaltenindizes 4 bzw. 3.

Zur Formatierung von Zinsfuß wählen Sie B8 aus, klicken *Format Zahlenformat* an und wählen 0,00%. Sie sehen, der Inhalt des Feldes muß 0,05 sein, damit 5% erscheint. Das ist wichtig und muß bei der Formelgestaltung weiter unten berücksichtigt werden.

Formeln der übrigen Zeilen

In die Postenzeilen der Tabelle wollen wir ebenfalls die in Kapitel 1 gezeigten Formeln eintragen. Es handelt sich um die Funktion WENN in Verbindung mit der Funktion ZEILE(), da die Anzahl der auszugebenden Zeilen variabel gehalten werden sollte.

Wählen Sie also das Feld A14 aus, geben Sie ein Gleichheitszeichen ein, und wählen Sie den Befehl *Formel Funktion Einfügen*. Blättern Sie im angezeigten Listenfeld durch Anklicken des nach unten zeigenden Pfeils, bis Sie die Funktion WENN finden. Wählen Sie diese aus, und klicken Sie zusätzlich noch *Argumente einfügen* an. In der Bearbeitungszeile erscheint

=WENN(Wahrheitsprüfung;Dann_Wert;Sonst_Wert),

wobei Wahrheitsprüfung schwarz unterlegt, d.h. ausgewählt ist.

Innerhalb der Wahrheitsprüfung verwenden wir die Funktion ZEILE. Wählen
Sie demnach erneut *Formel Funktion Einfügen,* suchen Sie die Funktion ZEILE
und klicken Sie *Argumente einfügen* an. Die Bearbeitungszeile ändert sich in:

=WENN(ZEILE();Dann_Wert;Sonst_Wert)

Ergänzen Sie die Wahrheitsprüfung hinter ZEILE() um den Text -13< =$B$7.

Fahren Sie dazu mit der Maus an die Stelle hinter) und klicken Sie einmal. Es
erscheint ein senkrechter Strich, der die aktuelle Cursorposition kennzeichnet.
Hier wird der über die Tastatur eingegebene Text positioniert.

Ersetzen Sie danach auf die beschriebene Weise Dann_Wert durch ZEILE()-13
und Sonst_Wert durch die Leeranweisung "".

Die Bearbeitungszeile erhält somit den Inhalt:

=WENN(ZEILE()-13< =$B$7;ZEILE()-13;"")

Nach Anklicken der Schaltfläche OK in der Bearbeitungszeile müßte das Feld
A14 den Wert 1 beinhalten.

Im Feld B14 erzeugen Sie bitte wie oben beschrieben die Formel

=WENN(A14< >"";$B$6*(1+$B$8)^A14;"").

Nach der Bestätigung bekommt das Feld den Wert 10500.

In Feld C14 erzeugen Sie bitte auf dieselbe Weise die Formel

=WENN(A14< >"";B14-B6;"").

Der angezeigte Wert müßte 500 entsprechen.

Kopieren der Formeln in die restlichen Felder

Die eingegebenen Formeln brauchen nicht in jeder Zeile wiederholt eingetragen
zu werden, sondern können in jeder Spalte nach unten kopiert werden. Das
geschieht folgendermaßen:

Markieren Sie die zu kopierende Formel und wählen Sie den Befehl *Bearbeiten
Kopieren.* Das aktive Feld wird mit einem Laufrahmen versehen. Markieren Sie
nun die restlichen Felder der Spalte, und wählen Sie den Befehl *Bearbeiten
Einfügen.* Sofort erscheinen die entsprechenden Werte in den Tabellenfeldern.

Diesen Vorgang wiederholen Sie für die beiden weiteren Spalten.

In der Spalte Jährlicher Zuwachs wollen wir dabei auf eine Besonderheit aufmerksam machen. Die Formel in C14 kann nicht auf die übrige Spalte verallgemeinert werden, da sie auf das Nennkapital Bezug nimmt, in allen anderen Fällen aber mit dem Vorjahresbetrag gerechnet werden muß. Füllen Sie daher in diesem Fall das Feld C15 mit der Formel =WENN(A15<>"";B15-B14;"") und kopieren Sie diese in die restliche Spalte.

Anzeige der Formeln

Wollen Sie die entstandenen Formeln sehen, so eröffnen Sie ein neues Fenster über *Fenster Fenster Neu*. Microsoft Excel legt für die aktive Tabelle ein neues Fenster mit dem Namen Tab1:2 an. Wählen Sie den Befehl *Fenster Alles Anordnen* und Sie sehen beide Fenster nebeneinander. Machen Sie Tab1:2 zum aktiven Fenster, klicken Sie *Optionen Bildschirmanzeige* an und wählen Sie *Formeln* aus. Die Tabelle wird mit den Formeln angezeigt. Sie sehen, das absolute Bezugsformat ist auch nach dem Kopieren gleich geblieben, während sich das relative Bezugsformat an die entsprechende Zeile angepaßt hat. Schließen Sie das zweite Fenster wieder, ohne die Änderungen zu speichern, und machen Sie die Tabelle mit den Formeln zur aktiven Tabelle.

Formatieren der Spalten

Markieren Sie Spalte 1 ab Feld A14, wählen Sie den Befehl *Format Ausrichtung* und klicken Sie rechtsbündig an.

Markieren Sie danach die Spalten 2 und 3 ab Zeile 14 und klicken Sie den Befehl *Format Zahlenformat* an. Wählen Sie dort das Format #.##0,00 DM;-#.##0,00 DM und bestätigen Sie mit Anklicken der Schaltfläche OK. Die Werte der Spalten B und C erscheinen daraufhin im gewünschten Format.

Restliche Formatierung

Löschen Sie zum Schluß noch die Gitternetzlinien sowie die Zeilen- und Spaltenköpfe durch Auswahl des Befehls *Optionen Bildschirmanzeige* und Anklikken der entsprechenden Optionen.

Danach müßte Ihre Tabelle folgendermaßen aussehen:

Kapitalaufzinsung

Name :.................. Schulz
Nennkapital :......... 10.000,00 DM
Laufzeit (in Jahren): 5
Zinsfuss :............. 5,00 %

Jahr	Auszahlungsbetrag	jährlicher Zuwachs
1	10.500,00 DM	500,00 DM
2	11.025,00 DM	525,00 DM
3	11.576,25 DM	551,25 DM
4	12.155,06 DM	578,81 DM
5	12.762,82 DM	607,75 DM

Abbildung 2-32: Tabelle zur Problemstellung

3 Microsoft Excel-Funktionen

Spricht man in Microsoft Excel von einer Funktion, so versteht man zunächst darunter eine spezielle, bereits vorgegebene Formel, die an einem oder mehreren Werten eine Operation ausführt und anschließend einen oder mehrere Werte ausgibt. Genauer gesagt handelt es sich hierbei aber um eine sogenannte **Tabellenfunktion**.

Daneben existiert noch eine weitere wichtige Gruppe von Funktionen, die **Makrofunktionen**, die nur in Makros verwendet werden können. Makrofunktionen sind die Grundlage für die Erstellung von Befehls- oder Funktionsmakros.

In diesem Kapitel wollen wir die beiden Typen von Funktionen beschreiben, auf die wesentlichen Unterschiede eingehen und kurz die einzelnen Klassen von Tabellen- und Makrofunktionen erläutern. Da in späteren Kapiteln eine genauere Beschreibung der dort verwendeten Funktionen erfolgt, wollen wir es hier bei einer Übersicht belassen.

Grundsätzlich kann der Benutzer auf die Funktionen, die Microsoft Excel zur Verfügung stellt, entweder explizit durch Angabe des Namens oder implizit durch Anwählen des Befehls *Formel Funktion Einfügen* zugreifen. Das danach angezeigte Dialogfeld variiert aber je nachdem, ob eine Tabelle oder eine Makrovorlage aktiv ist(siehe Bild 3-1 und Bild 3-2). Benutzerdefinierte Funktionsmakros werden ebenfalls als Funktionen verwendet und erscheinen am Ende des Dialogfeldes.

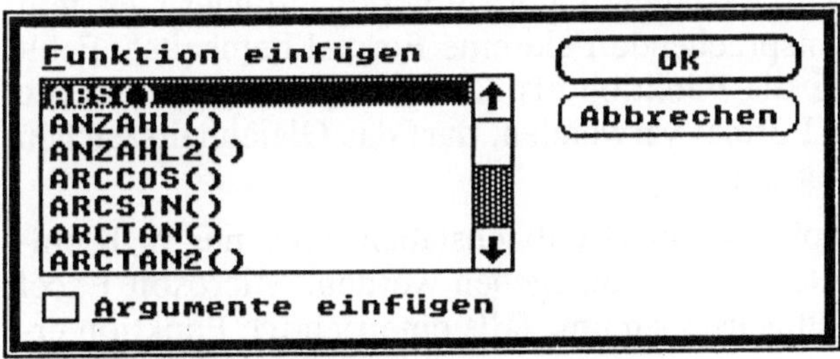

Bild 3-1 : Dialogfeld bei aktiver Tabelle

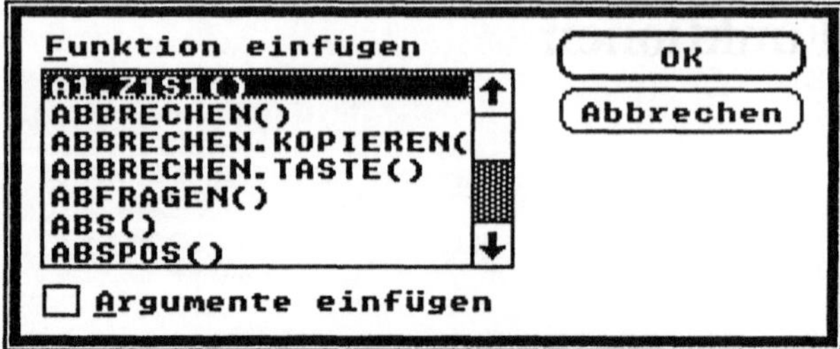

Bild 3-2 : Dialogfeld bei aktiver Makrovorlage

3.1 Tabellenfunktionen

Tabellenfunktionen dienen dazu, Berechnungen an Tabellen oder Makrovorlagen auszuführen. Microsoft Excel bietet sehr einfache bis sehr komplexe Funktionen an, je nachdem welche Aufgabe zu lösen ist.

Die Werte, die Sie bei einer Funktion eingeben, nennt man die **Argumente** dieser Funktion.

Die Werte, die die Funktion anschließend ausgibt, heißen **Ergebnisse** der Funktion.

Eingabe von Funktionen

Bei der Eingabe von Funktionen verwenden Sie immer dieselbe grundlegende Syntax:

Ein Gleichheitszeichen, gefolgt vom Funktionsnamen und dahinter die Argumente in Klammern, jeweils getrennt durch ein Semikolon.

Beispiel: =SVERWEIS($B$6;ZINS_DB!Datenbank;2)

Das **Gleichheitszeichen** ist kein Bestandteil der Funktion, sondern es teilt Microsoft Excel mit, daß das entsprechende Feld eine Formel beinhaltet. Fehlt das Gleichheitszeichen, so wird die Funktion als Text interpretiert. Wenn Sie mehr als eine Funktion in einer Formel verwenden, darf das Gleichheitszeichen jedoch nicht mehr wiederholt werden.

Der **Funktionsname** kann sowohl nur in Großbuchstaben bzw. nur in Kleinbuchstaben als auch in Groß-/Kleinschrift eingegeben werden. Microsoft Excel wandelt ihn automatisch in Großbuchstaben um, falls eine richtige Funktion erkannt wird.

Achten Sie also immer darauf, daß ein eingegebener Funktionsname nach Anklicken der Schaltfläche OK in der Bearbeitungszeile umgewandelt wird. So können Sie sicher sein, daß Microsoft Excel den Funktionsaufruf richtig aufgenommen hat.

Die **Klammern** geben Microsoft Excel an, wo die Argumente beginnen und enden, deshalb müssen sie unbedingt ohne Leerzeichen direkt hinter den Funktionsnamen eingegeben werden.

Die Eingabe der Argumente muß mit der richtigen Anzahl in der richtigen Reihenfolge und mit dem richtigen Datentyp erfolgen, sonst können sie nicht richtig verarbeitet werden.

Beachten Sie bei der Eingabe der Funktion in die Bearbeitungszeile die oben angegebene Syntax nicht, so zeigt Microsoft Excel das Warnfeld "Fehler in Formel"(siehe Bild 3-3).

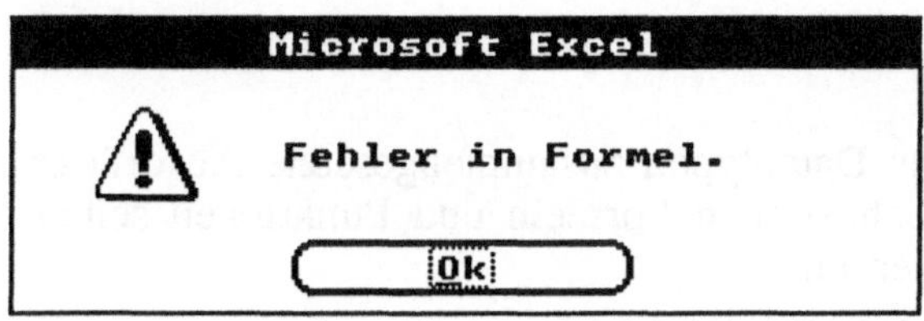

Bild 3-3 : Das Warnfeld "Fehler in der Formel"

Nach Anklicken der Schaltfläche OK im Warnfeld unterlegt Microsoft Excel den fehlerhaften Teil der Funktion schwarz, falls der Fehler eindeutig lokalisierbar ist.

Verwenden Sie immer dann, wenn Sie sich nicht sicher sind, den Befehl *Formel Funktion Einfügen*. Gehen Sie dabei so vor, wie in Kapitel 2 beschrieben.

Wenn Ihnen die Argumente zu einer bestimmten Funktion nicht einfallen, so klicken Sie zusätzlich die Option *Argumente einfügen* an. Microsoft Excel gibt Ihnen dann Platzhalter für die Argumente der Funktion an. Beachten Sie aber, daß diese Platzhalter durch die aktuellen Werte zu ersetzen sind. Tun Sie das nicht, so werden sie als Namen interpretiert, was wiederum zu einem Fehler führt.

Datentypen

Die verschiedenen Arten von Werten, die als Argument verwendet werden können, nennt man Datentypen.

In Microsoft Excel werden sechs Datentypen unterschieden, nämlich

Zahlen,
Text,
Wahrheitswerte,
Matrizen,
Fehlerwerte und
Bezüge.

Anmerkung: Beachten Sie bitte, daß Texte immer in Anführungszeichen einge-schlossen werden müssen, sonst werden sie als Namen interpretiert.

Eine Funktion kann von 0 bis 14 Argumente der oben beschriebenen Datenty-pen haben.

Daneben können Sie aber auch aus Datentypen zusammengesetzte Ausdrücke als Argumente einsetzen. Schließlich können Formeln und Funktionen selber wieder als Argumente verwendet werden.

Beispiel: SUMME(A1*A5;10;SUMME(B5:B8))

Hier haben wir drei Argumente, wovon das erste eine Formel darstellt, das zweite eine Zahl ist, und das dritte aus einer Funktion besteht.

Umwandlung von Datentypen

Haben Sie ein Argument angegeben, das nicht dem für diese Funktion erfor-derlichen Datentyp entspricht, so versucht Microsoft Excel, dieses in den kor-rekten Datentyp umzuwandeln.

Beispiel: Die Funktion LÄNGE ermittelt die Anzahl der Zeichen in einem Textargument. So liefert LÄNGE("Heute") den Zahlenwert 5. LÄNGE(5) dagegen ergibt 1, da die 5 nicht als Zahl sondern als Text "5" mit der Länge eines Zeichens interpretiert wird.

Grundsätzlich werden Zahlen, Text und Wahrheitswerte folgendermaßen um-gewandelt:

Tabelle 3-1: Umwandlung von Datentypen

Eingegeben	gefordert	Umwandlung
Zahl	Zahl	----
Zahl	Text	Zahl wird in Anführungszeichen gesetzt
Zahl	Wahrheitswert	0 wird zu FALSCH, alle anderen Zahlen zu WAHR
Text	Zahl	Text in Zahlen-, Datums-, oder Zeitformat wird in eine Zahl umgewandelt, ansonsten erfolgt keine Umwandlung
Text	Text	----
Text	Wahrheitswert	"wahr" wird zu WAHR, "falsch" wird zu FALSCH, sonst erfolgt keine Umwandlung
Wahrheitswert	Zahl	WAHR wird zu 1, FALSCH wird zu 0
Wahrheitswert	Text	WAHR wird zu "wahr", FALSCH wird zu "falsch"
Wahrheitswert	Wahrheitswert	----

Bei der Umwandlung werden Namen und Bezüge durch die entsprechenden Feldinhalte ersetzt.

Beispiel:
A1*A5 bewirkt die Multiplikation der Zahlen in den Feldern A1 und A5.

Fehlerwerte dagegen werden als einziger Datentyp nicht umgewandelt. Liefern Sie einen Fehlerwert als Argument zu einer Funktion, die keinen Fehlerwert akzeptiert, so erzeugt dies wiederum einen Fehler.

Übersicht über Tabellenfunktionen

Im Folgenden wollen wir die Tabellenfunktionen von Microsoft Excel den verschiedenen Anwendungsgebieten zuordnen und kurz ihre Besonderheiten erläutern. Genaue Beschreibungen einzelner Funktionen entnehmen Sie bitte dem Handbuch.

Datenbankfunktionen

Microsoft Excel stellt elf Datenbankfunktionen zur Verfügung, von denen jede drei Argumente verwendet: **Datenbank, Feld, Suchkriterium.**

Bei **Datenbank** ist der Bereich anzugeben, der die Datenbank bildet. Der Datenbankbezug kann zum einen durch Angabe des Feldbereiches(z.B. A1:C8), zum anderen durch Angabe des Namens(z.B. "Datenbank") hergestellt werden.

Das Argument **Feld** gibt an, welches Feld in der Berechnung verwendet wird. Es kann als Text(z.B."Name") oder als Feldnummer(z.B. 1 für das erste Feld) eingegeben werden.

Bei **Suchkriterium** handelt es sich um einen Bezug auf den Bereich der Felder, die die Datenbankkriterien enthalten. Der Bezug kann als ein Feldbereich oder als Name eingegeben werden. Dieser Name lautet automatisch *Suchkriterien*, wenn Sie auf einen markierten Feldbereich den Befehl *Daten Suchkriterien Festlegen* anwenden.

Alle Datenbankfunktionen beginnen mit den Buchstaben DB und arbeiten mit den Werten in der Spalte Feld der Sätze in der Datenbank, die das Suchkriterium erfüllen.

Datums- und Zeitfunktionen

Diese Funktionen dienen dazu, ein angegebenes Datum bzw. den Datumstext oder eine angegebene Zeit bzw. den Zeittext in die entsprechende serielle Zahl umzuwandeln und umgekehrt.

Microsoft Excel versteht unter der **seriellen Zahl** eine ganze Zahl im Bereich von 0 bis 65380. Dies entspricht den Daten vom 01.Januar 1900 bis zum 31. Dezember 2078. Jedes gültige Datum in diesem Bereich wird fortlaufend durchnumeriert, d.h. 0 entspricht dem 1.1.1900, 1 dem 2.1.1900, 2 dem 3.1.1900 usw.

Wichtig: Das oben Beschriebene gilt nur dann, wenn das Feld 1904 im Dialogfeld Optionen berechnen **nicht** gewählt ist, ansonsten ist das Bezugsdatum für die serielle Zahl 1 der 2.1.1904.

Ein **Datum** geben Sie in Microsoft Excel immer in der Form Jahr;Monat;Tag, **Datumstext** in der Form "Tag.Monat.Jahr" an.

Bei einer Zeit bzw. einem Zeittext ist die **serielle Zahl** ein Dezimalbruch im Bereich von 0 bis 0,9999. Dieser steht für die Zeiten von 0:00:00 bzw. 12:00:00 Uhr bis 23:59:59 bzw. 11:59:59 Uhr.

Eine **Zeit** wird in der Form Stunde;Minute;Sekunde, ein **Zeittext** in der Form "Stunde:Minute:Sekunde" eingegeben.

Finanzmathematische Funktionen

Diese Funktionen werden dazu verwendet, finanzmathematische Probleme, wie z.B. die Ermittlung von Zinszahlungen sowie die Berechnung von Abschreibungswerten oder des zukünftigen Wertes einer Investition, zu lösen.

Als Argumente sind Werte einzugeben wie Zinssatz, Zahlungszeitraum, regelmäßige Zahlungen, Fälligkeit, zukünftiger Wert, Kosten, Schätzwert etc.

Informationsfunktionen

Die Informationsfunktionen können in zwei Kategorien aufgeteilt werden. Die eine Gruppe dient dazu, Informationen über Bezüge oder Felder, etwa den Inhalt des Feldes, auf den der Bezug verweist oder den Typ des eingegebenen Wertes, auszugeben.

Die andere Gruppe stellen die IST-Funktionen dar, mit denen der Typ eines Wertes geprüft und je nach Ergebnis der Wahrheitswert WAHR oder FALSCH ausgegeben wird. Sie können mit dieser Funktion prüfen, ob der eingegebene Wert ein Bezug, ein bestimmter Fehlerwert, kein Text, ein Text, ein logischer Ausdruck, eine Zahl ist oder ob sich Wert auf ein leeres Feld bezieht.

Gemäß der Prüf-Funktion des Befehls werden die Wert-Argumente der IST-Funktionen nicht übersetzt, d.h. es wird keine Umwandlung des eingegebenen Wertes in einen anderen Datentyp vorgenommen.

Logische Funktionen

Diese Funktionen führen zum einen die logischen Verknüpfungen NICHT, UND und ODER durch, liefern die Wahrheitswerte WAHR oder FALSCH oder realisieren bedingte Operationen (WENN-Funktion).

Argumente der logischen Funktionen sind in der Regel Wahrheitswerte.

Mathematische Funktionen

Hier finden wir die üblichen mathematischen Funktionen, wie Multiplizieren, Potenzieren, Wurzelziehen, Division mit Rest aber auch Runden, Kürzen oder Angabe des Vorzeichens einer Zahl.

Als Argumente werden bei diesen Funktionen üblicherweise Zahlen vorgeschrieben.

Matrixfunktionen

Eine Matrix wird gebildet von Zeilen und Spalten, bestehend aus Zahlen.

In Microsoft Excel werden Matrizen zum Aufbau von Formeln verwendet, die mehrere Ergebnisse haben oder die Operationen an einer Gruppe von Argumenten ausführen, die in Zeilen und Spalten angeordnet sind.

Man unterscheidet zwei Matrixtypen: Matrixbereiche und Matrixkonstanten.

Ein Matrixbereich ist ein rechteckiger Bereich von Feldern(siehe Bild 3-4), die eine gemeinsame Formel - die sogenannte Matrixformel - haben.

Eine Matrixkonstante ist eine besonders angeordnete Gruppe von Konstanten, die in einer Formel als Argument verwendet werden.

	A	B	C
1	200	150	
2	500	320	
3	1200	840	
4			

Bild 3-4 : Beispiel für einen Matrixbereich

Durch die Matrixformel {=A1:A3+B1:B3} wird in einem Schritt eine Gruppe von Ergebnissen in C1:C3 berechnet(siehe Bild 3-5).

Das erreichen Sie folgendermaßen: Wählen Sie den Bereich C1 bis C3 aus. Geben Sie dann in der Bearbeitungszeile die gewünschte Formel ein, und schließen Sie mit der Tastenkombination STRG+UMSCHALTTASTE+ EINGABETASTE ab. In der Spalte C erscheinen die gewünschten Ergebnisse.

	A	B	C
1	200	150	50
2	500	320	180
3	1200	840	360
4			

Bild 3-5: Berechnung einer Matrixformel

Beispiel für eine Matrixkonstante ist {1.2.3;4.5.6}. Es handelt sich hierbei um zwei Zeilen von jeweils drei Werten. Die erste Zeile besteht aus den Werten 1, 2 und 3 und die zweite aus 4, 5 und 6. Die Punkte bilden die Trennzeichen innerhalb einer Zeile, das Semikolon trennt die verschiedenen Zeilen voneinander.

Matrixfunktionen führen verschiedene Operationen mit Matrizen durch, wie z.B. Berechnung der Determinante oder der inversen Matrix.

Als Argumente sind Matrixbereiche, Matrixkonstanten oder Bezüge zugelassen.

Statistische Funktionen

Hiermit liefert Microsoft Excel die Möglichkeit, die verschiedensten statistischen Berechnungen, wie z.B. Ermittlung des Minimums, des Maximums, der Summe, des Mittelwertes, der Standardabweichung, der Varianz etc. durchzuführen.

Argumente sind bei diesen Funktionen Zahlen oder in Zahlen umwandelbare Angaben.

Suchfunktionen

Mit den Suchfunktionen ist es möglich, durch Angabe von Indizes oder von Suchkriterien Werte aus Bereichen zu selektieren und auszugeben.

Argumente sind in diesem Fall die Indizes, der Bereich, in dem zu suchen ist und eventuell das Suchkriterium.

Textfunktionen

Mit den Textfunktionen ermöglicht Microsoft Excel die unterschiedlichsten Operationen an und mit Texten bzw. Zahlen. So können Sie nach Textbestandteilen suchen, diese durch andere ersetzen, Leerzeichen aus dem Text löschen, Texte vergleichen, Texte in Groß- oder Kleinbuchstaben umwandeln, Zahlen in Texte umwandeln und umgekehrt etc.

Als Argumente geben Sie den entsprechenden Text bzw. Texte oder Zahlen ein.

Trigonometrische Funktionen

Hier stellt Microsoft Excel die bekannten trigonometrischen Funktionen Sinus, Cosinus, Tangens sowie Arcussinus, Arcuscosinus und Arcustangens zur Verfügung.

Argumente sind entweder Winkel oder Zahlen.

3.2 Makrofunktionen

Zu Beginn dieses Kapitels hatten wir schon darauf hingewiesen, daß Funktionen die Bausteine zur Erstellung von Makros sind. Neben den oben beschriebenen Tabellenfunktionen, die Sie aus der "normalen" Arbeit mit Microsoft Excel kennen, existieren noch die Makrofunktionen, die nur in Makros ihre Verwendung finden. Nach einer Klassifizierung der Makrofunktionen wollen wir kurz auf die verschiedenen Arten eingehen.

Grundsätzlich unterscheiden wir zwei Typen von Makrofunktionen:

- Makrofunktionen, die eine Aktion ausführen,
- Makrofunktionen, die keine Aktion ausführen.

Jede dieser Klassen soll im Folgenden weiter untergliedert werden.

Die Argumente von Makrofunktionen folgen denselben Regeln wie diejenigen der Tabellenfunktionen.

Funktionen, die eine Aktion ausführen

In dieser Klasse existieren vier Arten von Makrofunktionen:

- Anwenderspezifische Funktionen,
- Befehlsäquivalente Funktionen,
- Dialogfeldfunktionen und
- Sonstige aktionsäquivalente Funktionen.

Anwenderspezifische Funktionen

Diese Funktionen ermöglichen Ihnen die Ausführung von Aktionen, die nur mit dem Makro möglich sind, z.B. die Erstellung von Anwender-Menüs oder -Dialogfeldern.

Zur näheren Erläuterung der einzelnen Befehle verweisen wir auf die entsprechenden Kapitel über Dialogfelder und Menüs.

Befehlsäquivalente Funktionen

Die befehlsäquivalenten Funktionen erlauben dem Anwender, die verschiedenen Befehle der Microsoft Excel Menüs auch innerhalb von Makros zu verwenden. Die Funktion DATEI.SCHLIESSEN entspricht dabei dem Befehl *Datei Schließen* oder die Funktion INHALTE.AUSWÄHLEN dem Befehl *Formel Inhalte auswählen*. Durch Angabe der Argumente legen Sie dabei die mit dem Befehl verbundenen Optionen fest.

Beispiel:
DATEI.SCHLIESSEN(WAHR) entspricht der Auswahl des Befehls *Datei Schliessen* und dem anschließenden Anklicken der Schaltfläche OK im Dialogfeld Änderungen in der Datei speichern. Lassen Sie die Angabe in den Klammern weg, so erscheint das Dialogfeld und Microsoft Excel fragt, ob Änderungen gespeichert werden sollen.

Dialogfeldfunktionen

Wollen Sie bei einer befehlsäquivalenten Funktion, mit der ein Dialogfeld verbunden ist, das Dialogfeld immer aufrufen, so setzen Sie hinter den Namen der
Funktion ein ?. Eine solche Funktion nennt man dann Dialogfeldfunktion. Häufig können Sie zusätzlich Argumente angeben, die als Standardwahlmög-
lichkeiten im Dialogfeld dienen.

Beispiel:
DATEI.LÖSCHEN?(*.XL?) zeigt das Dialogfeld *Datei Löschen* mit einer Liste
aller Dateien, deren Erweiterung mit XL beginnen, an.

Es gibt auch Dialogfeldfunktionen, die kein Dialogfeld aufrufen, sondern zusätzlich besondere Aktionen erlauben. So ermöglicht die Dialogfeldfunktion
ANW.BEWEGEN? Ihnen, das Microsoft Excel-Fenster mit der Tastatur zu
bewegen.

Sonstige aktionsäquivalente Funktionen

Diese Funktionen entsprechen Aktionen, die Sie ohne Wahl eines Befehls, also
über die Tastatur oder mit der Maus ausführen können. So erlaubt z.B. die
Funktion AKTIVES.FELD.ZEIGEN, das aktive Feld anzuzeigen oder die
Funktion VOLLBILD das aktive Fenster auf das volle Bildschirmformat zu
vergrößern.

Funktionen, die keine Aktion ausführen

In dieser Klasse existieren zwei Funktionsarten

-       Steuerfunktionen und
-       Wertausgabefunktionen.

Steuerfunktionen

Unter Steuerfunktionen faßt Microsoft Excel solche Funktionen zusammen, die
den Programmfluß eines Makros steuern.

Wir finden hier auf der einen Seite Sprungbefehle (GEHEZU) oder Befehle zur
Ausführung von Schleifen (FÜR-WEITER, SOLANGE-WEITER) und auf der
anderen Seite den Befehl ARGUMENT zur Beschreibung der Argumente zu einem Makro.

Wertausgabefunktionen

Diese Funktionen geben Werte aus, die Sie innerhalb eines Makros verwenden
können. So liefert z.B. die Funktion ARBEITSBEREICH.ZUORDNEN als Ergebnis Informationen über den aktuellen Arbeitsbereich. Durch Angabe eines

Arguments können Sie dabei spezifizieren, welcher Typ von Informationen angegeben werden soll.

Achtung:
Genau wie bei Tabellenfunktionen wandelt Microsoft Excel ein Bezugsargument normalerweise in den im Bezug enthaltenen Wert um. Wollen Sie den Bezug statt des Inhalts des Bezugs benutzen, so verwenden Sie die Makrofunktion POSTEXT. Sie wandelt Bezüge in Text um. Diese Bezüge in Textform können Sie bearbeiten. Anschließend verwenden Sie die Funktion TEXTPOS, um den Text wieder in Bezüge umzuwandeln.

4 Makros

Ein Makro besteht aus einer Gruppe von Anweisungen, die zusammengefaßt unter einem Namen von Microsoft Excel ausgeführt werden. Mit Hilfe von Makros ist es Ihnen möglich, regelmäßig anfallende Routineaufgaben durch eine einmal definierte Festlegung zeitsparend zu automatisieren oder aber speziell auf den Anwender zugeschnittene Lösungen zu realisieren.

Die unter einem Namen zusammengefaßten Makrobefehle werden in einer Makrovorlage, die einer Tabelle ähnlich ist, gespeichert.

In diesem Kapitel wollen wir uns ansehen, worin sich eine Tabelle und eine Makrovorlage unterscheiden und wie man mit Makrovorlagen umgeht.

Wir werden auf die beiden Makrotypen Befehlsmakro und Funktionsmakro eingehen und Unterschiede im Aufbau und ihrer Bedeutung aufzeigen.

4.1 Unterschiede zwischen Tabelle und Makrovorlage

Eine Makrovorlage ist eine Tabelle, die Makros enthält. Es handelt sich um eine normale Tabelle mit einigen zusätzlichen Möglichkeiten, die im folgenden erläutert werden sollen.

Es ist ohne weiteres möglich, mehrere Makros zusammen in einer Makrovorlage abzuspeichern. Dies empfiehlt sich besonders dann, wenn Sie eine Sammlung von häufig verwendeten Makros haben, die Sie zur Lösung einer Problemstellung gemeinsam verwenden. Es bestehen keine Beschränkungen hinsichtlich der Anzahl der Makros, die in eine Zeile oder Spalte geschrieben werden können, d.h. Makros können nicht nur hintereinander angeordnet sein, sondern ohne weiteres auch nebeneinander stehen. Fassen Sie sie in der für Ihre Anwendung sinnvollsten Weise zusammen.

Unterschiede im Aussehen einer Tabelle und einer Makrovorlage:
-   Makrovorlagen zeigen üblicherweise Formeln an, während Tabellen Werte anzeigen(siehe Bild 4-1). Das bedeutet auch, daß die Felder in einer Makrovorlage immer linksbündig dargestellt werden.

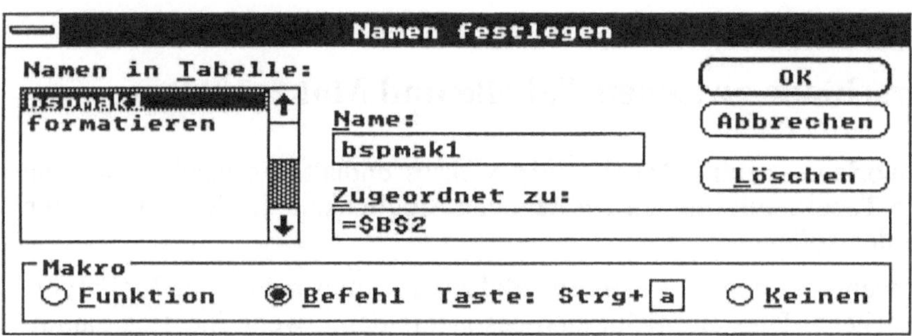

Bild 4-1 : Makrovorlage - Tabelle

- Bei einer Makrovorlage sind die Spalten zur Aufnahme der Formeln breiter. Sie können die Spaltenbreite natürlich jederzeit mit dem Befehl *Format Spaltenbreite* Ihren Vorstellungen anpassen.

- Das Dialogfeld *Formel Namen festlegen* (siehe Bild 4-2) weist bei Makrovorlagen eine zusätzliche Optionsgruppe auf, da es verschiedene Makrotypen gibt.

Bild 4-2 : Das Dialogfeld Formel Namen festlegen

- Der wichtigste Unterschied besteht darin, daß die ganze Makrovorlage nicht automatisch neu berechnet wird, wie dies bei einer Tabelle der Fall ist.

Ein **Befehlsmakro** wird explizit durch den Befehl *Makro Makro Ausführen* und Angabe des Namens oder durch Betätigen der STRG-Taste und des vereinbarten Kurzschlüssels aufgerufen (siehe Kapitel Fünf).

Ein **Funktionsmakro** wird erst dann ausgeführt, wenn das Feld einer Tabelle, das den Funktionsmakro enthält, neu berechnet werden muß.

Bearbeitung von Makrovorlagen

Sie können eine Makrovorlage genauso handhaben, wie Sie es von Tabellen gewöhnt sind. Wichtig ist aber, daß Sie Ihre Makros leicht lesbar und verständlich gestalten, indem Sie die entsprechenden Makrovorlagen **organisieren**, **dokumentieren** und **formatieren**.

Zur **Organisation** von Makrovorlagen gilt, daß beliebig viele Makros in einer Makrovorlage definiert werden können. Sinnvoll ist es aber nur, solche zusammenzufassen, die auch gemeinsam verwendet werden. Es ist auch möglich, mehr als eine Makrovorlage gleichzeitig zu laden.

Benutzen Sie mehrere Makrovorlagen gemeinsam, so empfiehlt es sich, nicht alle auf dem Bildschirm anzuzeigen, sondern einige zu verbergen (siehe auch *Fenster Verbergen* in Kapitel Zwei). Es ist dennoch möglich, diese Makros auszuführen.

Wollen Sie eine Makrovorlage bearbeiten, so müssen Sie sie jedoch wieder aktivieren und auf dem Bildschirm anzeigen (siehe auch *Fenster Anzeigen*).

Der **Dokumentation** von Makros sollten Sie eine große Bedeutung beimessen (siehe Bild 4-3). Mit **Notizen**, **Kommentaren**, **Namen** und **Texthinweisen** versehen, sind ihre Makros besser zu verstehen und leichter zu lesen.

Bild 4-3 : Dokumentierter Makro

Kommentare, Namen und Texthinweise werden von Microsoft Excel als Text behandelt, d.h. das Feld, das solchen Text enthält, wird übersprungen und der Inhalt des nächsten Feldes ausgeführt.

Beachten Sie dabei bitte, daß Namen und Texthinweise innerhalb einer Makrovorlage eindeutig sein müssen, d.h. sie dürfen nur an einer Stelle vorkommen. In anderen Makrovorlagen dürfen Sie dagegen die gleichen Namen und Texthinweise wiederverwenden.

Notizen können bei einer Makrovorlage ebenso verwendet werden wie bei Tabellen. Sie werden hauptsächlich dann eingesetzt, wenn die Erläuterungen zu lang sind und nicht ohne weiteres in eine Makrovorlage hineinpassen. Außerdem läßt sich durch eine Notiz leicht beschreiben, wie ein Makro zu verwenden ist (siehe Bild 4-4). Der Anwender kann sich dann durch Auswahl des Befehls *Formel Notiz* die entsprechenden Informationen auf dem Bildschirm anzeigen lassen.

Bild 4-4: Dialogfeld Formel Notiz

Kommentare sind kurze Erläuterungen zu den einzelnen Zeilen des Makros, die Sie normalerweise in eine Spalte neben dem Makro schreiben (siehe Bild 4-3). Mit Kommentaren hat man die beste Möglichkeit, die Funktion eines Makros zu dokumentieren.

Üblicherweise schreibt man in das erste Feld des Makros einen beschreibenden **Namen** zur Identifikation. Dieser Name wird dann über den Befehl *Formel Namen festlegen* als Makroname vereinbart. Bei einem späteren Aufruf des Makros über *Makro ausführen* muß dieser Name eingegeben werden. Microsoft Excel findet das benannte Feld, führt die Formel in dem darunterliegenden Feld und die Befehle in dieser Spalte aus.

Beispiel: *bspmak1* in Bild 4-2

Unter einem **Texthinweis** versteht man Text, der in ein Feld eingegeben und anschließend als Name festgelegt wird. Die Festlegung erfolgt durch Markieren des Feldes, das den Text enthält und Auswahl des Befehls *Formel Namen festlegen*. Der Name kann dann überall im Makro verwendet werden, wenn auf das Feld Bezug genommen werden soll, z.B. über den Befehl GEHEZU.

Beispiel: *formatieren* in Bild 4-2

Sie können Makrovorlagen beliebig **formatieren**, dadurch wird die Ausführung der enthaltenen Makros in keiner Weise beeinträchtigt.

Durch Löschen der Gitternetzlinien und Hervorheben bestimmter Teile durch Rahmen oder Schraffur erreichen Sie vielleicht, daß der Makro leichter zu lesen ist. Eventuell wollen Sie Namen, Kommentare und Texthinweise durch verschiedene Schriftarten besonders kennzeichnen. Dies alles bleibt Ihnen überlassen.

Sie sollten jedoch darauf achten, daß Sie für alle Ihre Makros dasselbe Formatierungsschema verwenden, dadurch werden sie leichter verständlich und überschaubar.

So könnte beispielsweise ein solcher Makro aussehen:

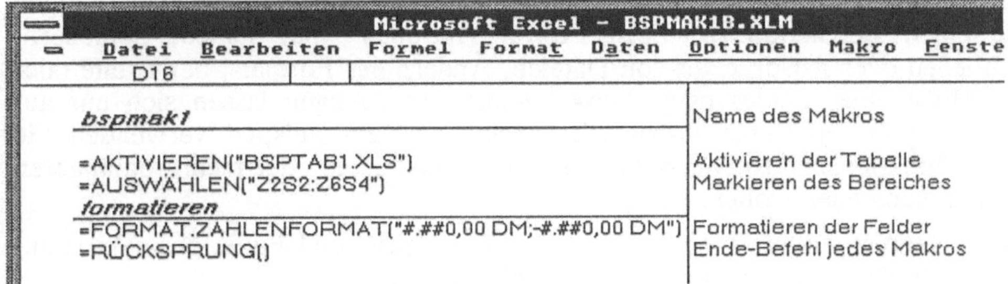

Bild 4-5 : formatierter Makro

4.2 Befehlsmakros - Funktionsmakros

In Microsoft Excel unterscheiden wir zwei verschiedene Arten von Makros:

- Befehlsmakros und
- Funktionsmakros.

Befehlsmakros führen eine geplante Folge von Funktionen aus. Der Name Befehlsmakro liegt darin begründet, daß diese Art von Makros zum großen Teil den Standardbefehlen von Microsoft Excel entspricht. Wollen Sie einen Befehl ausführen, den es in Microsoft Excel nicht gibt, so erstellen Sie dafür ein Befehlsmakro. Der oben besprochene Makro zur Formatierung ausgewählter Bereiche ist dafür ein gutes Beispiel. Wir können also feststellen:

Ein Befehlsmakro ist ein vom Anwender erstellter Befehl.

Ein Funktionsmakro dagegen berechnet einen Wert. Genau wie die Standard-Tabellenfunktionen benötigen Funktionsmakros Eingabewerte - Argumente -, um daraus Ergebnisse zu ermitteln, daher der Name. Wollen Sie z.B. eine Funktion ausführen, die angegebene Gradzahlen Celsius in Fahrenheit umrechnet, so erstellen Sie sich dafür ein Funktionsmakro. Es gilt also:

Ein Funktionsmakro ist eine vom Anwender erstellte Funktion.

Wenn Sie die Logik Ihres Makros festlegen, müssen Sie auch entscheiden, ob Sie einen Befehlsmakro, einen Funktionsmakro oder mehrere Makros zur Lösung Ihrer Aufgabe benötigen.

Der grundsätzliche Aufbau ist bei beiden Makrotypen gleich. Jeder Makro beginnt mit einem Namen und endet mit einer RÜCKSPRUNG-Funktion. Dazwischen führen Formeln, die alle mit einem Gleichheitszeichen beginnen, die eigentliche Arbeit aus.

Hier liegt der wesentliche Unterschied.

Falls Ihr Makro Aktionen und keine Berechnungen ausführen soll, benötigen Sie einen **Befehlsmakro**. Beispiele für Aktionen sind: Laden, Speichern, Schließen oder Ausdrucken von Dateien, Ändern des Formats, der Breite oder der Höhe eines Feldes usw. **Funktionsmakros** dagegen lassen sich nur auf einen begrenzten Situationsbereich anwenden. Zum Beispiel verwenden Sie einen Funktionsmakro, wenn sie einen Wert aus einem oder mehreren anderen Werten berechnen wollen.

Im Folgenden wollen wir uns Beispiele für Befehls- und Funktionsmakros ansehen und daran die Unterschiede deutlich machen.

Zunächst stellen wir einen Befehlsmakro dar, der dazu dienen soll, die Tabelle mit dem Namen BSPTAB1 auszudrucken (siehe Bild 4-6). Dabei gehen wir davon aus, daß die Tabelle schon geladen ist.

Die auszuführenden **Aktionen** sind:

Aktivieren der zu druckenden Tabelle und Drucken der gesamten Tabelle.

	A	B
		BEFMAK1.XLM
1	Drucken	Name des Makros
2	=AKTIVIEREN("BSPTAB1.XLS")	Aktivieren der Tabelle
3	=DRUCKEN(1;;;1;FALSCH;FALSCH;1)	Ausdrucken der Tabelle
4	=RÜCKSPRUNG()	Ende

Bild 4-6 : Befehlsmakro zum Ausdrucken einer geladenen Tabelle

Zur Erläuterung der Zeilen des Makros:

Die erste Zeile beinhaltet den Namen des Makros, in unserem Fall *Drucken*.

Bei den beiden Funktionen in den Zeilen 2 und 3 handelt es sich um befehlsäquivalente Makrofunktionen.

Als erstes wird die Funktion

AKTIVIEREN(Fenster_Text;Unterfenster_Nummer)

aufgerufen. Sie entspricht der Aktivierung eines Unterfensters in einem Fenster.

In Fenster_Text wird der Name des Fensters in Textform, d.h. mit Anführungszeichen, angegeben (hier: "BSPTAB1.XLS").

Unterfenster_Nummer ist die Nummer des zu aktivierenden Unterfensters. Falls hier, wie in unserem Fall, keine Eingabe erfolgt, wird das aktive Unterfenster nicht gewechselt.

Als nächstes erfolgt der Aufruf der Funktion

DRUCKEN(Bereich;Von;Bis;Kopien;Entwurf;Prüfung;Teile).

Die einzelnen Optionen müßten Ihnen vom Aufruf des Befehls Datei Drucken bekannt sein.

Bereich spezifiziert den Seitenbereich, 1 bedeutet dabei alles drucken.

Da alle Seiten des Dokumentes gedruckt werden sollen, bleiben die Angaben Von und Bis leer.

Die nächste 1 kennzeichnet, daß nur eine Kopie zu erstellen ist.

Die beiden FALSCH entsprechen einem Offenlassen der Optionsfelder Entwurf und Prüfen.

Zuletzt gibt die 1 an, daß nur das Arbeitsblatt zu drucken ist.

Die letzte Zeile jedes Makros sollte die RÜCKSPRUNG-FUNKTION enthalten.

Soweit der Befehlsmakro.

Als nächstes wollen wir uns einen Funktionsmakro ansehen, der aus einem eingegebenen Betrag die enthaltenen 14 % Mehrwertsteuer berechnet (siehe Abbildung 4-7).

Diesmal sind keine Aktionen, sondern Berechnungen auszuführen, deshalb der Funktionsmakro.

	FUNKMAK1.XLM	
	A	B
1	Mwst	Name des Makros
2	=ARGUMENT("Betrag")	Angabe des Arguments
3	=Betrag/114*14	Berechnung der enthaltenen MWST
4	=RÜCKSPRUNG(A3)	Rücksprung mit Parameterübergabe
5		

Bild 4-7 : Funktionsmakro zur Berechnung der enthaltenen Mehrwertsteuer

Auch hier wollen wir die Bedeutung der einzelnen Zeilen kurz erläutern.

Zeile 1 enthält wiederum den Namen des Makros, in diesem Fall *Mwst*.

Zeile 2 beinhaltet die Steuerfunktion

ARGUMENT(Name;Datentypzahl).

Diese Funktion nennt die an einen Funktionsmakro zu übergebenden Argumente. Da an Befehlsmakros keine Argumente übergeben werden können, kann diese Funktion nur bei der Erstellung von Funktionsmakros verwendet werden. Die Funktion muß für jedes zu übergebende Argument getrennt aufgerufen werden, also bei drei Argumenten muß der Makro drei ARGUMENT-Funktionen enthalten.

Name ist der Name des Argumentes. Bei Datentypzahl können Sie den Typ des Argumentes angeben. Lassen Sie die Angabe weg, so nimmt Microsoft Excel an, daß es sich um einen Text, eine Zahl oder einen Wahrheitswert handelt.

Die dritte Zeile enthält die eigentliche Berechnung, also die Formel für den herauszurechnenden Mehrwertsteuerbetrag.

Zuletzt finden wir wieder die RÜCKSPRUNG-Funktion, diesmal aber in der Form, wie sie bei Funktionsmakros verwendet wird. Wie wir schon gesagt haben, geben Funktionsmakros den berechneten Wert als Ergebnis zurück, Befehlsmakros nicht. Demzufolge enthält bei Befehlsmakros die Klammer keine Angaben, bei Funktionsmakros aber den Ausgabewert, hier in Form eines Bezugs. Zurückgegeben wird der Wert, der in A3 berechnet worden ist.

Sie können sich die in einem Makro berechneten Werte auch anzeigen lassen (siehe Bild 4-8), indem Sie den Befehl *Optionen Bildschirmanzeige* wählen und die Option Formeln ausblenden. Nach Berechnung des Makros Mwst sieht dieses dann folgendermaßen aus.

	A	B	C	D
1	Mwst	Name des Makros		
2	WAHR	Angabe des Argum		
3	24,5614035	Berechnung der enthaltenen MWST		
4	WAHR	Rücksprung mit Parameterübergabe		

Bild 4-8 : Funktionsmakro mit Anzeige der Werte

Das gleiche können Sie natürlich auch bei Befehlsmakros durchführen (siehe Bild 4-9). Das oben besprochene Beispiel lautet dann so:

	A	B	C	D
1	Drucken	Name des Makros		
2	WAHR	Aktivieren der Tabelle		
3	WAHR	Ausdrucken der Tabelle		
4	WAHR	Ende		
5				

Bild 4-9 : Befehlsmakro mit Anzeige der Werte

5   Der Makro-Rekorder

In diesem Kapitel werden wir Ihnen

>   den Umgang mit dem Makro-Rekorder aufzeigen,

>   die zur Verfügung stehenden Befehls-Funktionen des Makro-Menüs erläutern,

>   den grundlegenden Aufbau eines Makros darstellen und

>   Möglichkeiten der weiteren Bearbeitung von aufgezeichneten Makros beschreiben.

Der Makro-Rekorder stellt Ihnen die Möglichkeit zur Verfügung, alle Aktionen, die Sie in Microsoft Excel durchführen, in einem Befehlsmakro aufzeichnen zu lassen. Nach dem der Makro-Rekorder eingeschaltet ist, führt man diejenigen Kommandos und Aktionen aus, die der Makro später automatisch leisten soll. Der Rekorder zeichnet jeden Befehl auf und trägt ihn in der korrekten Syntax in eine Makrovorlage ein.

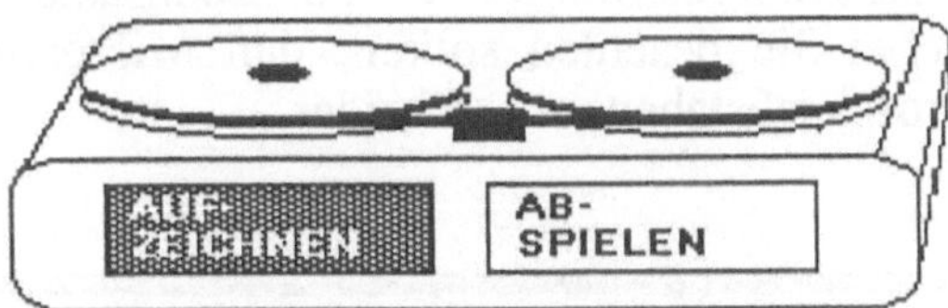

Abbildung 5-1: Der Makro-Rekorder

5.1 Aufzeichnen eines Makros mit dem Makro-Rekorder

In diesem Teil des fünften Kapitels stellen wir Ihnen vor,

>   wie man Befehlsmakros aufzeichnet,
>   wie man den aufgezeichneten Befehlsmakro ausführt.

Mit einem kleinen einführenden Beispiel möchten wir mit Ihnen in die Makro-Aufzeichnung einsteigen.

Laden Sie dazu Microsoft Excel und starten Sie den Makro-Rekorder über das Menü Makro durch

> Mausklick *Makro Aufzeichnen*.

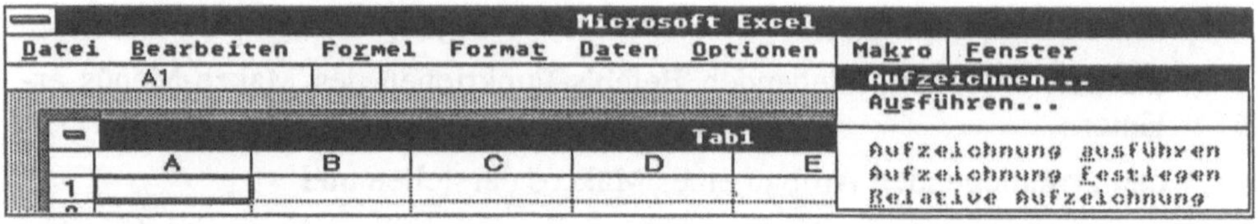

Abbildung 5-2: Das Menü Makro

Microsoft Excel zeigt ein Dialogfeld an, in das Sie den Namen des Makros "datum" und bei Taste ein "d" eintragen. Der Name identifiziert den Makro, d.h. die aufzuzeichnenden Befehle werden logisch unter diesem Namen zusammengefaßt, als Arbeitsanweisung zur Lösung einer bestimmten Aufgabe. Von dem Makronamen zu unterscheiden ist der Name der Makrovorlage. Dieser Name kennzeichnet ein Microsoft Excel Dokument. Wie wir später sehen werden, kann eine Makrovorlage mehrere Makros beinhalten.

Der Tastaturschlüssel erlaubt später den Kurzaufruf des Makros über die Tastenkombination STRG und "Buchstabe". Taste muß also ein Buchstabe sein, wobei Sie beachten sollten, daß Microsoft Excel hier zwischen Klein- und Grossbuchstaben unterscheidet.

Abbildung 5-3: Das Dialogfeld Makro aufzeichnen

Bestätigen Sie abschließend Ihre Eingabe durch

> Mausklick OK.

Nun zu den Aktionen, welche unser Makro ausführen soll. Der Makro soll in einer Microsoft Excel Tabelle das Datum aus dem Maschinendatum abstellen.

Gehen Sie daher wie folgt vor:

Mausklick *Datei Neu Tabelle*

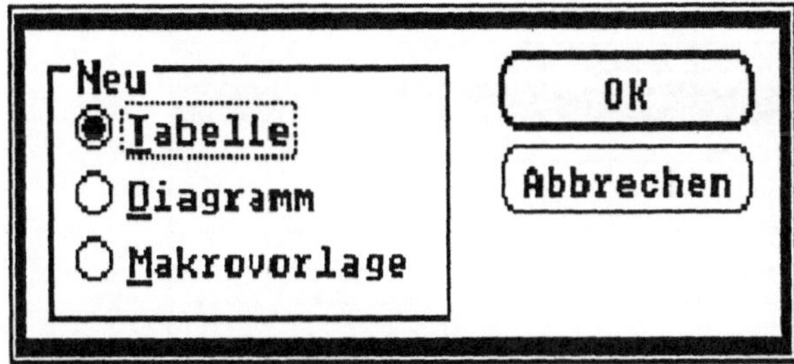

Abbildung 5-4: Das Dialogfeld Datei Neu

Wählen Sie nun in der neuen Tabelle die Zelle B3 aus

Mausklick B3

und tragen Sie dort ein:

Datum:

⊟				Tab1	
	A	**B**	**C**	**D**	**E**
1					
2					
3		Datum:			
4					
5					

Abbildung 5-5: Texteintrag Datum

Wählen Sie Zelle B4 aus und klicken Sie an

Formel Funktion einfügen.

In dem angezeigten Listfeld wählen Sie die Funktion

Jetzt() aus

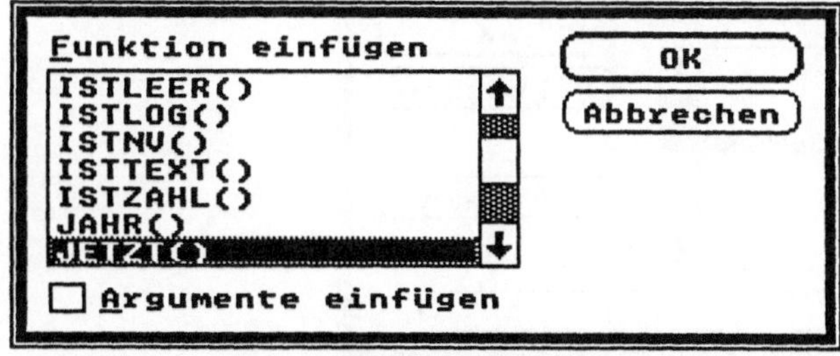

Abbildung 5-6: Das Dialogfeld Funktion einfügen

Bestätigen Sie die Eingabe durch

>Mausklick an der Schaltfläche OK (Haken)

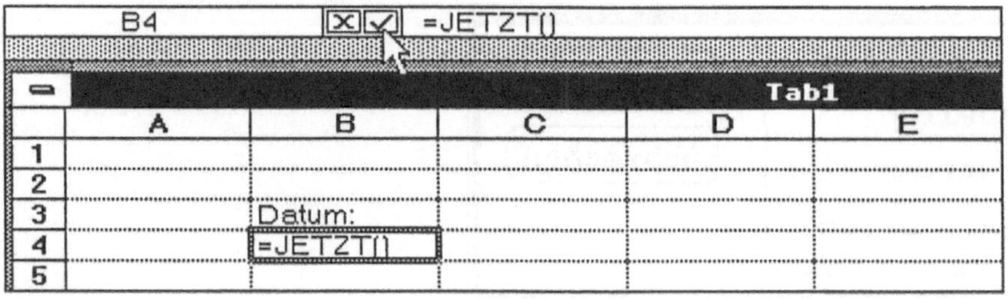

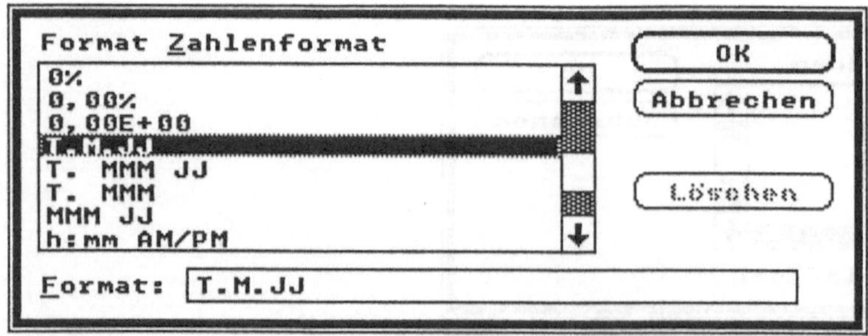

Abbildung 5-7: Bestätigen der Eingabe

In Zelle B4 erscheint eine serielle Zahl.

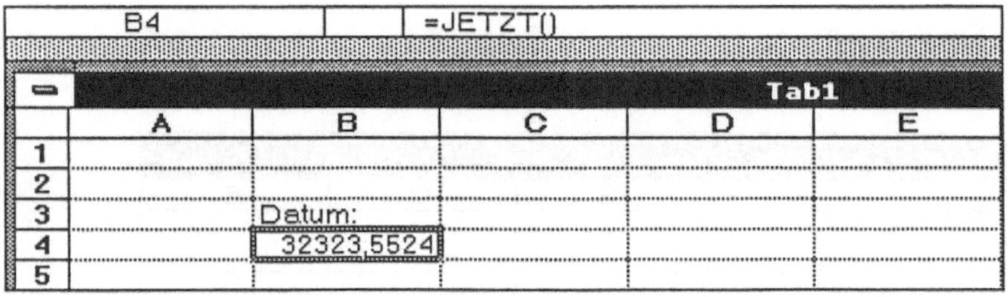

Abbildung 5-8: Datum als serielle Zahl

Diese Zahl soll nun umgewandelt werden in die gewohnte Datumsnotation durch

>Mausklick *Format Zahlenformat.*

Wählen Sie dort das Format

>T.M.JJ aus.

Abbildung 5-9: Das Dialogfeld Format auswählen

Die serielle Zahl wird von Microsoft Excel nun umgewandelt in das Tagesdatum und im gewohnten Format abgestellt.

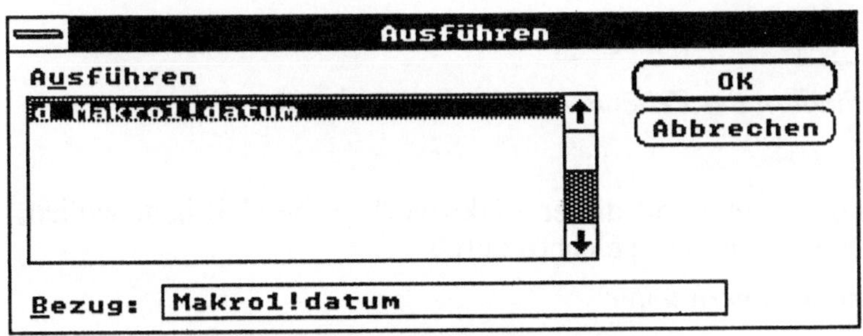

Abbildung 5-10: Darstellung im Datumsformat

Beenden Sie die Aufzeichnung mit

Mausklick *Makro Aufzeichnung beenden*.

Wir wollen nun den aufgezeichneten Makro ausführen durch

Mausklick *Makro Ausführen*

und im angezeigten Listfeld

Mausklick Makro1!datum

und Bestätigung durch

Mausklick im OK-Feld.

Abbildung 5-11: Das Dialogfeld Makro ausführen

Microsoft Excel führt nun den aufgezeichneten Makro aus.

Auch die zweite Möglichkeit des Makroaufrufes sollten wir testen, indem wir den Makro nochmals durch Aufruf über den Tastaturschlüssel starten.

Wenn Sie den obigen Anweisungen gefolgt sind, können Sie den Makro mit
STRG und "d" starten. Das Ergebnis Ihrer Arbeit sollte die Makroaufzeichnung
sein, wie sie Abbildung 5-12 zeigt.

	A	B	C
1	datum		
2	=NEU(1)		
3	=AUSWAHLEN("Z3S2")		
4	=FORMEL("Datum:")		
5	=AUSWAHLEN("Z4S2")		
6	=FORMEL("=JETZT()")		
7	=FORMAT.ZAHLENFORMAT("T.M.JJ")		
8	=RÜCKSPRUNG()		
9			

Abbildung 5-12: Ergebnis der Aufzeichnung

Die Abbildung 5-12 zeigt natürlich nicht das Ergebnis Ihrer Arbeit, sondern
Ihre Aufzeichnung ist noch verborgen. Da Microsoft Excel die Makro-Aufzeichnung im Hintergrund erledigt, müssen Sie Ihre Makrovorlage aktivieren,
d.h. in den Vordergrund holen.

Sie holen Ihre Makrovorlage auf den Bildschirm mit

> Mausklick *Fenster Makro1*

Möglicherweise ist die Spaltenbreite der Spalte A zu gering, so daß Sie den
Formel-Text stellenweise nicht vollständig sehen können. Fahren Sie daher mit
dem Mauszeiger auf den Trennstrich zwischen Spalte A und B im Spaltenkopf,
bis ein Doppelpfeil erscheint. Bei gedrückter Maustaste können Sie nun den
Spalten-Trennstrich nach rechts verschieben (siehe Abbildung 5-13).

A	⟷	B

Abbildung 5-13: Verändern der Zeilenhöhe oder Spaltenbreite

Da wir uns später noch weiter mit dieser Makrovorlage beschäftigen wollen,
sollten Sie nun Ihre Makrovorlage speichern durch

> Mausklick *Datei Speichern unter*
>
> A:DATUM

```
Makro speichern unter:        (      OK      )

[a:datum|                ]    (  Abbrechen  )

A:\                           ( Optionen >> )
```

Abbildung 5-14: Makro speichern

Verwenden Sie für das Speichern unsere Beispiel-Diskette oder legen Sie sich selbst eine Übungsdiskette an. Unsere Makrovorlage trägt ab jetzt nicht mehr den Namen MAKRO1.XLM sondern heißt nunmehr

DATUM.XLM.

Der Namensanhang ".XLM" wird von Microsoft Excel standardmäßig einer Makrovorlage angefügt.

5.2 Analyse des aufgezeichneten Makros

In diesem Teil des Kapitels fünf werden wir den Makro näher betrachten, um daraus den grundsätzlichen Aufbau eines Makros zu erkennen.

Ein Makro besteht immer aus:

1. dem Makro-Namen,

2. einer Folge von Funktionen,

3. dem Befehl Rücksprung.

5.2.1. Makro-Namen

Der Makroname bezeichnet die zu einem Makro zusammengefaßte Befehlsfolge. Er ist zu unterscheiden von dem Namen der Makro-Vorlage, der ein Microsoft Excel Dokument bezeichnet.

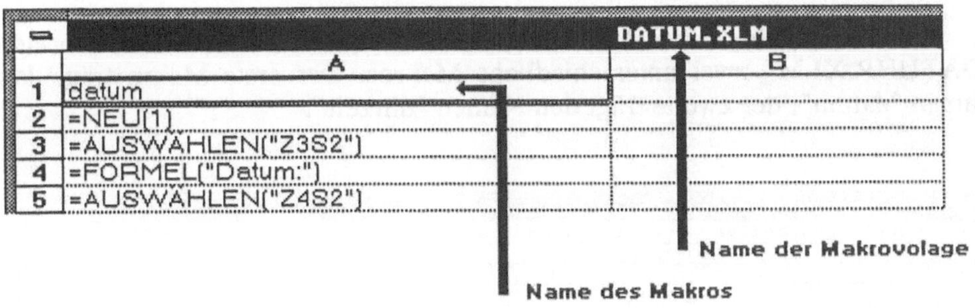

Abbildung 5-15: Makro-Namen

Er steht immer der Befehlsfolge voran und wird mit der Microsoft Excel-Funktion *Formel/Namen festlegen* definiert. Diese Funktion zeigt ein Dialog-Feld an, welches bereits den eingegebenen Namen und die dazugehörige Zellreferenz beinhaltet.

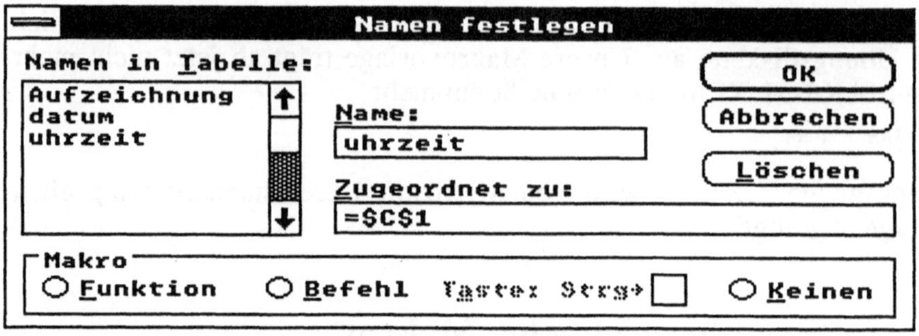

Abbildung 5-16: Namen festlegen

Der Makro wird mittels dieser Funktion gekennzeichnet als Funktions- oder Befehlsmakro. Bei einem Befehlsmakro kann ein Tastaturschlüssel für den Makroaufruf festgelegt werden.

Eine Makrovorlage kann mehrere Makros beinhalten. Stellen Sie sich bitte vor, wir hätten in unserer Makro-Vorlage "DATUM.XLM" neben der Befehlsfolge, die das Datum in einer Tabelle abstellt, eine zweite Befehlsfolge festgehalten, mit der etwa die Uhrzeit in einer Tabelle abgestellt wird. Wird diese Befehlsfolge als eigener Makro mit dem Tastaturschlüssel "u" definiert, so kann aus der gleichen Makrovorlage mit

STRG + "d"

die Befehlsfolge Datum aufgerufen werden, oder mit

STRG + "u"

die Befehlsfolge Uhrzeit gestartet werden.

In der nachstehenden Abbildung 5-17 enthält die Makrovorlage "DATUHR.XLM" zwei unterschiedliche Makros. Der erste Makro trägt den Namen "datum", der zweite trägt den Namen "uhrzeit".

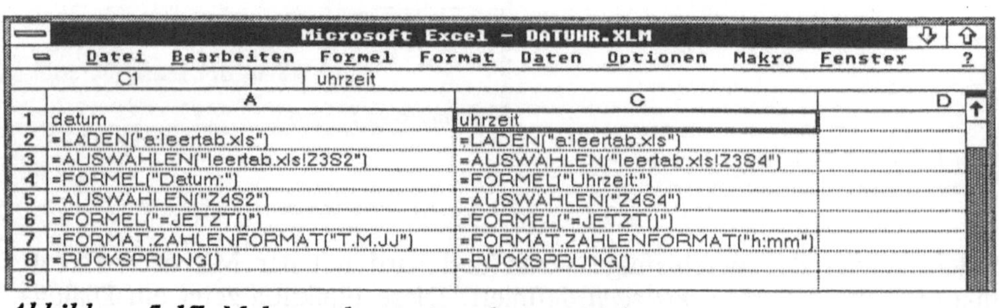

	A	C	D
1	datum	uhrzeit	
2	=LADEN("a:leertab.xls")	=LADEN("a:leertab.xls")	
3	=AUSWAHLEN("leertab.xls!Z3S2")	=AUSWAHLEN("leertab.xls!Z3S4")	
4	=FORMEL("Datum:")	=FORMEL("Uhrzeit:")	
5	=AUSWAHLEN("Z4S2")	=AUSWAHLEN("Z4S4")	
6	=FORMEL("=JETZT()")	=FORMEL("=JETZT()")	
7	=FORMAT.ZAHLENFORMAT("T.M.JJ")	=FORMAT.ZAHLENFORMAT("h:mm")	
8	=RÜCKSPRUNG()	=RÜCKSPRUNG()	
9			

Abbildung 5-17: Makrovorlage mit mehreren Makros

5.2.2 Funktionen in Makros

Funktionen in Makros beginnen, genau wie in Tabellen, mit einem Gleichheitszeichen an erster Stelle in der Zelle.

=NEU(1)

Namen dagegen stehen immer ohne Gleichheitszeichen.

datum

Jeder Funktionsaufruf wird gefolgt von einer Klammer, in der die Argumente,
das sind die durch die Funktion zu bearbeitenden Objekte, an die Funktion
übergeben werden.

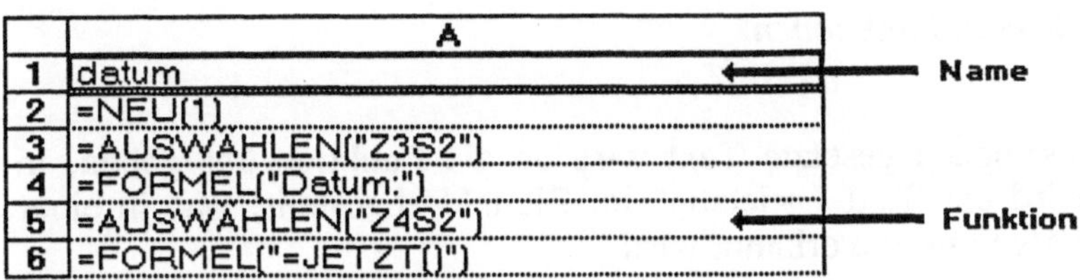

Abbildung 5-18: Namen und Funktionen in Makros

Funktionsargumente können sein:

1. numerische Werte

=NEU(1)

Über den numerischen Parameter wird eine Auswahl aus mehreren intern nu-
merierten Möglichkeiten getroffen.

Bei der Funktion NEU() bedeuten die Parameter:

1 das Anlegen einer neuen Tabelle

2 das Generieren eines Diagrammes

3 das Anlegen einer neuen Makro-Vorlage.

Wir erkennen also, daß die möglichen Parameter hier den durchnumerierten
Optionen aus der Menü-Funktion *Datei Neu* entsprechen.

Funktionsargumente können weiterhin sein:

2. Texte

=FORMEL(" =JETZT()")

	A		A	
1				
2	Tabelle1		Makro1	
3				
4	ZIEL		=AUSWÄHLEN(ZIEL)	
5	=JETZT()	◄	=FORMEL("=JETZT()")	
6				
7				

Abbildung 5-19: Texte in Funktionen

Der in Anführungszeichen gesetzte Text wird an die Funktion übergeben, in diesem Beispiel wird der Text "=jetzt()" im Zielfeld abgestellt, was in einer Tabelle wiederum als Funktion erkannt wird.

Funktionsargumente können auch sein:

3. Funktionen

=FORMEL(JETZT())

	A		A	
1				
2	Tabelle1		Makro1	
3				
4	ZIEL		=AUSWÄHLEN(ZIEL)	
5	32.200,3569	◄	=FORMEL(= JETZT())	
6				
7				

Abbildung 5-20: Funktionen in Funktionen

Das Ergebnis der Funktion wird in diesem Beispiel im Zielfeld abgestellt.

Die RÜCKSPRUNG-Funktion ist immer die letzte Anweisung in einem Makro, sie überträgt die Steuerung vom Makro an Microsoft Excel zurück.

8	=RÜCKSPRUNG()

Abbildung 5-21: Rücksprung-Funktion

Wie Sie sehen, ist die Klammer auch dann zu setzen, wenn der Funktion keine Argumente übergeben werden.

Bei der Ausführung eines Makros arbeitet Microsoft Excel die Befehle grundsätzlich von oben nach unten ab. Leere Zellen oder Texteintragungen innerhalb der Befehlsfolge sind zulässig.

Beachten Sie noch eine weitere Besonderheit:

Sie erinnern sich, daß wir Sie in der Übung aufgefordert hatten, Zelle B4 in der Tabelle auszuwählen. Der Makro-Rekorder zeichnet die Funktion wie folgt auf:

=AUSWÄHLEN("Z4S2")

Während bei dem "manuellen" Umgang mit Tabellen die Zellreferenzen standardmäßig im A1-Format anzugeben sind, zeichnet der Makro-Rekorder die Zellreferenzen in Z1S1-Format auf.

5.3 Überarbeiten des aufgezeichneten Makros

Wenden wir uns nochmals dem aufgezeichneten Makro zu. Wir sollten ihn nochmals hervorholen, um die eben gewonnenen Erfahrungen daran zu überprüfen.

Sicher ist Ihnen bereits unangenehm aufgefallen, daß der Makro, jedesmal wenn wir ihn starten, eine neue Tabelle anlegt, und je öfter er gestartet wird, desto mehr bleibt nachher aufzuräumen.

Also räumen wir zunächst auf, indem wir die Tabellen schliessen. Die Frage, ob die Änderungen in der jeweiligen Tabelle gespeichert werden sollen, können Sie getrost durch

Mausklick **Nein** beantworten.

Danach aktivieren Sie den Makro. Um zu verhindern, daß der Makro jedesmal eine neue Tabelle anlegt, löschen wir die Funktion NEU.

Hierzu aktivieren wir die Zelle A2 durch

Mausklick A2

und drücken die Taste LÖSCH (siehe Abbildung 5-22).

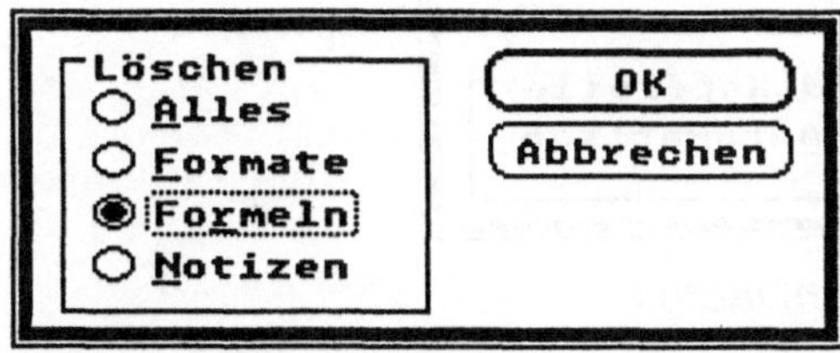

Abbildung 5-22: Löschen

Bestätigen Sie das Löschen der Formeln durch

> Mausklick OK.

Da leere Zellen unschädlich sind, können wir den Makro erneut starten. Der Makro produziert nun das Ergebnis, wie in Abbildung 5-23 dargestellt.

▭	DATUM.XLM		
	A	B	C
1	datum		
2			
3	=AUSWÄHLEN("Z3S2")	Datum:	
4	=FORMEL("Datum:")	=JETZT()	
5	=AUSWÄHLEN("Z4S2")		
6	=FORMEL("=JETZT()")		
7	=FORMAT.ZAHLENFORMAT("T.M.JJ")		
8	=RÜCKSPRUNG()		
9			

Abbildung 5-23: Ergebnis des geänderten Makros

Eigentlich wollten wir das nicht erreichen. Doch denken wir etwas darüber nach:

1. Eine Makro-Funktion bezieht sich grundsätzlich auf das aktive Dokument.

2. Soll sich eine Funktion auf ein anderes Dokument beziehen, so ist eine externe Referenz anzugeben. Dies ist immer dann erforderlich, wenn Sie durch den Makro mehr als ein Dokument bearbeiten. Die externe Referenz setzt sich zusammen aus dem Namen des Dokumentes und dessen Zellreferenz, getrennt durch das "!" z.B.: TAB1.XLS!B4.

3. Die Makro-Vorlage verhält sich grundsätzlich wie eine Tabelle, für die in der Option Bildschirmanzeige "Formeln" ausgewählt wurde. Verändern Sie diese Option durch

> Mausklick *Optionen Bildschirmanzeige*

und schalten Sie "Formeln" aus.

Abbildung 5-24: Optionen für die Bildschirmanzeige

Der Makro zeigt nun ein zweites Gesicht, welches einer Tabelle mit Werten gleicht, wobei natürlich logische Werte in einer Tabelle selten zu sehen sind.

	A	B
1	datum	
2		
3	WAHR	Datum:
4	WAHR	29.6.88
5	WAHR	
6	WAHR	
7	WAHR	
8	WAHR	

Abbildung 5-25: Makro mit ausgeschalteter Formel-Anzeige

Nun sollten wir endlich den Makro so verändern, daß er sich wunschgemäß verhält.

Löschen Sie zunächst die Datums-Eintragungen in der Spalte B.

Klicken Sie Zelle A2 an und tragen Sie dort ein:

=laden("A:\uebungen\kap5\leertab.xls")

Sie sollten sich angewöhnen, Funktionen in Makros in der Klein-Schreibweise einzugeben. Wird eine Funktion von Microsoft Excel als richtig erkannt, so wandelt Excel sie in Großbuchstaben um. Bleibt die eingegebene Funktion unverändert, so hat sich fast immer ein Tipp-Fehler eingeschlichen. Einträge in Anführungszeichen werden allerdings unverändert übernommen.

Auf der von uns erstellten Beispiel-Diskette befindet sich eine leere Tabelle unter diesem Namen im Verzeichnis KAP5 des Unterverzeichnisses UEBUN-GEN.

Haben Sie die Dateien der Übungsdiskette, den Anweisungen in README.1ST folgend, bereits auf die Festplatte kopiert, so verwenden Sie die Funktion LADEN mit

=laden("C:\excelbch\uebungen\kap5\leertab.xls").

Sollten Sie mit einer eigenen Übungsdiskette arbeiten, so speichern Sie eine leere Tabelle unter diesem Namen ab.

Klicken Sie Zelle A3 an und verändern Sie den dortigen Eintrag in

=AUSWÄHLEN("leertab.xls!Z3S4")

Wir verwenden hier zwar eine externe Referenz, aber durch das Laden ist unsere leere Tabelle standardmäßig zum aktiven Dokument geworden. Somit bezieht sich auch die Funktion in Zelle A5 in jedem Fall auf diese Tabelle.

Zum Zwecke der Dokumentation sollten Sie noch in der Spalte B1 als Kommentar eintragen, wie der Makro gestartet wird:

Mausklick B1

schreiben Sie einfach als Text :

Starten mit: Strg + d.

	A	B	C
		DATUM.XLM	
1	datum	Starten mit: ⟨Strg⟩ + ⟨d⟩	
2	=LADEN("a:leertab.xls")		
3	=AUSWAHLEN("leertab.xls!Z3S2")		
4	=FORMEL("Datum:")		
5	=AUSWAHLEN("Z4S2")		
6	=FORMEL("=JETZT()")		
7	=FORMAT.ZAHLENFORMAT("T.M.JJ")		
8	=RÜCKSPRUNG()		
9			
10			

Abbildung 5-26: Dokumentation im Makro

Starten Sie nun Ihren Makro mit dem Tastaturschlüssel. Bei wiederholter Ausführung des Makros beantworten Sie die Warnung

"Auf gespeicherte Datei zurückgreifen" mit

Mausklick OK.

5.4 Das Menü Makro

Die Microsoft Excel-Befehle zur Behandlung von Makros, insbesondere zum Umgang mit dem Makro-Rekorder, sind in dem Menü "Makro" in der Menü-Leiste zusammengefaßt.

In diesem Teil des fünften Kapitels werden wir Ihnen

die Bedeutung der einzelnen Menü-Punkte erläutern und

deren Auswirkung auf die Makro-Aufzeichnung darstellen.

			Microsoft Excel				
Datei	Bearbeiten	Formel	Format	Daten	Optionen	Makro	Fenster
A1						Aufzeichnen...	
						Ausführen...	
			Tab1			Aufzeichnung ausführen	
A	B	C	D	E		Aufzeichnung festlegen	
1						Relative Aufzeichnung	

Abbildung 5-27: Menü Makro

5.4.1 Der Menü-Punkt Makro Aufzeichnen/Makro Aufzeichnung beenden

Wie wir bereits gesehen haben, zeichnet der Befehl *Makro Aufzeichnen* die nachfolgend durchgeführten Aktionen in einer Makrovorlage auf. Grundsätzlich legt dieser Befehl eine neue Makrovorlage an und beginnt die Aufzeichnung in Zelle A1.

Ist eine Makrovorlage bereits angelegt, so beginnt die Aufzeichnung in der ersten freien Spalte. Soll die Aufzeichnung in einer bereits bestehenden Makrovorlage erfolgen, so sollten Sie mit dem Menü-Punkt *Aufzeichnung festlegen* den Aufzeichnungsbereich in dieser Makrovorlage festlegen, bevor Sie mit der Aufzeichnung beginnen.

Mit der Funktion *Makro Aufzeichnung beenden*, wird der Makro-Rekorder ausgeschaltet und in der letzten Zelle des Aufzeichnungsbereiches die Funktion RÜCKSPRUNG() eingetragen.

5.4.2 Der Menüpunkt Makro Ausführen

Mit dem Befehl *Makro Ausführen* wird ein Befehlsmakro aus einer geladenen Makrovorlage ausgeführt. Das angezeigte Dialog-Feld enthält alle gekennzeichneten Makros in sämtlichen geladenen Makrovorlagen. Der auszuführende Makro wird ausgewählt, indem man den Namen im Listenfeld anklickt oder im Eingabefeld Bezug den Namen oder den Feldbezug einträgt. Die einfachste Form des Makrostarts jedoch geschieht über den Tastaturschlüssel.

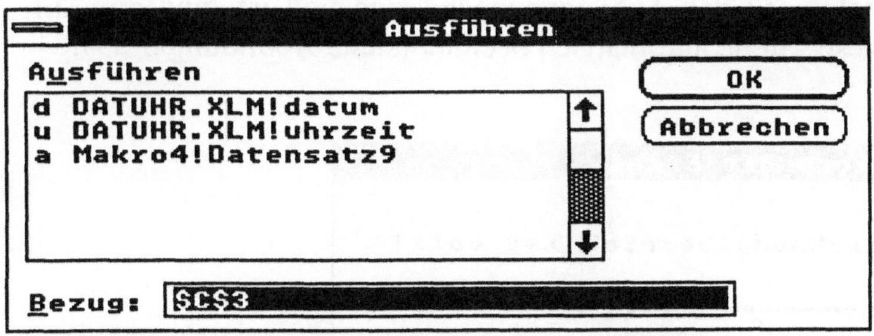

Abbildung 5-28: Das Dialogfeld Makro ausführen

5.4.3 Der Menü-Punkt Makro Aufzeichnung ausführen

Der Befehl *Aufzeichnung ausführen* hat im Grunde die gleiche Funktion wie der Befehl *Aufzeichnen*. Während beim Aufzeichnen die Aktionen unter einem neuen Makronamen zusammengefaßt werden, hängt der Befehl *Aufzeichnung ausführen* die aufzuzeichnenden Aktionen an einen bestehenden Makro an.

Hierzu ist erforderlich, daß entweder ein Bereich für die Aufzeichnung festgelegt wurde (siehe Aufzeichnung festlegen), oder daß zuvor mit dem Befehl *Aufzeichnen* gearbeitet, die Aufzeichnung aber beendet wurde. Somit können zwischendurch Aktionen ausgeführt werden, die nicht aufgezeichnet werden sollen. Der Makro-Rekorder setzt dann wieder auf der letzten belegten Zelle die Aufzeichnung fort und überschreibt dort den Befehl RÜCKSPRUNG().

5.4.4 Der Menü-Punkt Makro Aufzeichnung festlegen

Mit dem Befehl *Aufzeichnung festlegen* können Sie einen Bereich in einer bestehenden Makrovorlage bestimmen, in dem der Makro-Rekorder seine Aufzeichnungen ablegen soll.

Ist die Auswahl eine einzelne leere Zelle, so werden alle Zellen der gleichen Spalte unterhalb der ausgewählten Zelle zur Aufzeichnung verwendet, soweit diese frei sind.

Ist die Auswahl eine einzelne belegte Zelle, so beginnt der Makro-Rekorder mit der Aufzeichnung am Ende des belegten Bereiches und setzt die Aufzeichnung nach unten fort. Auch hier wird der Befehl RÜCKSPRUNG() überschrieben.

Ist die Auswahl ein Bereich, der sich über mehrere Spalten erstreckt, beginnt die Aufzeichnung in der oberen linken Zelle und wird nach unten fortgesetzt, bis in die untere linke Zelle des Bereiches. Dort wird mit der Microsoft Excel-Funktion GEHEZU() die oberste Zelle der nächsten Spalte für die Fortsetzung der Aufzeichnung adressiert.

Wenn die letzte Zelle im Aufzeichnungsbereich gefüllt ist, oder die Aufzeichnung in einen bereits belegten Bereich laufen würde, so meldet Microsoft Excel in einem Warnungsfeld, daß der Aufzeichnungsbereich voll ist, und die Aufzeichnung wird an dieser Stelle automatisch beendet (siehe Abbildung 5-29).

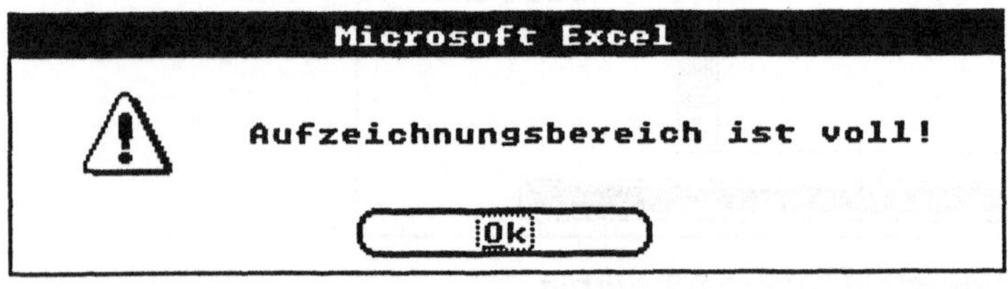

Abbildung 5-29: Warnung: Aufzeichnungsbereich ist voll!

5.4.5   Der Menü-Punkt Makro Relative Aufzeichnung/ Makro Absolute Aufzeichnung

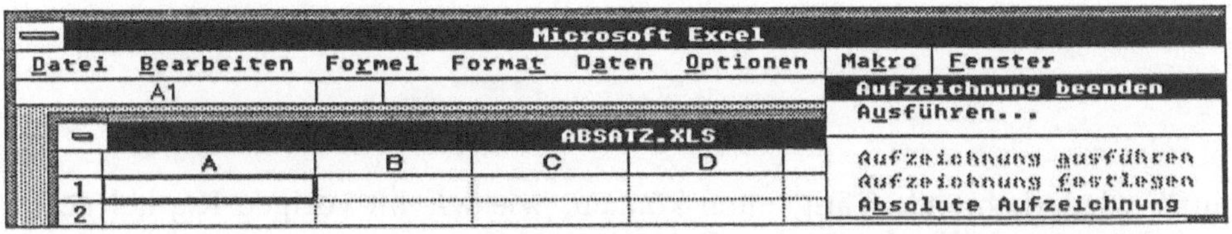

Abbildung 5-30: Umschalten zwischen absoluter und relativer Aufzeichnung

Bei der Aufzeichnung der durchgeführten Aktionen werden Zell-Adressen grundsätzlich als absolute Bezüge erfaßt, wie z.B.:

   =AUSWÄHLEN("Z5S3")

für die Zelle in Zeile 4 Spalte 5.

Mit dem Befehl *Relative Aufzeichnung* zeichnet der Makro-Rekorder die Zell-Adressen als relative Bezüge auf, wie z.B.:

   =AUSWÄHLEN("Z(-2)S(1)").

Die so ausgewählte Zelle liegt zwei Zeilen über und eine Spalte rechts neben der letzten aktiven Zelle (Zeile - 2, Spalte + 1).

Es ist möglich, während der Aufzeichnung zwischen absoluter und relativer Aufzeichnung umzuschalten.

6 Einfache Ablaufstrukturen Verwalten einer Anlagen-Kartei

Häufig wiederkehrende Tätigkeiten können, wie wir im vorigen Kapitel gesehen haben, mit Hilfe des Makro-Rekorders aufgezeichnet, automatisiert werden. Im praktischen Umgang mit Microsoft Excel-Makros zeigt sich, daß wir immer wieder auf die Hilfe des Makro-Rekorders zurückgreifen, da dieser die vorgenommenen Arbeiten Schritt für Schritt genau registriert. Somit erhält man ein syntaktisch korrektes Grundgerüst für seine eigenen Makros, die dann manuell verändert und ergänzt werden.

Dieses Kapitel beschäftigt sich daher mit Makros, die mit Hilfe des Makro-Rekorders aufgezeichnet wurden, und die dann durch manuelle Veränderungen und Ergänzungen an die spezifischen Gegebenheiten des Benutzers angepaßt werden.

Für die folgenden Ausführungen haben wir eine Anwendung aus der Anlagenbuchhaltung gewählt, für das Sie auf der Beispiel-Diskette die Tabelle "AFAVORL.XLS" als Vorlage finden. Aufbau und Inhalt der Tabelle wird nachstehend näher erläutert, so daß auch der Leser, der die Beispiel-Diskette nicht besitzt, in der Lage sein wird, sich eine solche Tabelle selbst zu erstellen.

Nach handelsrechtlichen und steuerrechtlichen Vorschriften hat der Unternehmer für die Erstellung seiner Bilanz ein Verzeichnis der Gegenstände des beweglichen Anlagevermögens aufzustellen. Dieses Anlage-Verzeichnis soll, neben dem Tag der Anschaffung des Gegenstandes, die Höhe der Anschaffungskosten, die Wertfeststellung am Bilanzstichtag sowie den Tag des Abgangs verzeichnen. In der Praxis wird dieses Anlageverzeichnis häufig in Form einer Anlage-Kartei geführt, in der für jedes bewegliche Wirtschaftsgut des Anlagevermögens eine Kartei-Karte die erforderlichen Informationen beinhaltet. Mit dem hier gezeigten vereinfachten Beispiel stellen wir den Einstieg in eine Anwendung dar, die Anlage-Kartei mit Hilfe von Microsoft-Excel zu verwalten, Zu- und Abgänge zu verbuchen und die zulässige Absetzung für Abnutzung (AFA) zu ermitteln.

6.1 Aufbau einer Anlagen-Kartei

Eine "Kartei-Karte" unseres Anlage-Verzeichnisses haben wir für einen PKW nachstehend abgebildet:

	A	B	C	D	E	F	G
1		Anlageverzeichnis	zu Konto-Nr.	301	ltd.Nr.		123
2							
3	Gegenstand:	PKW 190 E	Rg-Datum:	.15.6.88	Lieferant:	DB-NL München	
4	Registrier-Nr:	M-MS 777	Rg-Nr.:	ER 4532	Hersteller:	Daimler Benz	
5							
6	Datum	Text	Anschaffungswert		Nutzungsdauer		
8	15.6.88	PKW		37000,00	4	Jahre	
9		Anhängerkupplung		1850,00			
10		Radio		750,00	25	AFA-Satz/linear	
11		Anmeldung,Überführung		648,00	75	AFA-Satz/degressiv	
12					30	Höchstens/degressiv	
13			Gesamt:	40248			
14							
15		Abschreibungstabelle					
16	Jahr	linear	Restwert	degressiv	Restwert	Abgang	
17	1988	10062,00	30186,00	12074,40	28173,60		
18	1989	10062,00	20124,00	8452,08	19721,52		
19	1990	10062,00	10062,00	5916,46	13805,06		
20	1991	10061,00	1,00	4141,52	9663,54	Ende Nutzungsdauer	

Abbildung 6-1: Anlageverzeichnis

Aufbau der Tabelle:

Die Tabelle gliedert sich in einen Dokumentations-Teil (Zeilen 1 bis 14) und in die Abschreibungstabelle.

Aufbau des Dokumentationsteiles:

In Zeile eins der Tabelle wird dokumentiert, welcher Konto-Nummer der Finanzbuchhaltung das Wirtschaftsgut zuzuordnen ist. Die laufende Nummer ergibt sich aus der fortlaufenden Numerierung der Anlage-Karten.

	A	B	C	D	E	F	G
1		Anlageverzeichnis	zu Konto-Nr.	301	ltd.Nr.		123

Abbildung 6-2: Anlageverzeichnis Kopf

Die Zeilen drei und vier dienen der näheren Bezeichnung des Gegenstandes, der Zuordnung zu einer Eingangsrechnung, dem Ausweis des Datums der Anschaffung sowie dem Ausweis von Lieferant und Hersteller.

3	Gegenstand:	PKW 190 E	Rg-Datum:	15.6.88	Lieferant:	DB-NL München	
4	Registrier-Nr:	M-MS 777	Rg-Nr.:	ER 4532	Hersteller:	Daimler Benz	

Abbildung 6-3: Beschreibung des Wirtschaftsgutes

In den Zeilen acht bis vierzehn erfolgt die Ermittlung der Anschaffungskosten, die Festlegung der Nutzungsdauer und die Ermittlung der zulässigen Abschreibungssätze.

6	Datum	Text	Anschaffungswert		Nutzungsdauer	
8	15.6.88	PKW		37000,00	4	Jahre
9		Anhängerkupplung		1850,00		
10		Radio		750,00	25	AFA-Satz/linear
11		Anmeldung,Überführung		648,00	75	AFA-Satz/degressiv
12					30	Höchstens/degressiv
13			Gesamt:	40248		

Abbildung 6-4: Ermittlung der Abschreibungsgrundlagen

Die Anschaffungskosten ermitteln sich aus der Summe der Anschaffungswerte des Wirtschaftsgutes sowie seines Zubehöres und der Erwerbsnebenkosten.

13			Gesamt:	=SUMME(D8:D12)	

Abbildung 6-5: Ermittlung der Anschaffungskosten

Die Nutzungsdauer entstammt in der Regel den amtlichen AFA-Tabellen, aus denen für fast alle Branchen und Wirtschaftsgüter die betriebsgewöhnliche Nutzungsdauer entnommen werden kann. Die Ermittlung des linearen AFA-Satzes ergibt sich aus der Division von 100 durch die Nutzungsdauer. Für die Festlegung des degressiven AFA-Satzes bestimmt der §7 Absatz 2 EStG derzeit die Ermittlung mit dem dreifachen des linearen AFA-Satzes, höchstens jedoch mit 30%.

Nutzungsdauer	
4	Jahre
=100/E8	AFA-Satz/linear
=3*E10	AFA-Satz/degressiv
30	Höchstens/degress

Abbildung 6-6: Festlegung des zulässigen AfA-Satzes

Aufbau der Abschreibungstabelle

In der Abschreibungstabelle wird für jedes Jahr der Nutzung der AFA-Betrag nach der linearen und der degressiven Abschreibungsmethode ermittelt.

Bei der linearen AFA ergibt sich der jährliche Abschreibungsbetrag durch Multiplikation des linearen AFA-Satzes mit den Anschaffungskosten. Das Problem der Zeitanteiligkeit im Jahr der Anschaffung ist hier nicht berücksichtigt.

Abschreibungstabelle
linear
=D13*E10/100

Abbildung 6-7: lineare Abschreibung im Jahr der Anschaffung

Wegen der Berücksichtigung des Erinnerungswertes ist für die dem Jahr der Anschaffung folgenden Jahre sichergestellt, daß der volle AFA-Betrag nur dann in Abzug gebracht wird, wenn er kleiner ist als der Restwert. Für das letzte Jahr der Nutzung wird dann der Abschreibungsbetrag um eine Mark gekürzt, so daß ein Erinnerungswert von 1,00 DM bleibt.

```
=WENN(C17>B17;B17;C17-1)
=WENN(C18>B18;B18;C18-1)
=WENN(C19>B19;B19;C19-1)
```

Abbildung 6-8: lineare Abschreibung in den Folgejahren

Der Restwert wird ermittelt im Jahr der Anschaffung aus den Anschaffungskosten abzüglich des ersten AFA-Betrages.

```
Restwert
=$D$13-B17
```

Abbildung 6-9: Ermittlung des Restwertes im Jahr der Anschaffung

In den folgenden Jahren ermittelt sich der Restwert aus den Anschaffungskosten abzüglich der Summe der bisherigen AFA-Beträge.

```
=$D$13-(SUMME($B$17:B18))
=$D$13-(SUMME($B$17:B19))
=$D$13-(SUMME($B$17:B20))
```

Abbildung 6-10: Ermittlung des Restwertes in den Folgejahren

Die Jahreszahlen für den Abschreibungszeitraum werden in der Tabelle wie folgt festgelegt:

```
16  Jahr
17  1988
18  =A17+1
19  =A18+1
20  =A19+1
```

Abbildung 6-11: Festlegung der Jahre

Bei der Ermittlung der degressiven AFA wird zunächst der zulässige AFA-Satz ermittelt. Zulässig ist der niedrigere Satz aus E11 oder E12. Im Jahr der Anschaffung ergibt sich der AFA-Betrag aus der Multiplikation des niedrigeren AFA-Satzes mit den Anschaffungskosten.

```
degressiv
=WENN($E$11>$E$12;D13*$E$12/100;D13*$E$11/100)
```

Abbildung 6-12: Ermittlung des zulässigen degressiven AfA-Satzes

In den folgenden Jahren ergibt sich der AFA-Betrag aus der Multiplikation des zulässigen AFA-Satzes mit dem jeweiligen Restwert des Vorjahres.

```
=WENN($E$11>$E$12;E17*$E$12/100;E17*$E$11/100)
=WENN($E$11>$E$12;E18*$E$12/100;E18*$E$11/100)
=WENN($E$11>$E$12;E19*$E$12/100;E19*$E$11/100)
```

Abbildung 6-13: Ermittlung des AfA-Betrages

Der Restwert ermittelt sich jeweils aus der Subtraktion des AFA-Betrages vom Restwert beziehungsweise von den Anschaffungskosten.

```
Restwert
=D13-D17
=E17-D18
=E18-D19
=E19-D20
```

Abbildung 6-14: Ermittlung des Restwertes

Das Ende der Nutzungsdauer wird festgestellt durch Vergleich des Restwertes nach der linearen AFA auf 1,00 DM.

```
=WENN(C17=1;"Ende Nutzungsdauer";"")
=WENN(C18=1;"Ende Nutzungsdauer";"")
=WENN(C19=1;"Ende Nutzungsdauer";"")
=WENN(C20=1;"Ende Nutzungsdauer";"")
```

Abbildung 6-15: Feststellung des Endes der Nutzungsdauer

6.2 Zugriff auf Microsoft Excel-Dokumente aus Makros

Die vorstehend näher beschriebene Tabelle ist in ihrer Struktur für alle Wirtschaftsgüter gleich. Wir haben daher auf der Beispieldiskette die Tabelle "AFAVORL.XLS" zur Verfügung gestellt, von der wir bei der Erstellung unserer Anlage-Kartei ausgehen wollen. Wird ein neues abnutzbares Wirtschaftsgut des Anlagevermögens angeschafft, so wird es in die Anlagekartei aufgenommen. Hierzu fertigen wir eine Kopie der Vorlage in einer neuen Tabelle an, in die wir dann die Eintragungen zur Erfassung des neuen Wirtschaftsgutes machen wollen. Dabei soll die laufende Nummer des Anlageverzeichnisses fortgeschrieben werden. Da es sich hier um regelmäßig wiederkehrende Abläufe handelt, bietet es sich an, den Vorgang in einem Makro festzuhalten.

Fassen wir die erforderlichen Tätigkeiten in der richtigen Reihenfolge nochmals zusammen:

1. Laden der Tabelle "AFAVORL.XLS"

2. Auswählen des belegten Bereiches in dieser Vorlage

3. Kopieren in eine neue Tabelle

4. Ersetzen der laufenden Nummer in der Vorlage durch $F$1 + 1

5. Schliessen der Vorlage mit Speichern der Änderungen.

Führen Sie nun diese Tätigkeiten aus, und zeichnen Sie diese mit dem Makro-Rekorder auf. Laden Sie dazu Microsoft Excel, schließen Sie die Tabelle TAB1.XLS, und starten Sie den Makro-Rekorder.

6.2.1 Anlegen einer Anlagen-Kartei

Geben Sie Ihrem Makro den Namen "anlegen", und weisen Sie den Kurzschlüssel "a" zu.

Fahren Sie wie folgt fort:

> Mausklick *Datei Laden*

wählen Sie aus: Verzeichniss Uebungen, Unterverzeichnis Kap6 in Laufwerk A. Sollten Sie die Beispiele auf Ihre Festplatte kopiert haben, so achten Sie auf die korrekte Angabe des Laufwerkes und Verzeichnisses. Die hier getroffenen Auswahl gilt für alle LADEN- oder SPEICHERN-Funktionen.

Wählen Sie nun im Verzeichnis aus: AFAVORL.XLS.

Nachdem die Tabelle geladen wurde, markieren Sie den zu kopierenden Bereich A1 bis H19 durch Mausklick A1, festhalten der Maustaste und ziehen der Maus nach rechts unten bis zu H19. Die weiteren Arbeitsschritte sind:

> Mausklick *Bearbeiten Kopieren*

> Mausklick *Datei Neu Tabelle*

bestätigen Sie mit der Eingabetaste.

Damit wurde die Vorlage in eine neue Tabelle kopiert.

Nun soll noch die laufende Nummer in der Vorlage geändert werden. Durch

> Mausklick AFAVORL.XLS

wird die Vorlage wieder aktiviert,

Aufsuchen von Zelle F1 mit Hilfe der Bildlauf-Pfeile

> Mausklick F1

Eingabe des Wertes 2 mit Bestätigung

> Mausklick *Datei Schliessen*

mit Speicherung der Änderungen.

Beenden Sie nun die Aufzeichnung, und speichern Sie die Makrovorlage unter dem Namen "ANL1.XLM" ab.

Betrachten wir das Ergebnis der Aufzeichnung:

	A
1	anlegen
2	=VERZEICHNIS("A:\")
3	=LADEN("AFAVORL.XLS")
4	=AUSWÄHLEN("Z1S1:Z20S8")
5	=KOPIEREN()
6	=NEU(1)
7	=EINFÜGEN()
8	=ABBRECHEN.KOPIEREN()
9	=AKTIVIEREN("AFAVORL.XLS")
10	=AUSWÄHLEN("Z1S6")
11	=FORMEL("2")
12	=SPEICHERN()
13	=SCHLIESSEN()
14	=RÜCKSPRUNG()

Abbildung 6-16: Der Makro ANLEGEN

Der Makro-Rekorder registriert den Zugriff auf Microsoft Excel-Dokumente mit den Befehlen:

> *VERZEICHNIS("A:\UEBUNGEN\KAP6")*

diese Makrofunktion setzt das aktuelle Laufwerk und Verzeichnis hier auf das Unterverzeichnis Kap6 des Verzeichnisses Uebungen in Laufwerk A.

> *LADEN("AFAVORL.XLS")*

entspricht der Funktion *Datei Laden*. Die Angabe einer Laufwerks- und Pfadangabe ist hier zulässig, so daß auf das Setzen des Verzeichnisses grundsätzlich verzichtet werden kann, wie zum Beispiel mit:

> *LADEN("A:\UEBUNGEN\KAP6\AFAVORL.XLS").*

> *AUSWÄHLEN()*

wählt in der aktiven Tabelle oder Makrovorlage die angegebenen Felder zur Bearbeitung aus.

AUSWÄHLEN("Z1S6") wählt ein einzelnes Feld aus.

AUSWÄHLEN("Z1S1:Z20S8")

wählt einen zusammenhängenden Tabellenbereich aus.

AKTIVIEREN("AFAVORL.XLS")

aktiviert das durch seinen Namen angegebene Dokument. Wird ein Dokument per Makro durch die Funktion NEU() erstellt, so legt Microsoft Excel den Namen mit Tab1..., Diagrm1... oder Makro1... selbständig fest. An die Funktion AKTIVIEREN kann ein solcher Name über eine Zellreferenz des Makros übergeben werden, wenn in dieser Zelle zuvor über die Funktion FENSTER.ZUORDNEN(1) der Name des neu erstellten Dokumentes festgehalten wurde.

SPEICHERN()

speichert das aktive Dokument unter dem bisherigen Namen ab.

SCHLIESSEN()

schliesst das aktive Fenster. Ist das Dokument vorher nicht gespeichert, wird eine Warnung angezeigt, mit der gefragt wird, ob die Datei gespeichert werden soll. Diese Warnung lässt sich unterdrücken mit

SCHLIESSEN(WAHR) --> Datei wird gespeichert oder mit

SCHLIESSEN(FALSCH) --> Datei wird nicht gespeichert.

Das von uns beabsichtigte Fortschreiben der laufenden Nummer hat der Makro-Rekorder als Eintragung einer Konstanten in Zelle A11 registriert. Bei jedem erneuten Anlegen einer Abschreibungstabelle soll aber die laufende Nummer um 1 erhöht werden. Also ändern wir den Eintrag in Zelle A11 ab in

=FORMEL(F1 + 1)

und starten den Makro erneut.

Leider müssen wir feststellen, daß die gewünschte Änderung nicht eingetreten ist. Wir wollten erreichen, das der Makro den in der Zelle F1 der Vorlage enthaltenen Wert um 1 erhöht. Also muß der Wert aus dieser Zelle als externe Referenz an den Makro übergeben werden. Versuchen Sie es mit dem Eintrag

=FORMEL(AFAVORL.XLS!$F$1 + 1).

Wenden wir uns nun der näheren Betrachtung der neuen Tabelle zu, die wir mit den Funktionen

KOPIEREN und EINFÜGEN

aus der Vorlage übernommen haben.

Die Funktion KOPIEREN kopiert Inhalte, Formeln und Formate des ausgewählten Bereiches in den Zwischenspeicher, aus dem mit EINFÜGEN im Ziel-Bereich abgestellt wird.

Da wir zwischenzeitlich mit der Funktion NEU(1) eine neue Tabelle angelegt
und aktiviert haben, legt die standardmäßig aktive Zelle A1 die linke obere
Ecke des Zielbereiches fest. Sie sollten unbedingt die Zelle A1 als linke obere
Ecke belassen, damit die Formeln, in denen absolute Zellreferenzen angesprochen sind, z.B.: =$D$14, ihre Gültigkeit behalten!

Ein Mausklick zuviel an der falschen Stelle kann hier schon bald unerwünschte
Folgen zeigen. Achten Sie daher darauf, daß in Ihrer Makroaufzeichnung zwischen den Eintragungen

=NEU(1)
=EINFÜGEN()
=ABBRECHEN.KOPIEREN()

kein weiterer Eintrag steht, der einen anderen Bereich als Zielbereich auswählen könnte.

6.3 Auswahl von Tabellenbereichen aus Makros

Bei der näheren Betrachtung der neuen Tabelle fällt auf, daß zwar Inhalte,
Formeln und Formate übernommen wurden, Spaltenbreiten und Zeilenhöhen
jedoch dem Standardformat der neuen Tabelle entsprechen. Also müssen Zeilen
und Spalten noch formatiert werden. Auch diese Tätigkeit wollen wir mit dem
Makro-Rekorder aufzeichnen, da sie für jede neue Tabelle durchgeführt werden
muss.

Klicken Sie daher an

Makro Aufzeichnung ausführen.

Aktivieren Sie die letzte neue Tabelle, wählen Sie Spalte A aus

Mausklick A,

formatieren Sie durch

Mausklick *Format/Spaltenbreite*

tragen Sie 11 als Wert ein, und bestätigen Sie mit OK.

Wählen Sie Zeile 7 aus, formatieren Sie diese mit einer Zeilenhöhe von 3.
Schalten Sie nun den Makro-Rekorder wieder aus.

Betrachten wir die weiteren Aufzeichnungen:

4	=AUSWÄHLEN("Z1S1:Z20S8")
5	=KOPIEREN()
6	=NEU(1)
7	=EINFÜGEN()
8	=ABBRECHEN.KOPIEREN()
9	=AKTIVIEREN("AFAVORL.XLS")
10	=AUSWÄHLEN("Z1S6")
11	=FORMEL(AFAVORL.XLS!F1+1)
12	=SPEICHERN()
13	=SCHLIESSEN()
14	=AKTIVIEREN("Tab2")
15	=AUSWÄHLEN("S1")
16	=SPALTENBREITE(11)
17	=AUSWÄHLEN("Z7")
18	=ZEILENHÖHE(3)
19	=RÜCKSPRUNG()

Abbildung 6-17: Erweiterung des Makros ANLEGEN

Für das Auswählen von Feldern aus Tabellen oder Makrovorlagen steht die Funktion AUSWÄHLEN() zur Verfügung:

> AUSWÄHLEN(Auswahl;Aktives_Feld)

Diese Funktion wählt die durch das Argument "Auswahl" angegebenen Felder für Operationen aus und macht das danach durch seine Zellreferenz angegebene Feld zum aktiven Feld. Fehlt das Argument "Aktives_Feld", so wird standardmäßig das obere linke Feld der Auswahl zum aktiven Feld.

Bisher haben wir die folgenden Möglichkeiten der Auswahl kennengelernt:

AUSWÄHLEN("Z2S5") --> wählt ein einzelnes Feld (E2) aus.

AUSWÄHLEN("Z4S1:Z7S1") --> wählt den zusammenhängenden Bereich Zeile 4 Spalte 1 bis Zeile 7 Spalte 1 aus und macht Feld A4 zum aktiven Feld. Diese Auswahl ist gleich der folgenden:

> AUSWÄHLEN("Z4S1:Z7S1";"Z4S1").

Die Auswahl nicht zusammenhängender Bereiche geschieht mit:

> AUSWÄHLEN("Z3S1:Z7S1;Z8S5:Z13S5";"Z8S5").

Hier wird ein Bereich in Spalte 1 und ein weiterer in Spalte 5 für die Verarbeitung ausgewählt, wobei Feld "E8" aktives Feld wird.

> AUSWÄHLEN("S6") --> wählt die gesamte Spalte F für die Operation aus.

> AUSWÄHLEN("Z3") --> wählt die gesamte Zeile 3 aus.

Viele Microsoft Excel-Befehle machen eine explizite Auswahl nicht erforderlich, da das Befehlsformat die Angabe eines Bezuges vorsieht. So auch der Befehl Spaltenbreite. Dieser Befehl hat das allgemeine Format:

SPALTENBREITE(Breite;Bezug)

Für das Formatieren der Spalte 1 hätten wir den Befehl auch so verwenden können:

=SPALTENBREITE(11;"S1")

Die Funktion AUSWÄHLEN ist dann nicht mehr erforderlich. Wir aktivieren daher wieder unsere Makrovorlage und machen nun die nachstehend beschriebenen Eintragungen vor der Funktion RÜCKSPRUNG. Klicken Sie dazu an die Zelle, in der Rücksprung steht. Klicken Sie an *Bearbeiten Ausschneiden*, wählen Sie ein Zielfeld in Spalte B, und bestätigen Sie mit der Eingabetaste. Nachdem Sie Ihre Eintragungen gemacht haben, schneiden Sie RÜCKSPRUNG() dort wieder aus und "kleben" die Funktion am Ende wieder an. Nun zu den Eintragungen:

=SPALTENBREITE(24;"S2")

Nach Eingabe dieser Eintragung klicken Sie an *Bearbeiten Kopieren* und markieren dann mit der Maus die fünf folgenden Zellen. Bestätigen Sie mit der Eingabetaste. Obiger Eintrag wird von Microsoft Excel nun in diese Zellen kopiert. Ändern Sie nun die Angaben in den Klammern so ab, daß

Spalte 3 auf eine Breite von 10,

Spalte 4 auf eine Breite von 11,

Spalte 5 auf eine Breite von 9,

Spalte 6 auf eine Breite von 18 und

Spalte 7 auf eine Breite von 1 formatiert wird.

Die Makrovorlage "ANL1.XLM" sollte jetzt bei Ihnen so oder ähnlich aussehen:

```
 7  =FENSTER.ZUORDNEN(1)
 8  =EINFÜGEN()
 9  =ABBRECHEN.KOPIEREN()
10  =AKTIVIEREN("AFAVORL.XLS")
11  =AUSWÄHLEN("Z1S6")
12  =FORMEL(AFAVORL.XLS!$F$1+1)
13  =SPEICHERN()
14  =SCHLIESSEN()
15  =AKTIVIEREN(A7)
16  =SPALTENBREITE(11;"S1")
17  =SPALTENBREITE(24;"S2")
18  =SPALTENBREITE(10;"S3")
19  =SPALTENBREITE(11;"S4")
20  =SPALTENBREITE(9;"S5")
21  =SPALTENBREITE(18;"S6")
22  =SPALTENBREITE(1;"S7")
23  =RÜCKSPRUNG()
```

Abbildung 6-18: Eintragungen zum Formatieren der neuen Tabelle

In dem hier abgedruckten Beispiel haben wir bereits eine weitere Sicherung eingebaut:

In Zelle A7 haben wir mit dem Eintrag

FENSTER.ZUORDNEN(1)

sichergestellt, daß in diesem Feld der Name des gerade erstellten Dokumentes in diesem Feld abgestellt wird. Wir können damit innerhalb des Makros erreichen, daß der Zugriff in jedem Fall auf die zuletzt erstellte Tabelle erfolgt, gleich unter welchem Namen die Tabelle (Tab2, Tab3,...) von dem Makro angelegt wurde, wenn in der Funktion AKTIVIEREN die Referenz auf dieses Feld angegeben wird. So wird in der Zelle A15 mit

AKTIVIEREN(A7)

Bezug genommen auf den dort festgehaltenen Namen.

Speichern Sie Ihr Arbeitsergebnis ab, und füllen Sie den Dokumentationsteil der eben erstellten Anlage-Kartei etwa mit den Daten Ihres Personal-Computers.

6.3.1 Erweitern einer Anlagen-Kartei

Für den vollständigen Aufbau der Abschreibungstabelle ist es erforderlich, daß die Einträge in Zeile 19 für die Ermittlung der Abschreibungen in den folgenden Jahren nach unten kopiert werden. Wir gehen hier davon aus, daß die Abschreibungstabelle bereits mit der Aufnahme eines Wirtschaftsgutes in das Anlageverzeichnis vollständig für den Zeitraum der Nutzung ausgefüllt wird. Da auch dieser Arbeitsablauf grundsätzlich für alle anzulegenden Kartei-Blätter gleich ist, wollen wir ihn mit dem Makro-Rekorder aufzeichnen.

Wenn Sie zwischenzeitlich die Arbeit mit Microsoft Excel unterbrochen haben, laden Sie Ihre Makrovorlage "ANL1.XLM" und positionieren den Makro-Rekorder neu mit

Makro Aufzeichnung festlegen.

Starten Sie nun den Makro-Rekorder durch

Mausklick *Makro Aufzeichnen,*

bezeichnen Sie Ihren Makro mit dem Namen "erweitern", und weisen Sie den Tastaturschlüssel "e" zu.

Wählen Sie nun den Kopierbereich aus:

Zelle A19 bis Zelle H19.

Kopieren Sie soweit, daß Sie eine Abschreibungstabelle erhalten, die zwei Jahre über die Nutzungsdauer hinaus geht.

Gehen Sie wie folgt vor:

Mausklick *Bearbeiten Kopieren*

Markieren des Kopierbereiches von A20 bis H24
Bestätigung mit der Eingabetaste.

Schalten Sie den Makro-Rekorder ab, und testen Sie durch Aufruf mit STRG +
"e".

Und so sieht das Ergebnis unserer Arbeit aus:

C	D
erweitern	Start mit: e
=AKTIVIEREN(A7)	
=AUSWÄHLEN("Z19S2:Z19S8")	
=KOPIEREN()	
=AUSWÄHLEN("Z20S2:Z24S8")	
=EINFÜGEN()	
=ABBRECHEN.KOPIEREN()	
=RÜCKSPRUNG()	

Abbildung 6-19: Die Makroaufzeichnung ERWEITERN

6.3.2 Speichern der Anlagen-Kartei

Schließlich soll unser neu erstelltes Kartei-Blatt dauerhaft unter einem eindeuti-
gen Namen gespeichert werden. Auch die hier erforderlichen Aktionen wollen
wir mit dem Makro-Rekorder aufzeichnen. Dazu legen wir zunächst den Aufzeichnungsbereich fest, etwa in Zelle C11 unserer Makro-Vorlage. Dann starten wir die Makro-Aufzeichnung und führen die folgenden Aktionen durch:

Namen für den Makro festlegen mit "speichern", Tastaturschlüssel "s",

Aktivieren des Fensters mit der AFA-Tabelle,

Mausklick *Datei Speichern unter*,

Eingeben eines Namens für diese Tabelle,z.B.: AFA1,

Bestätigen mit OK,

Ausschalten der Makro-Aufzeichnung.

Betrachten wir die Aufzeichnung, so stellen wir fest, daß folgende Änderungen
durchgeführt werden sollten:

1.   AKTIVIEREN(Tabn) in AKTIVIEREN(A7) aus bekanntem Grunde.

2.   Die Funktion SPEICHERN.UNTER("a:afa1.xls";1;"";FALSCH) würde
     versuchen, jede AFA-Tabelle unter dem Namen "AFA1.XLS" auf dem
     Laufwerk A zu speichern. Wir wollen aber erreichen, daß ein eindeutiger

Name für die Tabelle vergeben werden kann. Also ändern wir diese Funktion ab in

SPEICHERN.UNTER?("a:afa1.xls";1;"";Falsch).

Durch das Fragezeichen wird erreicht, daß Microsoft Excel in einem Dialog-Feld nach dem Namen, unter dem gespeichert werden soll, fragt, wobei der Name mit "A:AFA1.XLS" vorbesetzt ist. Wenn wir dann die Ziffer in dem Namen durch die jeweilige laufende Nummer der Kartei-Karte ersetzen, erhalten wir eindeutige Dokumentnamen.

Bei einem erneuten Versuch den Makro auszuführen, werden Sie wahrscheinlich der Fehlermeldung

Makrofehler im Feld: ANL1XLM!C12

begegnen. Der Fehler liegt darin begründet, daß die zuvor unter dem Namen "afa1.xls" gespeicherte Tabelle nicht mehr, wie in Zelle A7 vermutet, "Tabn" heißt. Klicken Sie daher im Dialogfeld "Weiter" an, damit die Speichern-Funktion ausgeführt werden kann. Eine Änderung im Makro selbst ist nicht erforderlich, da Sie in der Anwendung nur einmal speichern werden.

Abschließend betrachten wir das Ergebnis der letzten Aufzeichnung mit den dort vorgenommenen Änderungen:

	B	C	D
1		erweitern	Start mit: e
2		=AKTIVIEREN(A7)	
3		=AUSWÄHLEN("Z19S1:Z19S8")	
4		=KOPIEREN()	
5		=AUSWÄHLEN("Z20S1:Z24S8")	
6		=EINFÜGEN()	
7		=ABBRECHEN.KOPIEREN()	
8		=RÜCKSPRUNG()	
9			
10			
11		speichern	Start mit: s
12		=AKTIVIEREN(A7)	
13		=AUSWÄHLEN("Z1S1")	
14		=SPEICHERN.UNTER?("a:afa1";1;"";FALSCH)	
15		=RÜCKSPRUNG()	
16			

Abbildung 6-20: Die Makro-Routine SPEICHERN

Speichern Sie nun Ihre Makrovorlage, denn wir haben unsere Anwendung "Anlageverzeichnis" soweit komplett.

Mit dieser Anwendung können Sie:

1. Kartei-Karten für das Anlageverzeichnis anlegen,

2. die Abschreibungstabelle auf die Nutzungsdauer ausdehnen und

3. nach Eingabe der entsprechenden Daten, die Anlage-Karte speichern.

6.4 Generieren eines Diagrammes per Makro

Microsoft Excel bietet bekanntermaßen die Möglichkeit, Zahlenreihen mittels weniger Befehle in einer Graphik anschaulich darzustellen. Natürlich kann auch mit Hilfe eines Befehlsmakros die Anzeige und Formatierung von Diagrammen gesteuert werden. Halten wir uns den Vorgang bei der Erstellung eines Diagrammes vor Augen:

In einer Tabelle werden zunächst die Datenbereiche markiert, die im Diagramm dargestellt werden sollen. Dabei können in der Tabelle Benennungen der Daten bereits mit markiert werden, damit diese von Microsoft Excel in das Diagramm übernommen werden.

Dann wird ein neues Dokument als Diagramm eröffnet, in dem automatisch die Daten in der voreingestellten Darstellungsform graphisch aufbereitet werden.

Schließlich kann das Diagramm durch Einfügen von Legenden und Beschriftungen, Änderungen der Darstellungsform usw. weiter gestaltet werden.

6.4.1 Darstellung der Entwicklung von Abschreibungsbetrag und Buchwert

Auf unserer Beispiel-Diskette befindet sich die Tabelle "AFAKFZ.XLS", die wir für die nachstehende Übung verwenden wollen. Falls Ihnen diese Diskette nicht zur Verfügung steht, benutzen Sie die AFA-Tabelle mit den Daten Ihres Personal-Computers. Das Erstellen eines Diagrammes soll nun mit dem Makro-Rekorder aufgezeichnet werden. Legen Sie sich dazu eine neue Makro-Vorlage an, und starten Sie den Makro-Rekorder. Legen Sie den Namen für diesen Makro fest mit "diagramm", und weisen Sie den Tastaturschlüssel "d" zu. Führen Sie danach die folgenden Aktionen durch:

Setzen des Verzeichnisses auf A:\UEBUNGEN\KAP6,

Laden der Tabelle "AFAKFZ.XLS",

Auswählen der graphisch darzustellenden Daten mit Benennungen, hier also Bereich B17 bis E23,

Mausklick *Datei Neu Diagramm*,

Mausklick *Diagramm Legende einfügen*,

Mausklick *Muster Linien 1*

und beenden Sie dann die Aufzeichnung.

Der Makro-Rekorder hat unsere Aktionen wie in Abbildung 6-21 dargestellt, aufgezeichnet:

	A	B
	Makro1	
1	diagramm	
2	=VERZEICHNIS("A:\")	
3	=LADEN("AFAKFZ.XLS")	
4	=AUSWÄHLEN("Z17S2:Z23S5")	
5	=NEU(2)	
6	=LEGENDE(WAHR)	
7	=MUSTER.LINIEN(1;WAHR)	
8	=RÜCKSPRUNG()	
9		
10		

Abbildung 6-21: Der Makro DIAGRAMM

Sicher werden Sie sich fragen, weshalb der Bereich Jahr nicht mit markiert wurde, denn die Jahresangaben würden eine sinnvolle Bezeichnung für die X-Achse des Diagrammes hergeben. Also ändern Sie die Auswahl in Zelle A4 in AUSWÄHLEN("Z17S1:Z23S5"), und starten Sie den Makro erneut.

Leider tritt das gewünschte Ergebnis so nicht ein, denn es wird auch die Jahresangabe als Datenreihe mit in die Graphik einbezogen. Nur dann, wenn das linke obere Feld der Auswahl ein leeres Feld ist, werden die Angaben in der ersten Spalte als Bezeichnung der Rubriken herangezogen. Aktivieren Sie daher die Tabelle AFAKFZ.XLS, und schneiden Sie die Eintragung Jahr in A17 aus, und stellen Sie diese in A16 ab. Starten Sie nun den Makro erneut.

Der Makro generiert nun das Diagramm aus Abbildung 6-22.

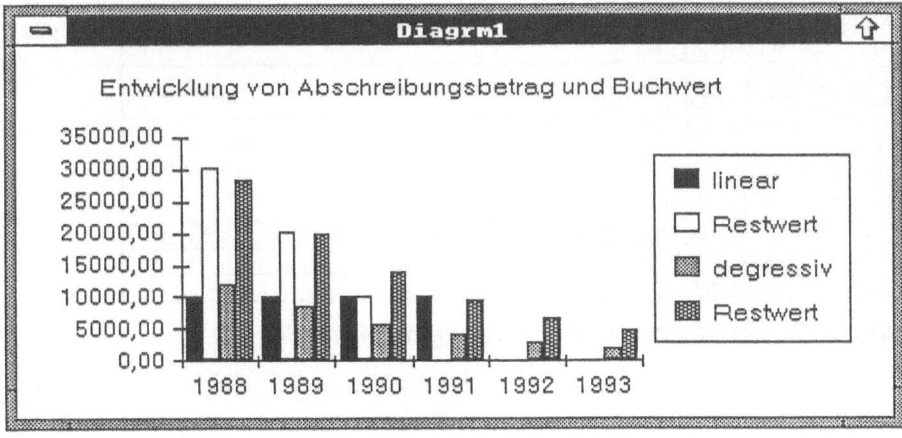

Abbildung 6-22: Diagramm

Wie die vorstehende Abbildung zeigt, haben wir das Diagramm, durch Einfügen einer Diagramm-Überschrift, bereits weiter aufbereitet. Dies geschieht mit den Microsoft Excel-Funktionen

TEXT.ZUORDNEN(Zahl) und

FORMEL(Text)

Die anzugebende Nummer die Position des Textes im Diagramm gibt an:

1   Diagrammüberschrift

2   Beschriftung der Wertachse (y-Achse)

3   Beschriftung der Kategorieachse (x-Achse)

4   Beschriftung einer Datenreihe; hier ist die Angabe
     weiterer Parameter erforderlich.

Am Ende der Ausgestaltung eines Diagrammes kann mit Hilfe der Funktion

HAUPTDIAGRAMM()

die gewählte Darstellung bestätigt und evtl. vorhandene Markierungszeichen entfernt werden.

Ändern Sie Ihren Makro entsprechend ab, so daß Sie die Erstellung eines Diagrammes erreichen, welches Ihren Vorstellungen entspricht. Speichern Sie dann die Makrovorlage unter dem Namen AUSWERT.XLM ab. Das von uns erstellte Diagramm aus Abbildung 6-22 erhalten wir mit dem in Bild 6-23 dargestellten Makro.

```
                                                      AUSWERT.XLM
                                A
 1   diagramm
 2   =VERZEICHNIS("A:\")
 3   =LADEN?("AFAKFZ.XLS")
 4   =AUSWÄHLEN("Z17S1")
 5   =AUSSCHNEIDEN()
 6   =AUSWÄHLEN("Z16S1")
 7   =EINFÜGEN()
 8   =ABBRECHEN.KOPIEREN()
 9   =AUSWÄHLEN("Z17S1:Z23S5")
10   =NEU(2)
11   =LEGENDE(WAHR)
12   =TEXT.ZUORDNEN(1)
13   =FORMEL("Entwicklung von Abschreibungsbetrag und Buchwert")
14   =HAUPTDIAGRAMM()
15   =RÜCKSPRUNG()
```

Abbildung 6-23: Verfeinerter Makro zur Diagrammerstellung

6.5 Drucken von Dokumenten per Makro

Neben der einfachen Funktion des Druckens im Menü Datei Drucken, stellt Microsoft Excel eine umfangreiche Sammlung von Befehlen und Funktionen für die Gestaltung und Steuerung von Druckausgaben zur Verfügung. Es kann der Umfang des Ausdruckes festgelegt werden, das Layout der Druckseiten, der Seitenumbruch, Seitenüberschriften, der Seitenfuß usw.

Da wir nun ausreichende Kenntnisse über die Erstellung von Makros besitzen, wollen wir in diesem Teil des sechsten Kapitels erstmals auf die Hilfe des Makro-Rekorders verzichten.

Das Ergebnis des Druckvorganges steht in engem Zusammenhang mit den Abmessungen des zu druckenden Bereiches, dem verwendeten Papierformat und der Wahl der Seitenränder. Während die Festlegung der verwendeten Papiergröße und des Formates in der Regel einmalig mit der Funktion Druckereinrichtung erfolgt, ist die Gestaltung des Layoutes und die Festlegung des Inhaltes von Fall zu Fall unterschiedlich. Es wird daher nur auf die letzteren Möglichkeiten eingegangen.

6.5.1 Festlegung des Seitenlayouts

Die Auslegung einer Seite erfolgt durch die Makro-Funktion

LAYOUT(Kopf;Fuß;Links;Rechts;Oben;Unten;Kopfbereiche;Gitter),

die in Ihren Optionen der Funktion Datei Layout entspricht.

Dabei ist Kopf ein Text, der im Kopfbereich jeder Druckseite ausgegeben werden soll, Fuß ein entsprechender Text im Fußbereich. Diese Texte können auch durch festgelegte Variablen ergänzt werden, z.B.

&N = Name des Dokumentes, &S = Seitennummer, &D = Datum.

Links, Rechts, Oben, Unten sind Maßangaben für die jeweiligen Seitenränder, die sich nicht auf die Anordnung von Kopf- und Fußzeilen auswirken.

Kopfbereiche ist ein logischer Wert, der mit WAHR festlegt, daß die Zeilen- und Spaltenköpfe mit gedruckt werden, FALSCH unterdrückt deren Ausgabe.

Gitter ist ein logischer Wert, der, wenn WAHR, die Ausgabe des Zell-Gitternetzes bewirkt, wenn FALSCH, die Ausgabe des Gitternetzes unterdrückt.

Der anzufertigende Makro soll die Kartei-Blätter unseres Anlageverzeichnisses drucken. Für die Festlegung des Seiten-Layouts wählen wir die folgenden Eintragungen:

=LAYOUT("Anlage-Kartei-Blatt: &N";;2;1;2;1;FALSCH;WAHR)

6.5.2 Auswählen des Druckbereiches und Ausdruck

Die Festlegung des Druckbereiches erfolgt durch die Auswahl des zu druckenden Bereiches und durch Festlegung des markierten Bereiches als Druckbereich. Unter Berücksichtigung des eingestellten Seitenlayoutes und der Vorein-
stellung für den verwendeten Drucker, legt Microsoft Excel den Seitenumbruch
automatisch fest. Wegen der Breite der zu druckenden Tabelle, haben wir bei
der Druckereinrichtung Format auf Querformat eingestellt.

Den Druckbereich legen wir wie folgt fest:

    =AUSWÄHLEN("Z1S1:Z25S9")

    =DRUCKBEREICH.FESTLEGEN().

Der Ausdruck der Seite erfolgt durch die Makro-Funktion

    DRUCKEN(Bereich;Von;Bis;Kopien;Entwurf;Prüfung;Teile),

in der wir die Optionen aus der Menü-Funktion Datei Drucken wiederfinden.
Dabei bedeutet:

Bereich
die zu druckende Seite, bei 1 alles, bei 2 die unter *Von, Bis* angegebenen
Seiten.

Kopien
benennt die Anzahl der zu druckenden Kopien.

Entwurf
ist ein logischer Wert, der bei WAHR den Standardzeichensatz des Druckers
verwendet, bei FALSCH im Graphik-Modus druckt.

Prüfung
ist ein logischer Wert, der bei WAHR in den Prüfungsbildschirm verzweigt.

Teile
gibt an, was bei Tabellen oder Makrovorlagen zu drucken ist, bei

    1 = Arbeitsblatt
    2 = Notizen
    3 = Beides.

Wir belassen es bei den Standard-Einstellungen und realisieren den Ausdruck
mit

    =DRUCKEN().

6.5.3 Drucken von Blättern der Anlagen-Kartei

Wir wollen nun unsere Auswertung des Anlageverzeichnisses um einen Makro
erweitern, der beliebige Anlagekartei-Blätter druckt.

Laden Sie daher wieder die Makrovorlage AUSWERT.XLM. Wählen Sie dort die Zelle B1 aus, tragen Sie den Namen "print" ein, und legen Sie mit der Funktion *Formel Namen festlegen* diesen Namen als Befehl-Makronamen fest. Weisen Sie den Tastaturschlüssel "p" zu.

Tragen Sie in den nachstehenden Feldern der Spalte B die Befehle ein, welche die folgenden Funktionen erfüllen:

Laden von beliebigen Karten des Anlageverzeichnis, beginnend mit AFA1.XLS;

Festlegen des Seiten-Layoutes;

Festlegen des Druckbereiches;

Drucken und

Schließen der Tabelle.

Versuchen Sie die Lösung der Aufgabenstellung zu erreichen, indem Sie sich die vorstehend beschriebenen Funktionen nochmals ansehen und einen Blick in bestehende Makros werfen.

Die Abbildung 6-24 zeigt unseren Lösungsvorschlag für das Drucken beliebiger Anlage-Karten.

	AUSWERT.XLM	
	B	C
1	print	Start mit: p
2	=VERZEICHNIS("A:\")	
3	=LADEN?("AFA1.XLS")	
4	=LAYOUT("Anlage-Kartei-Blatt: &N";;2;1;2;1;FALSCH;WAHR)	
5	=AUSWAHLEN("Z1S1:Z25S9")	
6	=DRUCKBEREICH.FESTLEGEN()	
7	=DRUCKEN()	
8	=SCHLIESSEN(FALSCH)	
9	=RÜCKSPRUNG()	
10		

Abbildung 6-24: Makro für den Ausdruck der Anlage-Karten

7 Funktionen für die Ablaufsteuerung
Verarbeiten einer ASCII-Datei

In diesem Kapitel werden wir Ihnen die Möglichkeit darstellen, Text-Dateien im ASCII-Code in Microsoft Excel zu verarbeiten.

Dabei werden wir Sie mit den Möglichkeiten vertraut machen, logische Konstrukte wie

SCHLEIFE, VERZWEIGUNG, UNTERPROGRAMM

in Microsoft Excel zu verwenden.

Da die Mehrzahl der gängigen Standard-Anwendungen, wie z.B.: dBASE, BASIC-Programme, Datev-Anwendungen, in der Lage sind, Daten im ASCII-Code abzuspeichern, eröffnet Microsoft Excel hier eine einfache Möglichkeit des Datenaustausches. Der Datenaustausch zwischen Microsoft Excel und anderen Anwendungen kann sowohl als Datenimport als auch als Datenexport geschehen. Der Datenexport erfolgt sinnvollerweise über den Menüpunkt *Datei Speichern unter* durch Setzen der Option *Dateiformat* ASCII. Der Datenimport sollte per Makro erfolgen, da die Daten als Zeichen-Ketten übernommen werden und für die weitere Verwendung in Microsoft Excel aufgeteilt und formatiert werden müssen. Für das Verarbeiten von Text-Dateien im ASCII-Format mit Hilfe von Makros sind im wesentlichen die folgenden Funktionen erforderlich:

DLADEN
eröffnet eine Text-Datei unter Beibehaltung des ASCII-Formates. Mit der Funktion LADEN aus dem Menü-Punkt Datei, würde Microsoft Excel versuchen, die ASCII-Daten im eigenen Format zu interpretieren, was zu Fehlinterpretationen führen kann.

DLESEN
liest aus der Text-Datei die angegebene Anzahl Zeichen.

DLESEN.ZEILE
liest aus der geladenen Text-Datei bis zum Zeilenende (Carriage-Return Symbol).

DSCHREIBEN
schreibt in die geöffnete Text-Datei die angegebene Anzahl Zeichen.

DSCHREIBEN.ZEILE
schreibt in die geöffnete Text-Datei einen Text und setzt danach das Carriage-Return Symbol.

DSCHLIESSEN

schließt eine Text-Datei und setzt beim Schreiben die EOF-Marke. Für die weitere Verwendbarkeit der bearbeiteten Datei ist das Schließen unbedingt erforderlich, insbesondere dann, wenn Sie per Makro in die Datei geschrieben haben.

7.1 Update einer Datenbank

Wir haben für die folgenden Ausführungen die Daten aus einem Kassensystem zur Verfügung gestellt. Die im Laufe des Tages gesammelten Umsätze haben wir auszugsweise auf der Beispiel-Diskette im Unterverzeichnis Kap7 des Verzeichnisses Uebungen unter dem Namen "TAG.DAT" abgespeichert. Diese Umsatzdaten wollen wir in Microsoft Excel übernehmen und dort einen Update auf eine Artikel-Datenbank durchführen, indem wir die jeweils umgesetzte Artikel-Menge vom Artikel-Bestand abziehen.

Die zu erstellende Anwendung soll die ASCII-Datei mit den Umsatzdaten lesen, die relevanten Informationen Artikel-Nummer und Artikel-Menge aus dem Datensatz herauslösen und dann aus der Datenbank den Artikel auswählen, dessen Menge fortzuschreiben ist.

Betrachten wir zunächst die Struktur der zu importierenden Datei. Wenn Sie die Datei "TAG.DAT" über die Betriebssystemfunktion Type oder Print ausgeben lassen, so sehen Sie eine Reihe von Zahlen, die wir hier im Auszug darstellen:

    023351188072611571110001000250

    023361188072611581100103000075

    023371188072611591102202000200

    023381188072611591122011001275

Die weitere Verarbeitung dieser Daten ist jedoch nur dann sinnvoll, wenn die Struktur des Datensatzes bekannt ist. Der Datensatz-Aufbau ergibt sich aus der Abbildung 7-1.

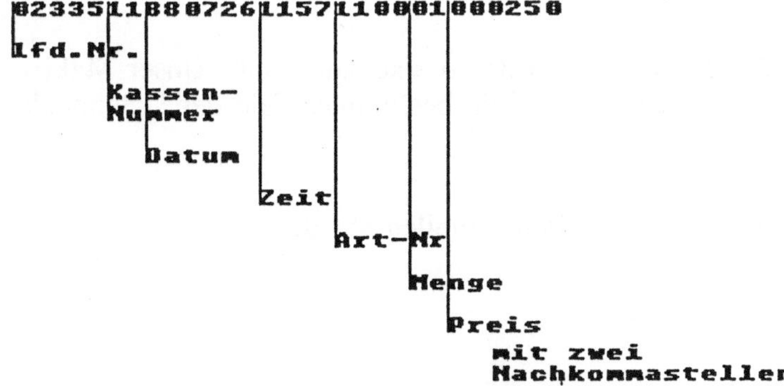

Abbildung 7-1: Struktur eines Datensatzes

Nachdem durch den Makro ein Datensatz gelesen wurde, sind aus der Zeichenkette die Informationen Artikelnummer und Menge herauszulösen. Über die Artikelnummer wird in der Datenbank der entsprechende Artikel für die weitere Verarbeitung ausgewählt.

Für die Lösung des gestellten Problemes haben wir ein Struktogramm entworfen, welches in Abbildung 7-2 wiedergegeben ist.

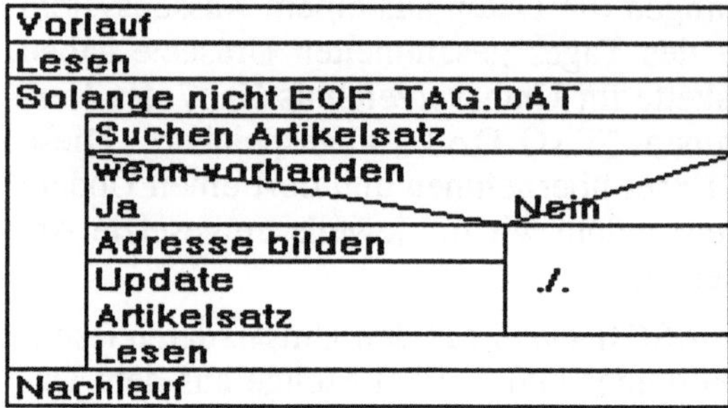

Abbildung 7-2: Struktogramm Update der Artikeldatenbank

Die genannten Funktionen werden durch Unterprogramme realisiert und haben die folgenden Aufgaben:

Vorlauf
erledigt die vorbereitenden Arbeiten, wie z.B.: das Öffnen der Dateien

Lesen
liest einen Datensatz aus der ASCII-Datei.

Suchen Artikelsatz
löst aus der Zeichenkette der ASCII-Datei die Artikelnummer heraus und greift über eine Hilfstabelle in der Datenbank zu. Die Verwendung einer Hilfstabelle ist angeraten, da der Befehlsmakro Aktionen ausführt, und nur über Funktionsmakros Werte berechnet werden können.

Adresse bilden
bildet die Zellreferenz für den Update in der Artikeldatenbank. Unser Makro soll ja über Zeilen- und Spaltenangabe auf ein bestimmtes Feld der Datenbank zugreifen.

Update Artikelsatz
bringt die Lagermenge des Artikels auf den aktuellen Stand.

Nachlauf
erledigt die abschließenden Arbeiten.

7.2 Unterprogramme

Ein Unterprogramm ist ein abgeschlossener Teil eines Makros oder selbst ein Makro, der durch einen anderen Makro aufgerufen wird.

Ein Unterprogramm besteht, wie jedes andere Makro, aus:

>   dem Namen des Unterprogrammes

>   einer Folge von Funktionen und

>   dem Befehl Rücksprung.

Der Name wird mittels der Funktion *Formel/Namen festlegen* definiert. Eine Kennzeichnung als Befehlsmakro kann dann entfallen, wenn das Unterprogramm nicht über den Tastaturschlüssel aufrufbar sein soll.

Der Unterprogramm-Aufruf erfolgt durch:

>   =Name_des_Unterprogrammes().

Der Name des Unterprogrammes hat auch die Angabe des externen Bezuges zu umfassen, wenn das Unterprogramm auf einer anderen Makrovorlage verzeichnet ist. Um beispielsweise ein Unterprogramm der gleichen Makrovorlage aufzurufen verwenden wir den Aufruf:

>   =drucken_tab().

Für den Aufruf eines Unterprogrammes auf einer anderen Makrovorlage geben wir die externe Referenz an:

>   =DATUHR.XLM!datum()

Innerhalb der Klammern können Argumente übergeben werden. Die Klammer muß auch dann stehen, wenn das Unterprogramm keine Argumente erfordert. Mit dem Aufruf eines Unterprogrammes wird die Steuerung des Ablaufes auf dieses übertragen. Erreicht Microsoft Excel den RÜCKSPRUNG-Befehl des Unterprogrammes, so wird die Verarbeitung mit dem Befehl fortgesetzt, der dem Unterprogramm-Aufruf folgt.

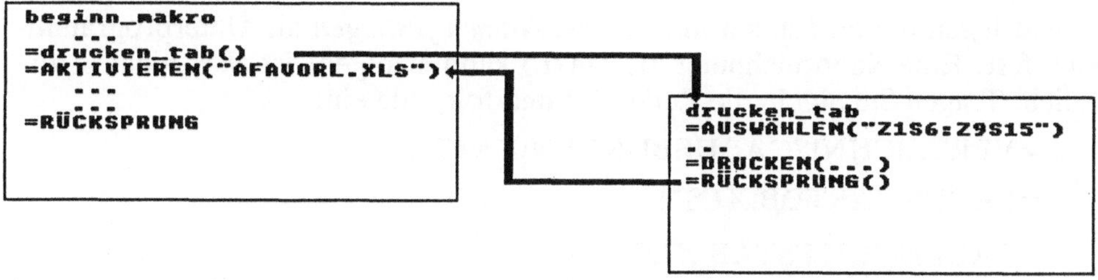

Abbildung 7-3: Ablaufsteuerung bei Unterprogramm-Aufruf

Im ersten Schritt zur Realisierung des Datenbank-Updates werden wir die Unterprogramme Vorlauf und Lesen erstellen.

Das Unterprogramm Vorlauf erfüllt die Funktionen

>   - Öffnen der Datenbank "ARTDB.XLS",

>   - Öffnen der Hilfstabelle "HILFSTAB.XLS" sowie

>   - Öffnen der ASCII-Datei "TAG.DAT".

Das Unterprogramm Lesen liest jeweils einen Satz aus der ASCII-Datei. Dabei soll der erfolgreiche Zugriff auf die Datei "TAG.DAT" abgesichert werden.

Starten Sie nun Microsoft Excel, und legen Sie über die Funktion

>   *Datei Neu*

eine neue Makrovorlage an, der wir später den Namen "UPDATE.XLM" zuweisen werden.

In Zelle A1 tragen wir als Namen für den Makro

>   steuerung_update ein

und legen über die Funktion

>   *Formel Namen festlegen*

diesen Namen für das Befehlsmakro fest und weisen den Tastaturschlüssel "s" zu.

In Zelle B1 tragen wir als Gedächtnisstütze ein: Start mit s.

Die Steuerung soll vorerst lediglich die Unterprogramme Vorlauf und Lesen aufrufen. Also tragen wir in die Zellen A2 und folgende ein:

>   =vorlauf()

>   =lesen()

>   =RÜCKSPRUNG()

Wählen Sie nun die Zelle C2 aus, tragen Sie dort

>   vorlauf

ein und legen diesen Namen mit *Formel Namen festlegen* als Unterprogrammname fest. Eine Kennzeichnung als Makro kann erfolgen, ist aber nicht erforderlich. Tragen Sie nun in die Zellen C3 und folgende ein:

>   =VERZEICHNIS("A:\UEBUNGEN\KAP7")

>   =LADEN("ARTDB.XLS")

>   =LADEN("HILFSTAB.XLS")

>   =DLADEN("TAG.DAT";2)

>   =RÜCKSPRUNG().

Wählen Sie nun Zelle C10 aus, tragen Sie dort

   lesen

ein und legen diesen Namen wiederum als Unterprogrammname fest.

Schreiben Sie nun in die folgenden Zellen:

   =DLESEN.ZEILE(C6)

   =RÜCKSPRUNG().

Bei Ausführen des Lesen-Zugriffes auf die Datei, stellt Microsoft Excel den Satz aus der ASCII-Datei in Zelle C11 ab. Da wir auf Teile dieses Satzes zugreifen wollen, definieren wir über die Funktion *Formel Namen festlegen* den Namen "satz" auf die Zelle C11.

7.2.1 Wie eine ASCII-Datei behandelt wird

Im vorigen Kapitel wurden Befehle benutzt, die hier näher erläutert werden sollen.

Für das Laden der ASCII-Datei wurde der Befehl DLADEN verwendet. Das Format dieses Befehls lautet:

DLADEN(Datei_Text;Zugriff_Zahl), in der Anwendung

DLADEN("TAG.DAT";2).

Die *Zugriff_zahl* gibt an, in welchem Modus auf die Datei zugegriffen werden kann. Es bedeuten:

1   Input/Output Modus, Lesen und Schreiben sind möglich;

2   Input Modus, nur Lesen ist möglich;

3   Output Modus, Datei wird neu erstellt, nur Schreiben ist möglich.

Wenn die Datei nicht geladen werden kann, stellt die Funktion DLADEN den Fehlerwert #NV ab. Wird die Funktion erfolgreich ausgeführt, stellt Microsoft Excel als Ergebnis der Funktion eine Datei-Kennummer ab, auf die sich andere Operationen, wie z.B. das Lesen, beziehen.

Da wir die ASCII-Datei sequentiell, also Satz für Satz, verarbeiten wollen, ist für das Lesen der Befehl

   DLESEN.ZEILE(Dateinummer)

zu verwenden. Dieser Befehl liest aus der über die Dateinummer gekennzeichneten Datei jeweils eine Zeile, wobei satzweise weiterpositioniert wird.

Die Dateinummer wird beim Laden der Datei von Microsoft Excel automatisch vergeben (siehe DLADEN), so daß das Argument für diese Funktion in der Zelle steht, in der die Laden-Funktion ausgeführt wurde. Wir verweisen daher innerhalb der Klammer auf diese Zelle:

   DLESEN.ZEILE(C6).

7.3 Bedingungen

Bisher haben wir noch nicht abgesichert, daß nur dann gelesen wird, wenn die ASCII-Datei erfolgreich geöffnet wurde. Zuvor sollten wir uns den grundsätzlichen Aufbau von Bedingungen unter Microsoft Excel anschauen. Mit der Wenn-Funktion werden Bedingungen auf ihren Wahrheitsgehalt überprüft. Das allgemeine Format einer Bedingung lautet:

WENN(Wahrheitsprüfung;Dann_Wert;Sonst_Wert).

Wahrheitsprüfung bedeutet die Überprüfung der Aussage innerhalb einer Bedingung, *Dann_Wert* beschreibt die Aktion im Ja-Zweig und *Sonst_Wert* die Aktion im Nein-Zweig der Bedingungskonstruktion.

Die Aussage, die Microsoft Excel auf ihren Wahrheitsgehalt überprüft, kann vielfältige Strukturen aufweisen.

Die einfachste Form ist die der Vergleichsbedingung, bei der in der Aussage zwei Operanden verglichen werden auf gleich, größer oder kleiner:

KDNR = 0, C3 > C4 oder B5 < B1/2.

Eine solche Bedingung ist etwa

WENN(KDNR=0;Aktion1;Aktion2).

Eine weitere Art Bedingungen aufzubauen, geschieht über die Verwendung der Informationsfunktionen (Microsoft Excel-Verzeichnis der Tabellen-Funktionen: IST-Funktion). Die Aussage aus einer solchen Funktion kann in die Bedingung aufgenommen werden.

WENN(ISTZAHL(A3);Aktion1;)

prüft, ob der Inhalt der Zelle A3 eine Zahl ist und führt, wenn die Bedingung WAHR ist, die Aktion im JA-Zweig aus. Der Nein-Zweig enthält in diesem Beispiel keine Aktion.

Der Parameter für die Informationsfunktion kann wiederum eine Funktion sein:

WENN(ISTFEHLER(VERGLEICH(...));Aktion1;Aktion2).

In diesem Fall wird zum Zwecke der Überprüfung der Bedingung die Funktion VERGLEICH ausgeführt.

Darüber hinaus besteht die Möglichkeit, komplexe Bedingungen durch logische Verknüpfungen mit den folgenden logischen Funktionen aufzubauen:

ODER, UND und **NICHT**.

Die Funktion ODER verbindet zwei oder mehrere Aussagen in einem Wahrheitswert. Die Aussage ist dann WAHR, wenn mindestens eines der Argumente WAHR ist. Die Verknüpfung von Bedingungen mit ODER zeigt das folgende Beispiel:

WENN(ODER(KDNR=0;ISTTEXT(H7));Aktion1;)

Aktion1 wird dann durchgeführt, wenn entweder KDNR gleich Null ist oder H7 Text enthält.

Auch die Funktion WENN verbindet zwei oder mehrere Aussagen in einem Wahrheitswert, der dann WAHR ist, wenn alle Argumente WAHR sind. Dazu das nachstehende Beispiel:

WENN(UND(C7>C8;TAGE>31;C4=1);Aktion1;Aktion2)

Aktion1 wird durchgeführt, wenn alle drei Bedingungen erfüllt sind, sonst wird Aktion2 abgearbeitet.

Die Funktion NICHT negiert die Aussage und kann mit allen Bedingungsarten kombiniert werden. So haben wir im folgenden Beispiel NICHT in einer verknüpften Bedingung verwendet:

WENN(UND(TAGE>31;NICHT(ISTNV(C6)));Aktion1;Aktion2)

Bedingungen bieten sich in Makros dazu an, Verzweigungen im Verarbeitungsgang einzurichten. Dann_Wert und Sonst_Wert kann auch die GEHEZU-Funktion sein, die den Sprung zu einem Ziel ausführt. Mit

WENN(C7=0;GEHEZU(ende);GEHEZU(eingabe))

kann der Verarbeitungsgang zu "ende" gehen, wenn C7 gleich Null ist, sonst wird die Verarbeitung mit "eingabe" fortgesetzt.

Die Verwendung des bedingten Sprunges zur Ablaufsteuerung innerhalb eines Makros zeigt die Abbildung 7-4. Da die Befehle teilweise verkürzt wiedergegeben sind, sollten Sie davon absehen, die Befehle im einzelnen verstehen zu wollen.

```
=WENN(KDAUS.XLS!KDNR=0;GEHEZU(ende);)
=WENN(ISTFEHLER(VERGLEICH(KDAUS.XLS!KDNR;;0));GEHEZU(fehler);)
=AUSWÄHLEN("Z5S4")
=FORMEL("=SVERWEIS(kdaus.XLS!KDNR;kunden.xls!Database;2)")
=AUSWÄHLEN("Z(1)S")
=FORMEL("=SVERWEIS(Kdaus.XLS!KDNR;kunden.xls!Database;8)")
=GEHEZU(eingabe)


fehler
=SIGNAL(2)
=SIGNAL(3)
=MELDUNG(WAHR;"Kundennummer nicht vorhanden!")
=GEHEZU(eingabe)


ende
=SCHLIESSEN(FALSCH)
```

Abbildung 7-4: Ablaufsteuerung durch Verzweigungen

Wenden wir uns nun der Absicherung zu, die ASCII-Datei nur dann zu lesen, wenn diese erfolgreich geöffnet wurde. Wie wir wissen, stellt Microsoft Excel beim Ausführen der Funktion DLADEN das Nichtverfügbarkeits-Kennzeichen

"#NV" ab, wenn die Datei nicht erfolgreich geöffnet werden konnte. Bedingung für das Ausführen der Lesen-Funktion ist also, daß Zelle C6 nicht "#NV" enthält. Daher formulieren wir die Funktion in Zelle C11 wie folgt neu:

   =WENN(NICHT(ISTNV(C6));DLESEN.ZEILE(C6);)

Wenn die Bedingung WAHR ist, die Datei also geöffnet werden konnte , wird ein Satz aus der Datei gelesen. Der Nein-Zweig ist leer.

Wir gehen davon aus, daß Ihr Makro etwa das Aussehen erreicht hat, wie in Abbildung 7-5 dargestellt.

	A	B	C
			UPDATE.XLM
1	steuerung_update	Start mit: s	
2	=vorlauf()		vorlauf
3	=lesen()		=VERZEICHNIS("A:\")
4	=RÜCKSPRUNG()		=LADEN("ARTDB.XLS")
5			=LADEN("HILFSTAB.XLS")
6			=DLADEN("TAG.DAT";2)
7			=RÜCKSPRUNG()
8			
9			
10			lesen
11			=WENN(NICHT(ISTNV(C6));DLESEN.ZEILE(C6);)
12			=RÜCKSPRUNG()

Abbildung 7-5: Unterprogramme Vorlauf und Lesen im Makro UPDATE.XLM

Speichern Sie Ihre Makrovorlage unter dem Namen "UPDATE.XLM" ab, und testen Sie dessen Lauffähigkeit durch Aufruf mit dem Tastaturschlüssel "s". Sollte die Ausführung des Makros nach wiederholtem Aufruf abgebrochen werden, so liegt die Ursache darin, daß die ASCII-Datei bisher nie geschlossen wurde. Im Augenblick läßt sich das Problem nur dadurch lösen, daß Sie Microsoft Excel ganz verlassen.

7.4 Schleifen

Für Aktionen, die wiederholt durchgeführt werden sollen, stellt Microsoft Excel zwei Schleifenfunktionen zur Verfügung:

   1. die Zählschleife

   2. die Solange-Schleife.

Eine Zählschleife wird aufgebaut mit der Funktion

   FÜR(Zählername;Anfang;Ende;Schrittweite).

Mit FÜR wird die Schleife eröffnet.

Zählername ist eine Variable, in der gezählt wird, wie oft die Schleife durchlaufen wurde.

Anfang legt den Wert fest, bei dem die Zählung beginnen soll.

Ende gibt den Wert an, bei dessen Überschreitung die Ausführung der Schleife beendet wird.

Schrittweite ist der Wert, um den der Zähler jeweils erhöht oder vermindert wird.

Das Ende der Schleife ist gekennzeichnet durch die Funktion

    WEITER().

Die Abbildung 7-6 zeigt ein Beispiel für eine Zählschleife und das Ergebnis, welches dieser Makro produziert.

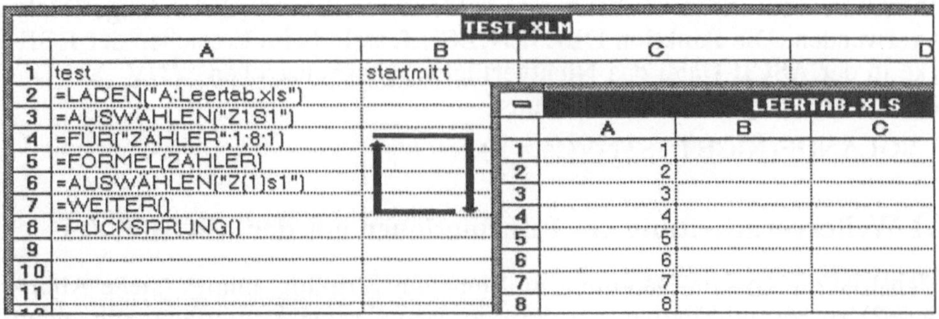

TEST.XLM

	A	B	C	D
1	test	startmitt		
2	=LADEN("A:Leertab.xls")			
3	=AUSWAHLEN("Z1S1")			
4	=FÜR("ZÄHLER";1;8;1)			
5	=FORMEL(ZÄHLER)			
6	=AUSWAHLEN("Z(1)s1")			
7	=WEITER()			
8	=RÜCKSPRUNG()			
9				
10				
11				

LEERTAB.XLS

	A	B	C
1	1		
2	2		
3	3		
4	4		
5	5		
6	6		
7	7		
8	8		

Abbildung 7-6: Zählschleife

Der für den Zähler verwendete Variablenname wird von Microsoft Excel automatisch in die Namensliste übernommen.

Die Solange-Schleife wird realisiert mit der Funktion

    SOLANGE(Wahrheitswert_Prüfung).

Mit SOLANGE wird die Schleife eröffnet.

Die Prüfung des Wahrheitswertes stellt die Schleifenbedingung dar. Die Aktionen innerhalb der Schleife werden solange ausgeführt, bis die Wahrheitswert-Prüfung den Wert FALSCH liefert. Ist beim Einstieg in die Schleife die Schleifenbedingung FALSCH, so werden die Aktionen innerhalb der Schleife übersprungen und die Ausführung mit der Funktion fortgesetzt, die der nächsten Weiter-Anweisung folgt. Also ist auch hier das Schleifenende zu kennzeichnen durch die Funktion

    WEITER().

Die Abbildung 7-7 zeigt ein Beispiel für eine Solange-Schleife.

9	=SOLANGE(NICHT(ISTNV(satz)))
10	=zuordnen()
11	=lesen()
12	=WEITER()
13	=DSCHLIESSEN(A4)

Abbildung 7-7: Solange-Schleife

Bei der Verwendung von Schleifenkonstrukten bietet Microsoft Excel die Möglichkeit, Schleifen zu schachteln. Dies ist dann der Fall, wenn eine Schleife in
einer anderen Schleife enthalten ist. Hier bezieht sich immer die erste Weiter-
Funktion auf die letzte Für- oder Solange-Funktion.

Auch für die von uns zu realisierende Schleife werden wir die Solange-Funk-
tion verwenden. Die Funktion DLESEN.ZEILE stellt beim Erreichen der EOF-
Marke in der ASCII-Datei das Nichtverfügbarkeitskennzeichen "#NV" ab. Die
Schleifenbedingung lautet daher für uns:

   SOLANGE(NICHT(ISTNV(satz()))).

7.4.1 Weiterverarbeitung der Informationen aus der ASCII-Datei

Zunächst ist die Update-Steuerung im Sinne des Struktogrammes (siehe Abbildung 7-2) zu vervollständigen. Laden Sie dazu Ihre Makrovorlage, schneiden
Sie Rücksprung aus, und fügen Sie diese Funktion in Zelle A15 ein.

Tragen Sie nun in Zelle A4 und folgende ein:

   =SOLANGE(NICHT(ISTNV(satz)))

   =suchen_artikelsatz()

   =adresse_bilden()

   =update_artikelsatz()

   =lesen()

   =WEITER()

   =nachlauf()

Die Zellen A6 und A9 haben wir absichtlich frei gelassen, dort werden wir
nachher die Bedingungskonstruktion "nicht vorhanden" einsetzen. Betrachten
wir zunächst das Unterprogramm

   suchen_artikelsatz.

Dieses Unterprogramm benutzt die Hilfstabelle, um über die Artikelnummer
auf die Artikel-Datenbank zuzugreifen.

Wenn Sie sich die Hilfstabelle näher betrachten, so wird Ihnen auffallen, daß dort lediglich in Zelle A2 die Funktion

VERGLEICH(artnr;ARTDB.XLS!ArtNr;0)

zu sehen ist.

Aus dem allgemeinen Format der Funktion

VERGLEICH(Suchkriterium;Suchmatrix;Vergleichstyp)

erkennen wir, daß

- "artnr" das Suchkriterium ist, welches in Zelle A1 der Hilfstabelle steht (Name der Zelle A1);

- Suchmatrix der Bereich der Artikelnummern in der Datenbank ist;

- mit Vergleichstyp 0 festgelegt wurde, daß der gesuchte Wert der erste Wert sein soll, der gleich dem Suchkriterium ist.

Da die Artikelnummer in der Datenbank der eindeutige Schlüssel ist, kann der erste gleiche Wert nur der einzige sein. Die Funktion VERGLEICH gibt die Position des gesuchten Argumentes innerhalb der Suchmatrix aus. Da die Suchmatrix hier als Spalte definiert wurde, ist der ermittelte Wert gleich der Zeilenposition. Ist die Artikelnummer nicht vorhanden, so wird der Wert "#NV" übergeben.

Die für das Unterprogramm suchen_artikelsatz verbleibende Aufgabe ist das Herauslösen der Artikelnummer aus der Zeichenkette "satz" und das Eintragen dieser Information in Zelle A1 der Hilfstab.

Wählen Sie daher für diese Unterprogramm Zelle C15 aus, legen Sie dort den Namen "suchen_artikelsatz" fest, und tragen Sie danach ein:

=AKTIVIEREN("HILFSTAB.XLS")

=AUSWÄHLEN("Z1S1")

=FORMEL(TEIL(satz;18;4))

=RÜCKSPRUNG().

Das allgemeine Format der Funktion TEIL lautet:

TEIL(Text;Beginn;Anzahl_Zeichen).

Diese Funktion liefert als Ergebnis die *Anzahl_Zeichen* lange Zeichenkette aus dem *Text* ab der Stelle *Beginn*. In der oben verwendeten Form liefert die Funktion TEIL vier Zeichen, beginnend ab der Stelle achtzehn, aus dem Text "satz". Wir erhalten also die Artikelnummer aus dem gelesenen Satz der ASCII-Datei. Nachdem die Artikelnummer in der Hilfstabelle abgestellt ist, liefert die Funktion VERGLEICH in Zelle A2 der Hilfstabelle die Zeilenposition der Artikelnummer in der Datenbank (vgl. hierzu Abbildung 7-8).

```
 UPDATE.XLM                                         HILFSTAB.XLS
 B                           C                         A          B
        =LADEN("HILFSTAB.XLS")              1      1100
        =DLADEN("TAG.DAT";2)               2        19
        =RÜCKSPRUNG()                      3
                                           4
        lesen
        =WENN(NICHT(ISTNV(C6));DLESEN.ZEILE(C6);)
        =RÜCKSPRUNG()


        suchen_artikelsatz
        =AKTIVIEREN("HILFSTAB.XLS")
        =AUSWÄHLEN("Z1S1")
        =FORMEL(TEIL(satz;18;4))
        =RÜCKSPRUNG()
```

Abbildung 7-8: Zusammenspiel zwischen Hilfstabelle und Makro

Ist die Artikelnummer in der Datenbank nicht vorhanden, so stellt die Funktion
VERGLEICH "#NV" in Zelle A2 der Hilfstabelle ab. Um sicherzustellen, daß
der Update nur bei vorhandener Artikelnummer ausgeführt wird, werden wir
die Steuerung durch die "vorhanden"-Prüfung vervollständigen.

Wenn die Artikelnummer nicht vorhanden ist, soll die Makro-Steuerung die
Unterprogramme "adresse_bilden" und "update_artikelsatz" überspringen.
Tragen Sie daher in Zelle A6 Ihrer Makrovorlage ein:

   =WENN(ISTNV(Hilfstab.xls!$A$2);GEHEZU(nächster_satz);)

Das Sprungziel "nächster_satz" ist einzutragen in Zelle A9 und als Name festzulegen. Die Steuerung des Updates ist nun komplett und sollte das in Bild 7-9
dargestellte Aussehen haben:

```
                                      UPDATE.XLM
                        A                                    B
 1   steuerung_update                              Start mit: s
 2   =vorlauf()
 3   =lesen()
 4   =SOLANGE(NICHT(ISTNV(satz)))
 5   =suchen_artikelsatz()
 6   =WENN(ISTNV(Hilfstab.xls!$A$2);GEHEZU(nächster_satz);)
 7   =adresse_bilden()
 8   =update_artikelsatz()
 9   nächster_satz
10   =lesen()
11   =WEITER()
12   =nachlauf()
13
```

Abbildung 7-9: Makro-Steuerung: "steuerung_update"

7.4.2 Zugriff auf eine Datenbank

Bevor wir das Unterprogramm "adresse_bilden" erstellen, sollten wir uns die
Struktur der Datenbank ARTDB.XLS näher betrachten.

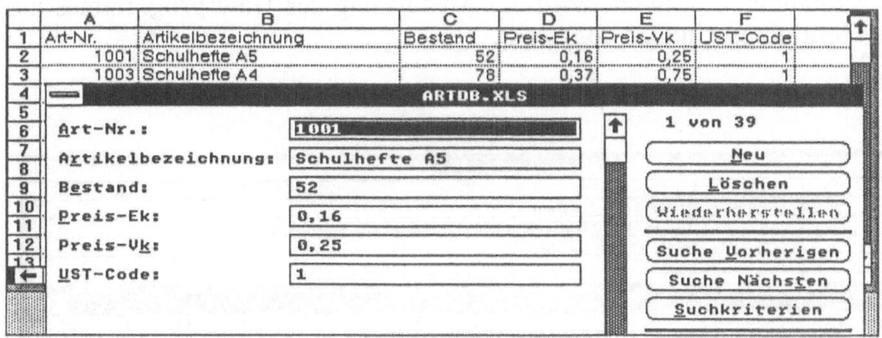

Abbildung 7-10: Struktur der Datenbank ARTDB.XLS

Die Feldbezeichnungen sind weitgehend selbstredend. Lediglich zu UST-Code
sollte angemerkt werden, daß damit der jeweils gültige Umsatz-Steuersatz ver-
schlüsselt ist.

    1 gilt für den vollen Steuersatz (14%).

    2 gilt für den halben Steuersatz (7%).

Wie die Abbildung 7-10 zeigt, ist der fortzuschreibende Bestand in Spalte C der
Tabelle verzeichnet. Für den fortschreibenden Zugriff auf die Datenbank muß
innerhalb unseres Makros also die Adresse als externe Referenz zusammengesetzt werden aus:

    - dem Namen des externen Dokumentes "ARTDB.XLS",

    - der Spaltenangabe "C" und

    - der Zeilenangabe nn aus Zelle A2 der Hilfstabelle.

Idealerweise sollte der Zugriff auf den entsprechenden Artikel in der Datenbank
lauten:

    AUSWÄHLEN("ARTDB.XLS!Cnn").

Da die Funktion AUSWÄHLEN eine variable Zeilenreferenz nicht zuläßt,
müssen wir einen anderen Weg gehen.

In dem Unterprogramm "adresse_bilden" werden die vorstehend genannten
Elemente in einer Zelle zusammengesetzt, so daß diese Zelle als Wert den Bezug auf die Zellreferenz enthält. Mit der Funktion INDIREKT kann dieser Bezug für die Auswahl übernommen werden.

Wählen Sie in Ihrer Makrovorlage die Zelle C22 aus, legen Sie dort den Namen "adresse_bilden" für das Unterprogramm fest, und tragen Sie danach ein:

    ="ARTDB.XLS!C"&TEXT(HILFSTAB.XLS!$A$2;0)

    =RÜCKSPRUNG()

Wie die Abbildung 7-11 zeigt, wird bei Ausführung des Unterprogrammes die benötigte Zellreferenz in C23 abgestellt.

UPDATE.XLM:1				
	A	B	C	D
22			adresse_bilden()	
23			="ARTDB.XLS!C"&TEXT(HILFSTAB.XLS!$A$2;0)	
24			=RÜCKSPRUNG()	
25				

UPDATE.XLM:2							
	A	B	C	D	E	F	G	H
22			adresse_bilden()				
23			ARTDB.XLS!$C$19				
24			WAHR				
25							

Abbildung 7-11: Unterprogramm "adresse_bilden"

Die verwendete Funktion TEXT wandelt den Wert in Text um. Das Zeichen "&" verknüpft zu einer einheitlichen Zeichenkette, so daß wir schließlich die externe Referenz für den Zugriff auf die Datenbank erhalten.

Nachdem wir die Zelladresse gebildet haben, können wir mit Hilfe der Funktion INDIREKT über die Adressangabe aus Zelle C23 auf die Datenbank zugreifen und den Artikelbestand fortschreiben. Kommen wir zur Ausgestaltung des Unterprogrammes "update_artikelsatz". Wählen Sie in Ihrer Makrovorlage Zelle C26 aus und legen dort diesen Namen fest. Tragen Sie nun in die Zellen C27 und folgende ein:

    =TEIL(satz;22;2)

    =AKTIVIEREN("ARTDB.XLS")

    =AUSWÄHLEN(INDIREKT(C23)

    =FORMEL(INDIREKT(C23) - C27)

    =RÜCKSPRUNG()

Die mit der Funktion TEIL aus dem Satz herausgezogene Menge wird in Zelle C30 vom Artikelbestand abgezogen.

Zum Abschluss verbleibt noch die Erstellung des Unterprogrammes Nachlauf. Dieses Unterprogramm hat die Aufgabe, die Dateien zu schließen. Hierzu steht die Funktion DATEI.SCHLIESSEN zur Verfügung:

    DATEI.SCHLIESSEN(Speichern_Wahrheitswert)

Diese Funktion schließt die aktive Datei. *Speichern_Wahrheitswert* legt fest, ob die Änderungen in der Datei gespeichert werden sollen. Für die Hilfstabelle setzen wir das Argument FALSCH ein, damit die Änderungen nicht gespeichert werden. Für die Artikeldatenbank lassen wir das Argument weg. Microsoft Excel fragt dann, ob die Änderungen gespeichert werden sollen. Während der Testphase sollten Sie diese Frage verneinen, damit der Artikelbestand nicht durch wiederholtes Testen verbraucht wird. Wenn Ihr Makro später zu Ihrer Zufriedenheit läuft, setzen Sie das Argument WAHR ein; die Änderungen werden dann gesichert.

Wählen Sie dazu Zelle C34 aus, und legen Sie dort den Namen "nachlauf" fest.

Tragen Sie danach ein:

    =AKTIVIEREN("ARTDB.XLS")

    =DATEI.SCHLIESSEN()

    =AKTIVIEREN("HILFSTAB.XLS")

    =DATEI.SCHLIESSEN(FALSCH)

    =DSCHLIESSEN(C6)

    =RÜCKSPRUNG()

Speichern Sie, und testen Sie den Makro nach Belieben.

Die Abbildung 7-12 zeigt die beiden zuletzt erstellten Unterprogramme.

	B	C
25		
26		update_artikelsatz
27		=TEIL(satz;22;2)
28		=AKTIVIEREN("ARTDB.XLS")
29		=AUSWÄHLEN(INDIREKT(C23))
30		=FORMEL(INDIREKT(C23)-C27)
31		=RÜCKSPRUNG()
32		
33		
34		nachlauf
35		=AKTIVIEREN("ARTDB.XLS")
36		=DATEI.SCHLIESSEN()
37		=AKTIVIEREN("HILFSTAB.XLS")
38		=DATEI.SCHLIESSEN(FALSCH)
39		=DSCHLIESSEN(C6)
40		=RÜCKSPRUNG()

Abbildung 7-12: Unterprogramme "update_artikelsatz" und "nachlauf"

Wenn Sie den Ablauf des Makros beschleunigen wollen, so raten wir Ihnen, mit der Funktion VERBERGEN die Dokumente "HILLFSTAB.XLS" und "ARTDB.XLS" nicht auf dem Bildschirm sichtbar zu machen. Da es sich bei diesem Update-Beispiel um eine typische Stapel-Verarbeitung handelt, wäre das verbergen auch sinnvoll. Allerdings kommen Sie dann nicht mehr in den Genuß, Microsoft Excel bei der Arbeit zuzuschauen.

8 Dialogfelder

8.1 Sinn und Zweck

Wir wollen uns der Definition und Nutzung von Dialogfeldern in selbst geschriebenen Applikationen nähern, indem wir zunächst anhand eines von Microsoft Excel zur Verfügung gestellten Dialogfeldes dessen Zweck, Funktion und Aufbau betrachten.

Dialogfelder sind in Windows-Anwendungen das am häufigsten verwendete Kommunikationsmittel zwischen Anwender und Programm.

Rufen Sie beispielsweise in Microsoft Excel den Befehl *Datei Laden* auf, so erscheint ein Dialogfeld, das Ihnen die Möglichkeit gibt, einen Dateinamen in ein Texteingabefeld einzutippen, eine Datei aus einer Liste auszuwählen, ein Laufwerk und Unterverzeichnis anzusteuern und eine Option (*Nur lesen*) zu setzen. Ihre Dateneingaben und damit Ihre Arbeit mit diesem von Microsoft Excel standardmäßig benutzten Dialogfeld können Sie mit dem Anklicken der Schaltfläche *Ok* mit Laden oder durch Betätigen der Schaltfläche *Abbrechen* ohne Laden einer Datei beenden.

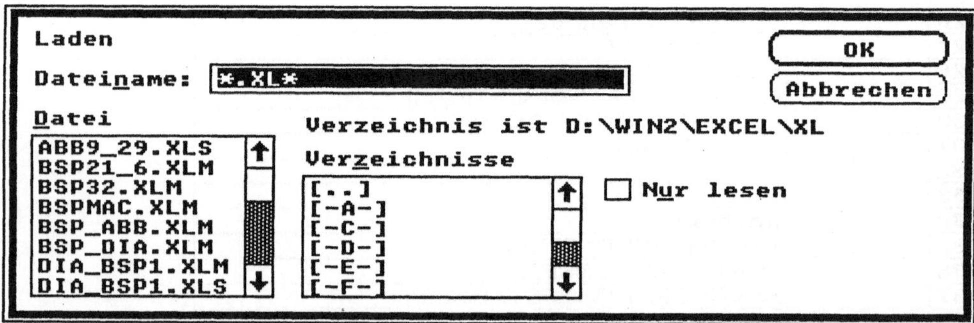

Abbildung 8-1: Das Microsoft Excel-Standarddialogfeld des Befehls Datei Laden

In einem übersichtlichen Bildschirmfenster erhalten Sie mit Hilfe des Dialogfeldes alle Informationen, Auswahl- und Eingabemöglichkeiten, um die gewünschte Funktion ausführen zu lassen.

Microsoft Excel bietet dem Makroprogrammierer die Möglichkeit, auch für eigene Applikationen solche bedienungsfreundlichen "Bildschirmformulare" zu erstellen. Mit deren Hilfe kann der Entwickler dem Anwender eine Arbeitsoberfläche zur Verfügung stellen, die

- die Datenerfassung und -überarbeitung wesentlich erleichtert,

- die eigentlichen Kalkulationstabellen vor dem versehentlichen Verändern oder Zerstören durch den ungeübten Anwender schützt und

- die eingegebenen Daten vor dem Eintrag in die Tabellen sowohl automatisch auf formale Korrektheit als auch evtl. über Makro gesteuert auf inhaltliche Richtigkeit überprüft.

Dialogfelder ersparen dem Anwender das Aufsuchen der Zellen in den Berechnungstabellen, in die die Eingabedaten eingetragen werden müssen. Die Verteilung der Daten in eine Tabelle übernimmt vielmehr ein vom Programmierer zu erstellender Makro, der dabei auch die oben erwähnten Kontrollen durchführen kann. Das eigentliche Kalkulationsmodell kann dadurch von solchen Aufgaben wie der Plausibilitätsprüfung und der bildschirmgerechten Aufbereitung für den Dialog mit dem Benutzer entlastet werden. Es wird somit im Aufbau einfacher und in der Berechnungsgeschwindigkeit vielleicht auch schneller.

Auf der anderen Seite steht natürlich - wie stets bei hochgradig anwenderfreundlichen Programmen - ein höherer Aufwand für den Applikationsentwickler. Solange Sie keinen komfortablen Dialogfeld-Editor zur Verfügung haben, verlangt das Gestalten von Dialogfeldern von Ihnen viel Detailarbeit und damit Geduld, bis ein optisch und funktional gutes Dialogfeld entstanden ist.

8.2 Funktionsweise

Im nächsten Schritt wollen wir anhand eines einfachen Beispiels beobachten, wie die Arbeit mit einem Dialogfeld in einer selbstentwickelten Anwendung abläuft, und wie die darüber eingegebenen Daten weiterverarbeitet werden.

Die Nutzung von anwendungsspezifischen Dialogfeldern setzt im Normalfall das Vorhandensein von mindestens zwei Dokumenten voraus:

- einer Makrovorlage mit der Definition des Dialogfeldes und dem steuernden Makro,

- einer Tabelle für die Aufnahme der eingegebenen Daten und deren Weiterverarbeitung.

Dialogfelddefinition und steuernder Makro können Sie aber auch in verschiedenen Makrovorlagen eintragen, die Daten können auf der anderen Seite auch in mehreren Tabellen weiterverarbeitet werden. Es sind deshalb wesentlich komplexere Strukturen als das Zwei-Dokumente-Minimalmodell denkbar.

Beschränken wir uns jedoch zunächst auf dieses einfache Modell.

Nehmen wir an, wir hätten bereits ein kleines Schema in einer Tabelle realisiert, das anhand zweier Terminangaben (jeweils Beginn- und Endedatum und -

zeit einer Dienstreise) für folgende Fragestellung die Berechnungen ausführen soll:

An wievielen Tagen innerhalb von ganzen Tagen war der Reisende im angegebenen Zeitraum

- länger als 6 und maximal 8 Stunden,

- länger als 8 und maximal 12 Stunden und

- länger als 12 Stunden

unterwegs?

Ein Beispiel:

Im Zeitraum vom 23.5.1988 um 17:15 Uhr bis zum 27.5.1988 um 10:30 Uhr dauerte die Dienstreise

an 1 Tag länger als 6 Stunden (23.5.1988 15:15 Uhr bis 23.5.88 24:00 Uhr = 6 Stunden 45 Minuten),

an 3 Tagen länger als 12 Stunden (24.5., 25.5. und 26.5.1988 jeweils 24 Stunden) und

an 1 Tag länger als 8 Stunden (27.5.1988 0:00 Uhr bis 27.5.1988 10:30 Uhr = 10 Stunden 30 Minuten).

In einer Microsoft Excel-Tabelle könnte das Modell wie in Abbildung 8-2 dargestellt aussehen.

	A	B	C	D	E
1	Beginn am............	23.5.88	um	17:15 Uhr	
2					
3	Ende am..............	27.5.88	um	10:30 Uhr	
4					
5		6-8 Stunden	8-12 Stunden	> 12 Stunden	
6	erster Tag	1	0	0	
7	Zwischentage			3	
8	letzter Tag	0	1	0	
9					
10	an	1 Tag(en) zwischen 6 und 8 Stunden			
11	an	1 Tag(en) zwischen 8 und 12 Stunden			
12	an	3 Tag(en) mehr als 12 Stunden			
13					
14					

Abbildung 8-2: Excel-Tabelle für die Berechnung der Dauer der Abwesenheit bei Dienstreisen

Zur Erhöhung der Anwenderfreundlichkeit wollen wir die Eingabe der Datums- und Zeitangaben nun über ein Dialogfeld wie in Abbildung 8-3 dargestellt erfolgen lassen.

Abbildung 8-3: Dialogfeld für die Eingabe der Datums- und Zeitangaben für die Abwesenheitsberechnung

Die Definition des Dialogfeldes, d.h. alle Angaben über Größe und Aussehen des Dialogfeldes, die Textinhalte, die Eingabefelder, die Auswahlmöglichkeiten usw., nehmen wir in einem geschlossenen Bereich einer Makrovorlage vor. Ebenso erstellen wir in dieser Vorlage den Makro, der die Anzeige des Dialogfeldes veranlaßt.

```
DIA_BSP1.XLM
        A                              B  C   D   E   F   G        H            I
 4  dia_bsp
 5  =LADEN("dia_bsp1.xls")            5  20  15  80  16  &Beginn am
 6  =DIALOGFELD($C$4:$I$16)           6  100 11  100 20                         23.5.88
 7  =FORMEL($I$6;DIA_BSP1.XLS!$B$1)   5  210 15  20  16  &um
 8  =FORMEL($I$8;DIA_BSP1.XLS!$D$1)   6  240 11  60  20                         17:15
 9  =FORMEL($I$11;DIA_BSP1.XLS!$B$3)  5  310 15  30  16  Uhr
10  =FORMEL($I$13;DIA_BSP1.XLS!$D$3)  5  20  45  80  16  &Ende am
11  =RÜCKSPRUNG()                     6  100 41  100 20                         27.5.88
12                                    5  210 45  20  18  u&m
13                                    6  240 41  60  20                         10:30
14                                    5  310 45  30  16  Uhr
15                                    2  20  80  95  23  Abbrechen
16                                    1  210 80  95  23  Fertig
17
```

Abbildung 8-4: Makrovorlage für die Definition und Anzeige des Dialogfeldes und für die Übergabe der erfaßten Daten an die Berechnungstabelle

Beenden wir die Dateneingabe mit der EINGABETASTE oder durch Anklicken der Schaltfläche *Fertig*, werden die in die Felder eingegebenen Daten automatisch in bestimmte Zellen der Dialogfelddefinition eingetragen. Von dort müssen sie per Makro in das Berechnungsmodell übertragen werden (Zellen A7 bis A10 in Abbildung 8-4), so daß dort schließlich die eigentlichen Berechnungen ausgeführt werden können.

Die ursprüngliche Berechnungstabelle bleibt von unserer Erweiterung der Anwendung durch Dialogfeld und Makro unberührt. Der Unterschied ist nur der, daß wir anfangs nicht die Tabelle, sondern die Makrovorlage laden und den dort eingetragenen Makro starten. Dieser holt die Tabelle, zeigt das Dialogfeld an und überträgt schließlich die eingegebenen Daten in die richtigen Zellen der Tabelle. Natürlich können wir in diese auch weiterhin Daten manuell eintragen.

Andererseits hat jedoch eine spätere Änderung im Aufbau der Tabelle Folgen für den Makro, da dort z.B. wegen Verschiebens der Referenz-Adressen der Zielfelder durch das Einfügen von Zeilen die Bezugsangaben in den datentransportierenden FORMEL-Funktionen angepaßt werden müssen. Diese Anpassung erfolgt nicht automatisch, Sie ersparen sich jedoch viel Arbeit und manche Fehlersuche, wenn Sie die Zielfelder mit Namen versehen und diese Namen in den FORMEL-Funktionen in der Zielangabe benutzen. Da die Bezugsadressen von Namen bei Veränderungen von Tabellen durch Einfügen und/oder Löschen von Zeilen oder Spalten sowie bei Benutzung des Befehls-paares *Bearbeiten Ausschneiden/ Bearbeiten Einfügen* automatisch angepaßt werden, erübrigt sich in solchen Fällen eine entsprechende Änderung des Ma-kros.

In dem oberen Beispiel wurden bereits die zwei auf einer Makrovorlage für die Arbeit mit einem Dialogfeld erforderlichen funktionalen Bereiche angespro-chen:

-       die Definition des Dialogfeldes und
-       der steuernde Makro.

Den Makro können wir bezüglich der Bearbeitung eines Dialogfeldes weiter in mindestens drei Funktionseinheiten gliedern:

-       Initialisieren der Eingabefelder,
-       Anzeige des Dialogfeldes und
-       Transport der Eingabedaten oder daraus abgeleiteter Daten an weiter-
        verarbeitende Tabellen.

Für gute und sichere Anwendungen sollte diese Liste noch unbedingt zwischen Anzeige und Übergabe um eine Routine für die formale und inhaltliche Kon-trolle der Eingabedaten ergänzt werden.

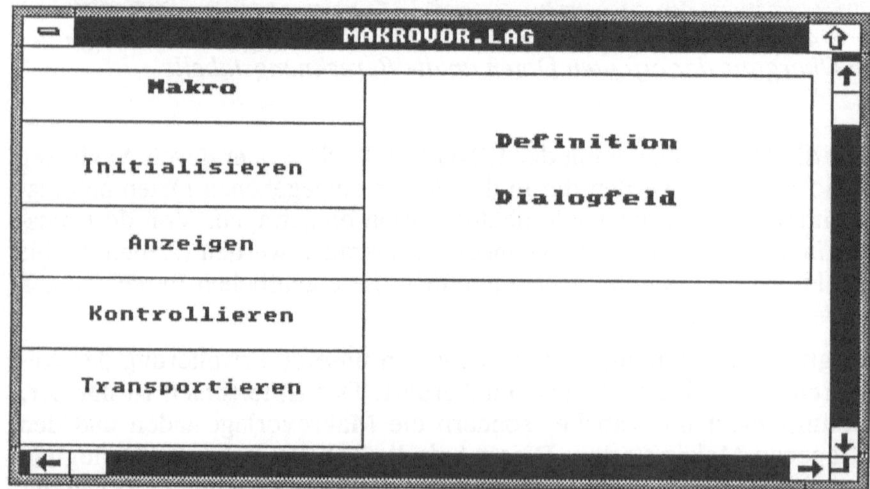

Abbildung 8-5: Funktionale Einheiten einer Makroanwendung mit einem Dia-logfeld

Unser Makro im obigen Beispiel beinhaltet lediglich zwei dieser Funktionsbereiche, nämlich die Anzeige mit der Funktion DIALOGFELD und den Datentransport in die Tabelle durch die vier folgenden FORMEL-Funktionen.

8.3 Definition

Ein Dialogfeld ist das Ergebnis einer Reihe von Definitionen einzelner Elemente. Wir wollen uns in diesem Abschnitt damit beschäftigen, welche Dialogfeld-Elemente durch Excel zur Verfügung gestellt werden, und wie die dafür notwendigen Definitionen aussehen können.

Anwendungsspezifische Dialogfelder sind vom Makroentwickler definierte "Bildschirmformulare", die aus konstanten und variablen Datenfeldern, Listen und Optionen bestehen können.

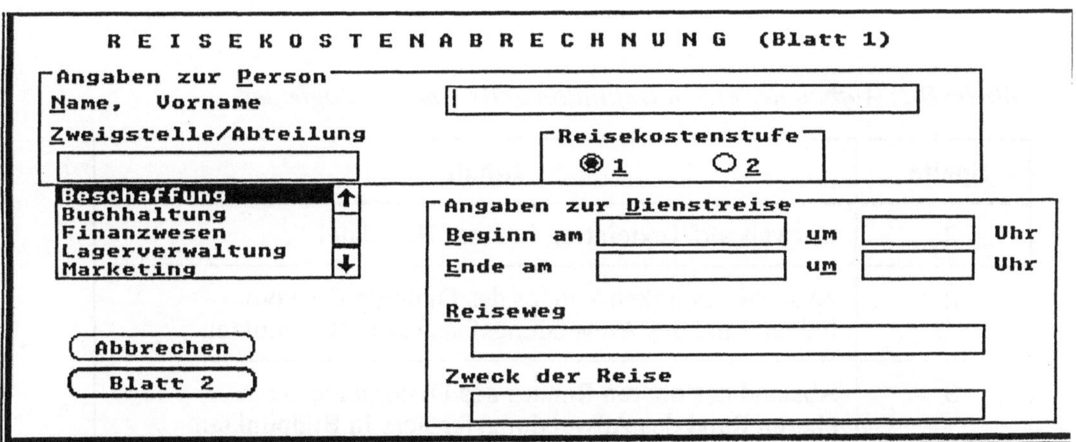

Abbildung 8-6: Beispiel eines anwendungsspezifischen Dialogfeldes

Die Größe eines Dialogfeldes ist auf maximal

64	Definitionszeilen,
32	Ein-/Ausgabefelder,
4	Listenfelder und
1024	Textzeichen

begrenzt. Dies sind Größen, die Sie im Regelfall bei weitem nicht erreichen werden, da Sie schließlich auf einem Bildschirm nur einen relativ eng begrenzten Raum für die Anzeige eines Dialogfeldes zur Verfügung haben. Zudem sollten Sie sich ohnehin aus Gründen der Übersichtlichkeit hüten, ein Dialogfeld mit zu vielen Informationen und Feldern zu versehen.

Die Definition eines Dialogfeldes erfolgt in einem in sich geschlossenen Bereich einer Makrovorlage. Dieser Deklarationsbereich umfaßt mindestens zwei Zeilen und immer sieben Spalten.

Die erste Zeile beinhaltet Angaben über die Position und Größe des gesamten Dialogfeldes sowie über evtl. zur Verfügung stehende Hilfetexte. Wird diese Zeile vom Programmierer leer gelassen, legt Microsoft Excel selbständig die erforderlichen Werte fest, indem es anhand der übrigen Definitionsangaben die Mindestgröße des Feldes bestimmt und das Dialogfeld zentriert auf dem Bildschirm anzeigt. Auch wenn die Zeile leer ist, zählt sie zum Definitionsbereich des Dialogfeldes.

Für die erste Zeile sind die in Tabelle 8-1 beschriebenen Positionen für die optionalen Eintragungen festgelegt.

Tabelle 8-1: Aufbau der ersten Definitionszeile eines Dialogfeldes

Spalte	Inhalt
1	Verweis auf Texteintrag in einer Hilfedatei
2	Abstand des linken Randes des Dialogfeldes vom linken Rand des Anwendungsfensters in Bildpunkten
3	Abstand des oberen Randes des Dialogfeldes vom oberen Rand des Anwendungsfensters in Bildpunkten
4	Breite des Dialogfeldes in Bildpunkten
5	Höhe des Dialogfeldes in Bildpunkten

Alle folgenden Zeilen enthalten Angaben zu jeweils einem Element. Dabei gilt grundsätzlich der in Tabelle 8-2 genannte Aufbau:

Tabelle 8-2: Aufbau der Element-Definitionszeilen eines Dialogfeldes

Spalte	Inhalt
1	Kennzahl für die Art des Elementes
2	Abstand des linken Randes des Elementes vom linken Rand des Dialogfeldes in Bildpunkten
3	Abstand des oberen Randes des Elementes vom oberen Rand des Dialogfeldes in Bildpunkten
4	Breite des Elementes in Bildpunkten
5	Höhe des Elementes in Bildpunkten
6	leer / konstanter Text / Bezug / Kennziffer für ein Sinnbild
7	leer / Initial-/Eingabewert

Die Maßangaben in Bildpunkten ergeben für Sie als Programmierer die Schwierigkeit, daß die Aufbereitung eines Dialogfeldes für den Bildschirm von dessen Typ und Installation unter Microsoft Windows anhängig ist. Während ein Dialogfeld auf einem Olivetti-Monochrombildschirm mit 640x400 Bildpunkten nahezu das gesamte Microsoft Excel-Anwendungsfenster ausfüllt, hat es z.B. auf einem Monitor mit hochauflösender Hercules-Grafik mit 720x348 Bildpunkten nach einigen Seiten noch reichlich freien Raum. Auf einem CGA-Monitor mit seinen 320x200 Bildpunkten dagegen verschwinden manche Ränder des Feldes möglicherweise aus dem Anzeigebereich.

Insgesamt werden in Microsoft Excel 20 Arten von Elementen in Dialogfelddefinitionen unterschieden. Dabei können wir die Elemente in fünf Gruppen einteilen:

- Schaltflächen,
- Konstanten,
- Eingabefelder,
- Optionen und
- Listenfelder.

In den folgenden Abschnitten werden diese Elementgruppen im Einzelnen beschrieben. Es sei hier bereits darauf hingewiesen, daß häufig die Reihenfolge der Definitionen innerhalb des Dialogfeldes ausschlaggebend für dessen Funktionsweise ist. Unerheblich ist dagegen die Position der Elemente in der optischen Aufbereitung.

8.3.1 Schaltflächen

Schaltflächen sind oval umrahmte Bereiche, die wir mit einem Mausklick
betätigen können, um die Arbeit mit einem Dialogfeld zu beenden.
Dabei müssen wir unterscheiden zwischen Standard-Schaltflächen und Nicht-
Standard-Schaltflächen.

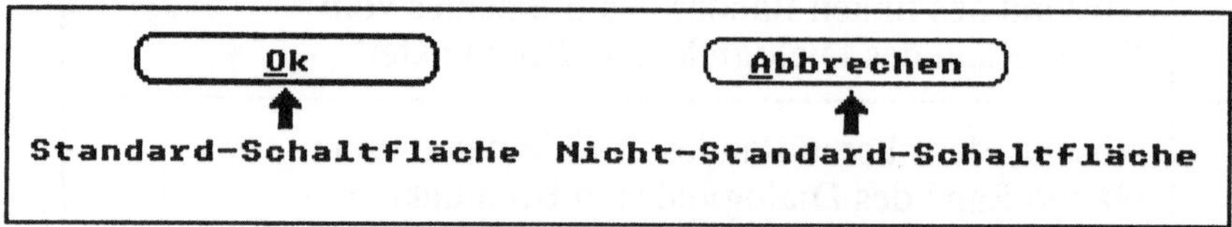

Abbildung 8-7: Standard- und Nicht-Standard-Schaltflächen

Holen wir uns noch einmal mit dem Befehl *Datei Laden* das Microsoft Excel-
Standarddialogfeld für diese Funktion. Dort finden wir in der rechten oberen
Ecke die beiden Schaltflächen *Ok* und *Abbrechen*. Der ovale Rahmen um *Ok* ist
dicker als der um *Abbrechen*. Dies zeigt uns an, daß die *Ok*-Schaltfläche die
Standard-, *Abbrechen* die Nicht-Standard-Fläche ist. Beenden wir die Arbeit
mit der EINGABETASTE, so betätigen wir damit die Standard-Schaltfläche
Ok, würden wir dagegen die ESC-TASTE drücken oder zunächst mit Hilfe der
TAB-TASTE das Oval um *Abbrechen* markieren (nun hat diese Schaltfläche
den dickeren Rahmen) und anschließend die EINGABE- oder LEERTASTE
betätigen, würden wir diese Nicht-Standard-Schaltfläche aktivieren.

Es ist natürlich auch der umgekehrte Fall denkbar, daß *Abbrechen* Standard ist,
Ok dagegen nicht. Betätigen wir nun die EINGABE- oder die ESC-TASTE, so
schalten wir mit der Fläche *Abbrechen*. Die Schaltfläche *Ok* können wir nur
durch explizites Ansteuern mit Hilfe der TAB-TASTE und durch Betätigen der
EINGABE- oder LEERTASTE aktivieren.

Schaltflächen sollten Sie auf jeden Fall in einem Dialogfeld vorsehen. Es ist
zwar möglich, ein Dialogfeld auch ohne diese Schaltflächen zu definieren, eine
Bedienung ist dann jedoch nur über die Tastatur möglich. Mit Hilfe der Maus
können Sie die Arbeit mit dem Dialogfeld nicht beenden, vielmehr bewirkt die
EINGABETASTE den normalen Abschluß, die ESC-TASTE das Abbrechen
der Dialogfeld-Bearbeitung.

Wie werden nun solche Schaltflächen in einem Dialogfeld definiert?

Die in die erste Spalte der jeweiligen Definitionszeilen einzutragenden Kennziffern sind:

1	Standard-Schaltfläche Ok
2	Nicht-Standard-Schaltfläche Abbrechen
3	Nicht-Standard-Schaltfläche Ok
4	Standard-Schaltfläche Abbrechen

Die Position innerhalb des Dialogfeldes ist frei festlegbar, die Breite und Höhe im Prinzip ebenfalls. Diese sind jedoch abhängig vom frei wählbaren Textinhalt der Fläche. Er muß also nicht stets *Ok* oder *Abbrechen* lauten. Die in den Microsoft Excel-Dialogfeldern benutzten Schaltflächen haben - als Richtwerte - eine ungefähre Größe von 100x24 Bildpunkten.

Grundsätzlich bilden immer jeweils eine Standard- und eine Nicht-Standard-Schaltfläche ein Funktionspaar. Es sind jedoch auch andere Kombinationen möglich, Sie müssen jedoch in solchen abweichenden Fällen sehr sorgfältig die Reaktion Ihrer Anwendung darauf prüfen.

Wie reagiert Microsoft Excel nun auf das Betätigen der unterschiedlichen Schaltflächen?

Falls Sie das in den vorhergehenden Abschnitten gezeigte Beispiel selbst eingegeben oder auf der Beispieldiskette bereits fertig zur Verfügung haben, können Sie leicht die Wirkung überprüfen und verschiedene Möglichkeiten durchspielen.

Aktivieren Sie, bevor Sie den Makro starten, das Fenster mit der Makrovorlage und schalten Sie mit dem Befehl *Optionen Bildschirmanzeige* die Anzeige der Formeln aus. Uns interessiert nun nur der Inhalt der Zelle A6, die die Formel

    =DIALOGFELD($C$4:$I$16)

enthält.

Starten Sie den Makro mit der Tastenkombination STRG+d. Nach einiger Zeit erscheint das im Bereich C4 bis I16 definierte Dialogfeld auf dem Bildschirm. Geben Sie nun einige Daten ein, und betätigen Sie abschließend die Standard-Schaltfläche *Ok*, die hier die Beschriftung *Fertig* trägt. Die Zelle A6 in der Makrovorlage enthält nun die Zahl 12, die Anzahl der Definitionszeilen des Dialogfeldes vor der Definition der *Ok*-Schaltfläche. Wiederholen Sie den Vorgang mit Betätigen der Schaltfläche *Abbrechen*, so erhält diese Zelle daraufhin den Inhalt FALSCH. Ändern Sie die Definitionen der beiden Schaltflächen so, daß *Abbrechen* Standard, *Fertig* Nicht-Standard wird. Wiederholen Sie anschließend die obigen beiden Test mit dieser Kombination. Sie werden feststellen: auch hier enthält die Zelle A6 nach *Fertig* die 12, nach *Abbrechen* den Wahrheitswert FALSCH.

Da Microsoft Excel eine Zahl ungleich 0 in einer Zelle gleichzeitig als Wahrheitswert WAHR interpretiert, könne wir also feststellen: das Betätigen einer *Ok*-Schaltfläche hat als Ergebnis den Wahrheitswert WAHR, das einer *Abbrechen*-Schaltfläche den Wahrheitswert FALSCH.

Dies bedeutet, in unserem Makro können wir durch die WENN-Funktion prüfen, welche Schaltfläche betätigt worden ist.

	A
6	=DIALOGFELD[$C$4:$I$16]
7	=WENN(NICHT(A6);GEHEZU(dia_bsp_ende))

Abbildung 8-8: Prüfung des Ergebnisses der DIALOGFELD-Funktion in Zelle A6 durch WENN-Funktionen

Welchen Sinn hat nun die bei *Ok* von Microsoft Excel angegebene Zahl in der DIALOGFELD-Zelle?

Genauso, wie es möglich ist, keine oder nur eine Schaltfläche zu definieren, können wir auch mehr als zwei Schaltflächen in einem Dialogfeld festlegen. Allerdings müssen dies sinnvollerweise - natürlich unterschiedlich beschriftete - *Ok*-Schaltflächen sein, da nur diese nach ihrer Betätigung ein unterscheidbares Ergebnis, nämlich die Anzahl der Definitionszeilen vor der eigenen Deklaration, zurückliefern. Anhand dieser Zahl kann zwischen verschiedenen Auswahlen des Anwenders differenziert und im Makro entsprechend reagiert werden.

Experimentieren Sie einmal, indem Sie das vorgegebene Dialogfeld um einige zusätzliche *Ok*-Schaltflächen erweitern und den Makro auf das Betätigen dieser unterschiedlichen Flächen durch Bedingungen gesteuert reagieren lassen!

8.3.2 Konstanten

Für die Gestaltung des Dialogfeldes mit Überschriften, Feldbezeichnungen, Umrahmungen und Symbolen stellt Microsoft Excel vier Elementarten zur Verfügung, deren Wert bzw. Darstellungsweise während der Anzeige des Dialogfeldes nicht geändert werden können:

5	Text
14	Gruppierungs-Optionsfeld
17	Sinnbild
20	Verzeichnistext

Die Elementart **Text** bewirkt einfach die Anzeige des in der sechsten Spalte der Definition angegebenen Textes an der in den Spalten 2 und 3 festgelegten Position innerhalb des Dialogfeldes.

	C	D	E	F	G	H
3	5	50	10	450	20	REISEKOSTENABRECHNUNG

Abbildung 8-9: Beispiel der Definition eines Textes in einem Dialogfeld

Die in Abbildung 8-9 dargestellte Definition veranlaßt die Anzeige des Textes *REISEKOSTENABRECHNUNG* in einem 450 Bildpunkte breiten und 20 Bildpunkte hohen Bereich, dessen linke obere Ecke 50 Punkte vom linken und 10 Bildpunkte vom oberen Rand des Dialogfeldes entfernt ist. Sie müssen darauf achten, daß die Breitenangabe der Länge des Textes entspricht. Paßt der Text nicht in den definierten Bereich, so macht Microsoft Excel einen Zeilenumbruch und versucht, den restlichen Text in einer oder mehreren darunterliegenden Zeilen darzustellen. Ist dann allerdings die angegebene Höhe ebenfalls zu gering, werden Teile des Textes nicht dargestellt, eventuell werden auch nur Bruchstücke von Zeichen angezeigt.

Leider gibt Microsoft Excel keine Möglichkeit, Schriftart sowie Attribute wie Unterstreichen, Fettschrift usw. in den Texten zu variieren. Selbst die Schriftgröße wird von der Höhenangabe in der Definition nicht beeinflußt. Dennoch haben Sie u.a. mit Hilfe weiterer Elementarten, die unten beschrieben werden, die Möglichkeit, Texte hervorzuheben.

Konstante Texte können zum einen für Überschriften und Hinweise innerhalb eines Dialogfeldes genutzt werden. Ihre wichtigere Funktion haben sie jedoch als Bezeichnungen von variablen Datenfeldern. In Kombination mit der nachfolgenden Definition eines Datenfeldes (Elementarten 6 bis 10) bildet ein Text ein funktionales Paar, wobei der Text nicht nur die Bezeichnung des Eingabefeldes übernimmt. Ist innerhalb des Textes ein Zeichen mit einem vorgestellten Et-Zeichen (kaufmännisches Und, &) versehen, so wird dieses Zeichen im Dialogfeld unterstrichen dargestellt.

in der Definition   :   *Z&weck der Reise*

in der Darstellung   :   *Zweck der Reise*

Sie können nun über die Tastatur das diesem Text folgende Eingabefeld direkt mit Hilfe der Tastenkombination ALT+w ansteuern. Sie sollten sich bemühen, in einem von Ihnen erstellten Dialogfeld stets nur einmal ein bestimmtes Zeichen zu markieren, da ansonsten die Direktansteuerung durch das erstmalige Betätigen der entsprechenden ALT-Kombination nur in das zuerst definierte Feld möglich ist. Eine Wiederholung der Tastenkombination steuert dann das nächste, mit dem gleichen Zeichen markierte Feld an. Microsoft Excel unterscheidet bei markierten Buchstaben nicht zwischen Groß- und Kleinschreibung, d.h. *&Uhr* wird genauso mit ALT+u oder ALT+U angesteuert wie *&um*.

Soll innerhalb eines Textes das Et-Zeichen als solches angezeigt werden, müssen in der Textdefinition zwei dieser Zeichen hintereinander eingetragen werden. Ein Unterstreichen dieses Zeichens ist nicht möglich. Also:

in der Definition   :   *Müller && Co.*

in der Darstellung   :   *Müller & Co.*

Ein Mittel, einen größeren Bereich mit mehreren Feldern in einem Dialogfeld optisch zusammenzufassen, ist das **Gruppierungs-Optionsfeld** (Element-Kennzahl 14). Es ist funktional nicht unbedingt notwendig, macht den Anwender jedoch auf logisch zusammengehörige Felder oder auf wichtige Textinformationen aufmerksam.

	C	D	E	F	G	H
4	14	15	30	500	80	&Angaben zur Person

Abbildung 8-10: Definition eines Gruppierungs-Optionsfeldes

Die in Abbildung 8-10 gezeigte Definitionszeile umrahmt optisch einen Bereich von 500x80 Bildpunkten, dessen linke obere Ecke die Entfernung 15 Punkte vom linken und 30 Punkte vom oberen Rand des Dialogfeldes hat. Im oberen Rahmen wird linksbündig der Text Adresse eingeblendet, wobei der Buchstabe A unterstrichen dargestellt wird.

Abbildung 8-11: Ansicht des in Abbildung 8-10 definierten Gruppierungs-Optionsfeldes

Wird dieses Gruppierungs-Optionsfeld über die Tastatur mit der Kombination ALT+a angesteuert, so wird der Cursor im ersten variablen Datenfeld innerhalb des umrahmten Bereichs positioniert.

Ein weiteres optisches Mittel, den Anwender auf bestimmte Informationen im Dialogfeld aufmerksam zu machen, ist das Element **Sinnbild** (Kennzahl 17). In Microsoft Excel sind drei sölcher Sinnbilder (Fragezeichen, Stern, Ausrufungszeichen) vordefiniert und können auf einfache Weise in ein Dialogfeld einbezogen werden.

	C	D	E	F	G	H
70	17	50	110	30	20	1

Abbildung 8-12: Definition eines Sinnbildes (hier Fragezeichen)

Die Definitionszeile in Abbildung 8-12 zeigt im Dialogfeld an der angegebenen Position ein Fragezeichen an. Dabei sind die Breiten- und Höhenangaben nicht unbedingt erforderlich, da die Größe des Sinnbildes nicht verändert werden kann.

Abbildung 8-13: Sinnbilder in Dialogfeldern und ihre Kennziffern

In gewissem Maße auch konstant ist die Anzeige des aktuellen Datei-Zugriffs-pfades mit Hilfe der Elementart **Verzeichnistext** (Kennzahl 20). Der Pfad wird während des Aufrufes des Dialogfeldes von Microsoft Excel automatisch be-stimmt und in Form eines Textes im Dialogfeld an der festgelegten Position angezeigt. Während der Darstellung des Dialogfeldes ändert sich diese Angabe nicht, auch wenn mit Hilfe des verknüpften Laufwerks- und Verzeichnisfeldes ein anderer Zugriffspfad ausgewählt wird.

Die Definition eines Verzeichnistextes besteht lediglich aus Kennziffer sowie den üblichen Positions- und Größenangaben.

	C	D	E	F	G	H
71	20	250	160	200	20	

Abbildung 8-14: Definition eines Verzeichnistextes

Ihre Wahl der Breitenangabe beeinflußt hierbei die Darstellungsweise der Pfadangabe. Der Pfad wird vollständig angezeigt, wenn die Breite in Bild-punkten dies zuläßt, also etwa

C:\MSDOS\WIN2\EXCEL\XL

Paßt die komplette Pfadangabe nicht in den definierten Bereich, so wird diese verkürzt angezeigt, beispielsweise

C:\...\EXCEL\XL.

8.3.3 Eingabefelder

Eingabefelder dienen, wie der Name schon sagt, der Eingabe variabler Daten in
das Dialogfeld. Sie werden als geschlossene Rahmen in der in der Definition
festgelegten Größe dargestellt (vgl. Abbildungen 8-15 und 8-16). Dieser Rahmen stellt den Eingabebereich dar, er hat jedoch keine begrenzende Funktion
für die Länge der Eingabedaten. Vielmehr bewegt er sich wie ein Fenster über
das eigentliche Datenfeld hinweg, so daß evtl. nur Teile der Daten sichtbar
sind.

Abbildung 8-15: Texteingabefeld mit zugeordnetem konstantem Text

Tabelle 8-3: Aufbau der Definitionszeile für Eingabefelder

Spalte	Inhalt
1	Kennzahl für die Art des Eingabefeldes
2	Abstand des linken Randes des Eingabefeldes vom linken Rand des Dialogfeldes in Bildpunkten
3	Abstand des oberen Randes des Eingabefeldes vom oberen Rand des Dialogfeldes in Bildpunkten
4	Breite des Eingabefeldes in Bildpunkten
5	Höhe des Eingabefeldes in Bildpunkten
6	leer
7	leer / Initialwert

Je nach Typ der Daten, die in ein Feld eingegeben werden können, unterscheiden wir fünf Elementarten (davor stehen wieder die zugehörigen Kennzahlen):

    6   Textfeld
    7   Ganze-Zahlen-Feld
    8   Zahlenfeld
    9   Formelfeld
   10   Bezugsfeld

	E	F	G	H	I	J	K
16	5	230	227	250	16	Z&weck der Reise	
17	6	245	244	272	20		

Abbildung 8-16: Definitionen des in Abbildung 8-15 dargestellten Texteingabefeldes und des zugehörigen Textes

Ein **Textfeld** dient der Eingabe beliebiger Zeichenketten. Es gibt keine Beschränkung bezüglich der benutzbaren Zeichen, allerdings können wir nicht mehr als 255 Zeichen eingeben.

Eingabe	abgespeichert in Spalte 7
Nestler, Wolfram	Nestler, Wolfram

Ein **Ganze-Zahlen-Feld** akzeptiert nur ganze Zahlen im Wertbereich zwischen -32765 und +32767. Findet Microsoft Excel in dem Feld ein ungültiges Zeichen oder liegt eine von uns eingegebene Zahl außerhalb des gültigen Bereiches, erfolgt die Fehlermeldung *"ungültige Zahl"*.

Eingabe	abgespeichert in Spalte 7
1500	1500

In ein **Zahlenfeld** können wir dagegen auch Dezimalzahlen mit - je nach Ländereinstellung - Dezimalkomma oder -punkt oder Zahlen in der Zehner-Exponentialschreibweise eingeben. Der Wertebereich für diese Zahlen liegt etwa zwischen -10E+305 und +10E+305. Auch hier werden Werte außerhalb dieses Bereiches und solche mit ungültigen Zeichen mit der Fehlermeldung *"ungültige Zahl"* abgewiesen.

Eingabe	abgespeichert in Spalte 7
345,60	345,6
1,2E+15	1200000000000000

Ein **Formelfeld** akzeptiert die Eingabe von Microsoft Excel-Formeln. Dabei reagiert Microsoft Excel wie bei der Eingabe von Formeln in die Zelle einer Tabelle. Werden diese ohne führendes Gleichheitszeichen eingegeben, werden sie je nach benutzten Zeichen als Texte oder konstante Zahlen behandelt, es wird das Gleichheitszeichen allerdings von Microsoft Excel automatisch hinzugefügt. Berechnungsformeln müssen wir deshalb mit führendem Gleichheitszeichen eingeben. Ungültige Formeln werden mit der Meldung *"Fehler in der Formel"* beantwortet.

Eingabe	abgespeichert in Spalte 7
=summe(b2:$c:7)	=SUMME(Z2S2:Z7S3)
summe(b2:c7)	="summe(b2:c7)"
Schindler, Ursula	="Schindler, Ursula"
255	=255

Schließlich können wir in ein **Bezugsfeld** eine Adresse einer Zelle oder eines Tabellenbereiches im A1-Format eingeben. Dieser Bezug wird nach Abschluß der Arbeit mit dem Dialogfeld in der Spalte der Felddefinition im absoluten Z1S1-Format abgespeichert. Ungültige Eingaben weist Microsoft Excel mit den Fehlermeldungen *"Bezug ist ungültig"* oder *"Fehler in der Formel"* ab.

Eingabe	abgespeichert in Spalte 7
$A7:$G9	Z7S1:Z9S7
A7:G9	Z7S1:Z9S7

Nach Beendigung der Arbeit mit einem Dialogfeld durch Betätigen einer *Ok*-Schaltfläche werden die Eingaben automatisch in die Zellen in der siebten Spalte der jeweiligen Felddefinitionen eingetragen und ersetzen somit die dort evtl. vorhandenen Initialwerte.

Da Microsoft Excel, wie oben beschrieben, je nach Feldtyp bereits eine formale Prüfung der Eingabedaten vorgenommen hat, können wir davon ausgehen, daß keine solchen Fehler mehr bearbeitet werden müssen. Es sei darauf hingewiesen, daß Microsoft Excel auch die Initialwerte beim Aufruf eines Dialogfeldes formal prüft. Sie müssen deshalb bei der Erstellung einer Applikation auch darauf achten, daß die entsprechenden Zellen in der Dialogfelddefinition nur formal korrekte Daten enthalten. Ansonsten unterbricht Microsoft Excel die Makroausführung mit der Fehlermeldung *"Fehler in Dialog bei ...."*, und das Dialogfeld kann nicht angezeigt werden.

8.3.4 Optionen

Neben der Eingabe variabler Werte in Datenfelder können wir dem Anwender auch eine Auswahl aus vorgegebenen Daten zur Verfügung stellen. Abhängig von der Menge der auszuwählenden Werte, davon ob diese Werte während der Anwendung veränderlich sind und davon ob nur ein Datum aus einer Liste ausgewählt werden kann oder mehrere, haben wir drei Elementarten zur Auswahl.

Handelt es sich um eine längere Liste, aus der ein Datum ausgewählt werden soll, so empfiehlt sich die Benutzung eines Listenfeldes oder verknüpften Listenfeldes. Diese sind im folgenden Abschnitt beschrieben.

Für kleinere Auswahlen dagegen gibt Microsoft Excel zwei Elementarten vor, wobei zu dem ersten Typus zwei Elementarten benötigt werden:

11	runde Optionsfeldgruppe
12	rundes Optionsfeld
13	viereckiges Optionsfeld

Runde Optionsfeldgruppe und **rundes Optionsfeld** bilden ein funktionales Paar. Mit Hilfe der Eintragung einer runden Optionsfeldgruppe werden mehrere danach definierte runde Optionen zu einer Einheit zusammengefaßt, aus der der Anwender nur eine Möglichkeit auswählen kann.

	C	D	E	F	G	H
37	11					
38	12	90	62	60	20	&keins
39	12	95	62	50	20	&Pkw
40	12	150	62	50	20	K&rad

Abbildung 8-17: Definition einer runden Optionsfeldgruppe und der zugehörigen runden Optionsfelder

Die Zeilen in Abbildung 8-17 definieren eine Gruppe aus den drei runden Optionen *keins*, *Pkw* und *Krad*, aus denen der Anwender während der Arbeit mit dem Dialogfeld eine auswählen soll. Die Definitionszeile der runden Optionsfeldgruppe besteht lediglich aus der Kennzahl 11 in der ersten Spalte und kennzeichnet damit den Beginn der Gruppe. Alle danach folgenden Elemente mit der Kennzahl 12 werden dieser Gruppe zugeordnet. Die Gruppe endet mit der ersten Definitionszeile mit einer anderen Kennzahl als 12.

Neben der Kennzeichnung des Gruppenbeginns hat das Element runde Optionsfeldgruppe noch eine zweite wichtige Funktion: in der Spalte 7 wird durch Microsoft Excel nach Ende der Anwendung des Dialogfeldes die Nummer der durch den Benutzer ausgewählten Option eingetragen. Dabei werden die runden Optionen einfach in der Reihenfolge ihrer Definition innerhalb der Gruppe durchnumeriert.

Für die Deklaration der runden Optionen gelten im Prinzip die gleichen Regeln wie für diejenige konstanter Texte. Auch hier können wir mit Hilfe des Et-Zeichens vor einem Textzeichen eine direkte Auswahl der Option über Tastatur ermöglichen. Der Unterschied zum konstanten Text liegt in der Darstellung der Option im Dialogfeld. Hierbei erscheint links vor dem definierten Text ein runder "Knopf", der bei Anwahl der Option ausgefüllt, ansonsten leer dargestellt wird.

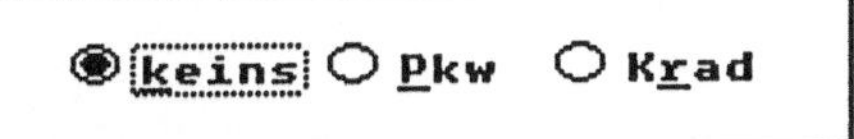

Abbildung 8-18: Ansicht der in Abbildung 8-17 definierten runden Optionsfelder

Es sei darauf hingewiesen, daß Microsoft Excel die Definition einer Gruppe von runden Optionen auch ohne einleitende runde Optionsfeldgruppe ohne Fehlermeldung akzeptiert. Der die Eingaben auswertende Makro kann jedoch die Auswahl des Benutzers nicht feststellen, da in diesem Fall die Nummer der gewählten Option nicht gespeichert wird.

Im Gegensatz zu den runden Optionen sind **viereckige Optionsfelder** unabhängig voneinander und müssen nicht zu Gruppen zusammengefaßt werden. Jedes einzelne viereckige Optionsfeld kann "angekreuzt" oder "nicht angekreuzt" sein.

Die Definition von viereckigen Optionsfeldern erfolgt in gleicher Weise wie diejenige von runden. Lediglich die Kennzahlen in Spalte 1 müssen nun 13 lauten.

	C	D	E	F	G	H
46	13	240	62	200	20	&Bundesbahn 2. Klasse
47	13	450	62	100	20	&Flugzeug
48	13	240	80	50	20	&Taxi
49	13	450	80	70	20	a&ndere

Abbildung 8-19: Definition von viereckigen Optionsfeldern

In der Anzeige des Dialogfeldes wird links vor dem definierten Text ein kleines Quadrat eingeblendet, das durch das "Ankreuzen" durch den Anwender mit einem X gekennzeichnet wird, ansonsten aber leer ist.

Abbildung 8-20: Ansicht der in Abbildung 8-19 definierten viereckigen Optionsfelder

Ist ein viereckiges Optionsfeld vom Applikationsanwender ausgewählt worden, ist in der siebten Spalte seiner Definition der Wahrheitswert WAHR eingetragen, bei Nicht-Auswahl steht dort der Wert FALSCH.

8.3.5 Listenfelder

Wie bereits im vorigen Abschnitt erwähnt, ermöglichen Listenfelder, dem Anwender in einem Dialogfeld eine Auswahl aus einer längeren Aufzählung von Daten zur Verfügung zu stellen. Je nach Typ der Daten und danach ob zusätzlich ein Text-Eingabefeld damit verknüpft wird, haben wir in Microsoft Excel die Wahl zwischen vier verschiedenen Listenfeldern:

    15   Listenfeld
    16   verknüpftes Listenfeld
    18   verknüpftes Datei-Listenfeld
    19   verknüpftes Laufwerks- und Verzeichnisfeld

Die Definition eines einfachen **Listenfeldes** erfolgt in einer Zeile der Dialogfelddeklaration, beginnend mit der Kennzahl 15.

	C	D	E	F	G	H
72	15	25	110	160	60	rka_base.xls!z2s6:z13s6

	C	D	E	F	G	H
9	15	25	110	160	60	rka_base.xls!abteilungen

Abbildung 8-21: Definitionen einfacher Listenfelder

Die Definition enthält zunächst die üblichen Positions- und Größenangaben. Hierbei sollten Sie zweierlei beachten:

- im Rahmen eines Listenfeldes wird automatisch zusätzlich eine Bildlaufleiste eingeblendet, die einige Bildpunkte der Breite des Feldes beansprucht; damit die auszuwählenden Datenelemente gut lesbar sind, müssen Sie deshalb eine Breite wählen, die über die maximale Breite der Daten hinausgeht;

- ein Listenfeld muß eine wesentlich größere Höhe haben als z.B. ein Textfeld, damit es zumindest einen Teil der zur Auswahl stehenden Datenelemente gleichzeitig anzeigen kann.

Im Gegensatz zu den meisten anderen bisher betrachteten Elementen besitzt die Listenfeld-Definition in der sechsten Spalte keinen Text, sondern eine Bezugsadresse. Diese gibt an, wo die im Listenfeld anzuzeigende Datenfolge gespeichert ist. Diese Datenliste kann eine in derselben Makrovorlage oder in einem anderen Microsoft Excel-Dokument in einer ein- oder zweidimensionalen Matrix aufgestellte Folge beliebiger Daten sein. Entsprechend kann der Bezug eine interne oder externe Referenz im Z1S1-Format oder mit Namensangabe sein. Im obigen zweiten Beispiel findet Microsoft Excel die Datenliste in der Tabelle RKA_BASE.XLS in einem Bereich, dem der Name *abteilungen* zugeordnet ist.

Handelt es sich bei dem angesprochenen Datenbereich um eine zweidimensionale Matrix aus mehreren Zeilen und Spalten, so werden in der Liste zunächst die Daten aus den Zeilen der ersten Spalte, darunter aus den Zeilen der zweiten Spalte usw. angezeigt.

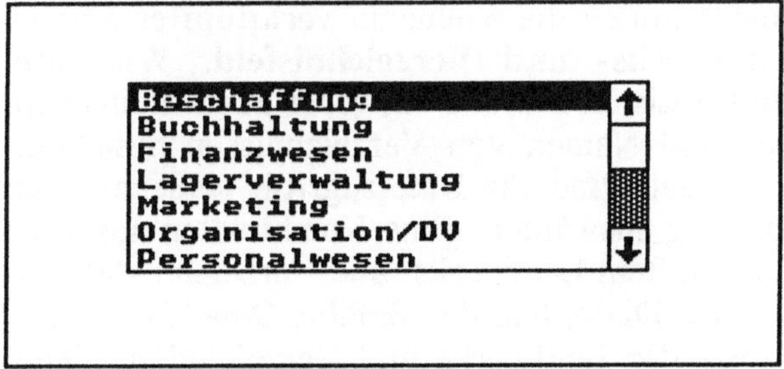

Abbildung 8-22: Ansicht des in Abbildung 8-21 definierten Listenfeldes

Haben wir während der Nutzung einer Applikation aus der Liste ein Datenelement ausgewählt, so wird in der siebten Spalte der Definitionszeile die Rangnummer dieses Elementes innerhalb der angezeigten Liste gespeichert. Diese Nummer kann im weiterverarbeitenden Makro z.B. dazu verwendet werden, die Position des Elementes innerhalb der Datenmatrix zu bestimmen und dadurch den eigentlich ausgewählten Wert zu erhalten.

Eine Erweiterung des Listenfeldes ist das **verknüpfte Listenfeld** (Elementart 16). Die Verknüpfung besteht darin, daß dem Listenfeld durch eine direkt davorgesetzte Definition ein variables Eingabefeld zugeordnet wird. Dieses Datenfeld enthält einerseits durch eine Auswahl des Anwenders aus der vorgegebenen Liste automatisch den gewählten Wert, andererseits kann der Benutzer einen aus der Liste gewählten Wert darin abändern oder einen völlig anderen Wert eingeben. Diese abweichenden Eingaben haben jedoch keinen Einfluß auf die Datenliste, es erfolgen also dadurch nicht automatisch Ergänzungen oder Datenänderungen. Ist dies gewünscht, so muß diese Update-Arbeiten ein dem Aufruf des Dialogfeldes folgender Makro übernehmen.

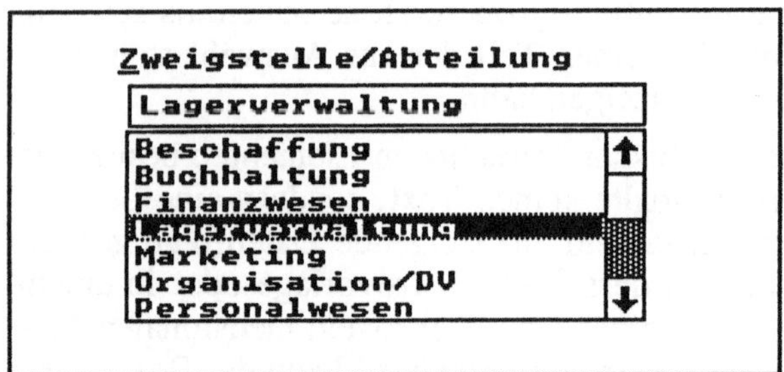

Abbildung 8-23: Ansicht eines verknüpften Listenfeldes

Zusätzlich zur Angabe der Position des ausgewählten Datenelementes in der Liste erhalten wir nach Ende des Dialogfeld-Aufrufes in der siebten Spalte der Definition des verknüpften Eingabefeldes den Inhalt dieses Feldes. Dieser Wert kann, wie oben erwähnt, vom Wert des aus der Liste ausgewählten Elementes abweichen.

Eine besondere Art von Listenfelder bilden die Elemente **verknüpftes Datei-Listenfeld** und **verknüpftes Laufwerks- und Verzeichnisfeld**. Wie ihre Bezeichnungen ausdrücken, geben sie Listen aus, die entweder aus Dateinamen oder aus Laufwerksbezeichnungen und Namen von Verzeichnissen bestehen. Mit diesen Listenfeldern könne wir den Pfad für Dateizugriffe festlegen und Dateien für eine folgende Verarbeitung auswählen. Eine Kombination aus verknüpftem Datei-Listenfeld und verknüpftem Laufwerks- und Verzeichnisfeld ist uns aus dem Microsoft Excel-Standard-Dialogfeld des Befehls *Datei Laden* bekannt. Dort können wir in der Liste der Laufwerke und Verzeichnisse einen Zugriffspfad festlegen. Dabei ändert sich automatisch bei jedem Wechsel des

Pfades die Liste der Dateien im Datei-Listenfeld. Aus diesem können wir eine Datei auswählen, wobei ihr Name gleichzeitig im verknüpften Textfeld erscheint. In dieses können wir z.B. mit Hilfe der MS-DOS-Ersetzungszeichen ein Selektionskriterium für die aufzulistenden Dateien oder einen Dateinamen direkt eingeben.

Eine solche Konstruktion können wir auch in einem eigendefinierten Dialogfeld vornehmen. Dabei ist während der Definition unbedingt auf die Reihenfolge der Elemente zu achten:

1. Textbezeichnung des folgenden Textfeldes (optional)
2. Textfeld
3. Textbezeichnung des Datei-Listenfeldes (optional)
4. verknüpftes Datei-Listenfeld
5. Textbezeichnung des Laufwerks- und Verzeichnisfeldes (optional)
6. verknüpftes Laufwerks- und Verzeichnisfeld.

Ergebnis der Auswahl von Pfad und Datei im Dialogfeld ist der Dateiname in der Spalte 7 der Definition des Textfeldes. Die Information über den eingestellten Zugriffspfad werden bei dieser funktional sehr sicheren Element-Zusammenstellung nicht gespeichert.

	C	D	E	F	G	H
76	5	20	15	100	16	&Dateiname
77	6	130	11	120	20	
78	5	20	40	100	16	Datei&liste
79	18	20	57	140	70	
80	5	170	40	120	16	&Pfadeinstellung
81	19	170	57	140	70	

Abbildung 8-24: Definition von verknüpftem Datei-Listenfeld und verknüpftem Laufwerks- und Verzeichnisfeld

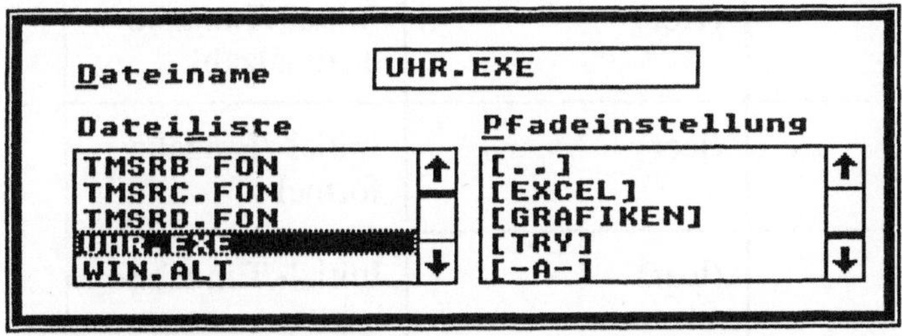

Abbildung 8-25: Ansicht der in Abbildung 8-24 definierten Datei- sowie Laufwerks- und Verzeichnisfelder

8.3.6 Zusammenfassung

Als abschließenden Überblick wollen wir in einer Tabelle noch einmal die Elemente einer Dialogfelddefinition zusammenstellen. Besonders herausgestellt werden dabei die Inhalte der Spalten 6 und 7 vor und nach dem Aufruf des Dialogfeldes.

Tabelle 8-4: Die Dialogfeldelemente mit den Kennziffern 1 bis 10 und die Inhalte der Zellen 6 und 7 ihrer Definitionszeilen

Kennzahl	Element	Spalte 6	Spalte 7
1	Schaltfläche OK (Standard)	Text	(leer)
2	Schaltfläche Abbrechen	Text	(leer)
3	Schaltfläche Ok	Text	(leer)
4	Schaltfläche Abbrechen (Standard)	Text	(leer)
5	Text	Text	(leer)
6	Textfeld	(leer)	Initial-/Eingabetext
7	Ganze-Zahlen-	(leer)	Initial-/Eingabeganzzahl
8	Zahlenfeld	(leer)	Initial-/Eingabedezimalzahl
9	Formelfeld	(leer)	Initial-/Eingabeformel
10	Bezugsfeld	(leer)	Initial-/Eingabebezug

Tabelle 8-5: Die Dialogfeldelemente mit den Kennziffern 11 bis 20 und die Inhalte der Zellen 6 und 7 ihrer Definitionszeilen

Kennzahl	Element	Spalte 6	Spalte 7
11	runde Options-feldgruppe	(leer)	Nummer der ausgewählten runden Option
12	rundes Options-	Text	(leer)
13	viereckiges Optionsfeld	Text	WAHR/ FALSCH
14	Gruppierungs-Optionsfeld	Text	(leer)
15	Listenfeld	Bezug	Nummer des ausgewählten Listenelementes
16	verknüpftes Listenfeld	Bezug	Nummer des ausgewählten Listenelementes
17	Sinnbild	Kennziffer 1-Fragezeichen 2-Stern 3-Ausrufungs-zeichen	(leer)
18	verknüpftes Datei-Listen-feld	(leer)	(leer)
19	verknüpftes Laufwerks- und Verzeichnisfeld	(leer)	(leer)
20	Verzeichnistext	(leer)	(leer)

8.4 Anwenderhilfen

Keine anspruchsvolle Anwendung kann darauf verzichten, dem Anwender ausreichende Unterstützung während seiner Arbeit anzubieten. Dazu zählt nicht nur eine übersichtliche und leicht bedienbare Benutzeroberfläche, es gehört auch eine Möglichkeit dazu, sich ohne Nachschlagen in einem Handbuch schnell textliche Hilfe holen zu können.

In Microsoft Excel ist bereits standardmäßig die Routine *Microsoft Excel Hilfe* integriert, die u.a. aus den Standardbefehlen *? INDEX* und *? TASTATUR* sowie mit der Tastenkombination UMSCHALTTASTE+F1 aufgerufen werden kann und daraufhin ein umfangreiches Nachschlagewerk auf dem Bildschirm anbietet.

Dieselbe Routine können wir nutzen, um dem Anwender Hilfen über eigene Applikationen zur Verfügung zu stellen. Wollen wir einen Hilfetext zu einem Dialogfeld bereitstellen, so genügt es einerseits, in der obersten linken Zelle (erste Zeile) der Dialogfelddefinition einen Verweis auf einen Hilfetext in einer externen Datei einzutragen. Dieser besteht, wie jeder externe Bezug, aus der Nennung des Dateinamens, einem Ausrufungszeichen und einer Nummer, also z.B. RKA_HILF.TXT!101. Mit Hilfe eines Editors (z.B. Notiz, Edlin) oder eines Textverarbeitungsprogramms (Microsoft Write u.a.) kann man diesen Hilfetext in einer ASCII-Datei erfassen und - in beschränktem Maße - formatieren. Voraussetzung, daß Microsoft Excel den angesprochenen Text in der Datei findet, ist, daß die erste Zeile des Hilfeeintrags in der Textdatei folgenden Aufbau hat:

*Nummer Bemerkung.

```
                                         Write - RKA_HILF.TXT
 Datei    Bearbeiten    Suchen    Schrift    Absatz    Text

   *101 Hilfetext Dialogfeld 1
```

Abbildung 8-26: Erste Zeile eines Hilfetextes in einer Textdatei - hier in Microsoft Write

Die Nummer nach dem Sternchen entspricht derjenigen im externen Bezug in der Dialogfelddefinition. Die Bemerkung dahinter ist lediglich ein interner, ohne Funktion versehener Kommentar zum Hilfetext. Dieser beginnt in der folgenden Zeile und kann im Prinzip eine beliebige Länge haben. Allerdings werden Sie bald feststellen, daß bei komplexen Anwendungen mit mehreren gleichzeitig geladenen Dokumenten auch ein Hauptspeicher von 640 KB für die zusätzliche Anzeige eines Hilfetextes zu klein sein kann.

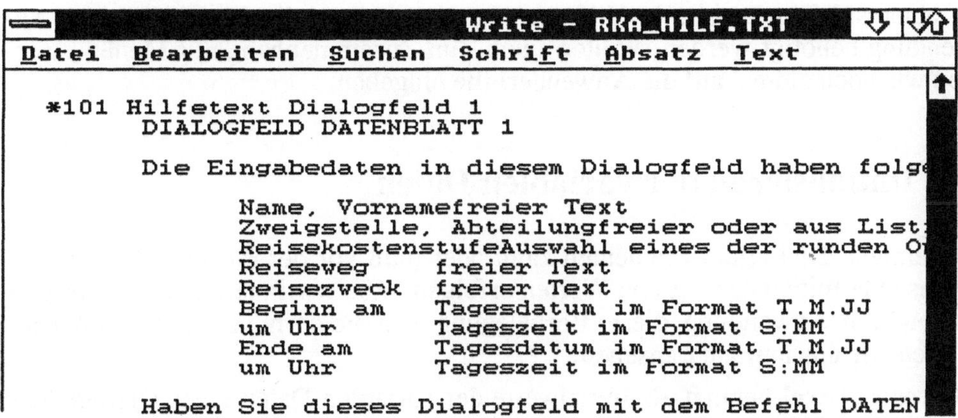

Abbildung 8-27: Beispiel eines Hilfetextes während der Bearbeitung mit Microsoft Write

Während der Arbeit mit einem Dialogfeld können wir uns jederzeit mit Hilfe der Tastenkombination UMSCHALTTASTE+F1 den kontextabhängigen Hilfetext aus unserer Datei anzeigen lassen. Die Bedienung entspricht derjenigen der Standardhilfe unter Microsoft Excel mit der Ausnahme, daß kein Vor- und Zurückblättern oder ein Verzweigen in andere Hilfetexte möglich ist.

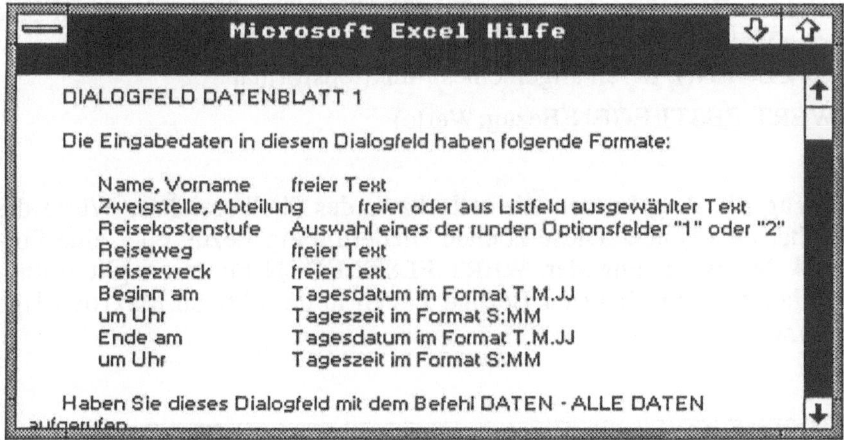

Abbildung 8-28: Der in Abbildung 8-27 definierte Text während der Anzeige durch Microsoft Excel Hilfe

In einer solchen Textdatei können mehrere Hilfspunkte eingetragen sein, die sich alle durch ihre Kennummer unterscheiden müssen. Dadurch ist es möglich, in einer solchen Datei alle Hilfstexte bereitzustellen, die innerhalb einer Anwendung benötigt werden. Weiter unten - im Zusammenhang mit Menüs - werden wir noch einmal auf die Anwenderhilfe eingehen.

8.5 Initialisieren der variablen Daten

Bei einigen Dialogfeld-Elementen kann oder muß vor der Anzeige des Dialogfeldes eine Initialisierung von Werten erfolgen. Wie wir innerhalb einer makrogesteuerten Anwendung diese Vorbelegung von Feldern vornehmen können, wollen wir uns nun kurz ansehen.

Microsoft Excel benutzt als Initialwerte der variablen Daten eines Dialogfeldes die Daten, die in der siebten Spalte in den entsprechenden Definitionszeilen für Datenfelder (Elementarten 6 bis 10), runde Optionsfeldgruppen (11), viereckige Optionsfelder (13) und Listenfelder (15 und 16) eingetragen sind. Die Besetzung dieser Zellen mit Daten erfolgt bekanntermaßen durch die Eingaben bei vorhergehender Anwendung des Dialogfeldes. Wir können aber auch durch einen entsprechenden Makro dort andere Werte einsetzen oder die dort eingetragenen Daten löschen.

Dem Benutzer eines Dialogfeldes können wir mit Hilfe eines Makros in den variablen Datenfeldern, Listenfeldern und Optionen bereits Daten und Auswahlen z.B. als Standardwerte vorgeben, so daß er nur die davon abweichenden Werte ändern muß. Diese Vorbelegung können wir dadurch erreichen, daß wir vor der Anzeige des Dialogfeldes die Zelle in Spalte 7 der Definitionszeilen mit dem gewünschten Wert besetzen. Die für die Übergabe eines Wertes in eine Zelle der Makrovorlage benötigte Microsoft Excel-Funktion ist WERT.FESTLEGEN(), deren allgemeines Funktionsformat

       WERT.FESTLEGEN(Bezug;Werte)

lautet.

Dabei ist Bezug die Angabe der Zielzelle bzw. des Zielbereiches, Werte die dort zu speichernden Daten. Diese können wiederum ein Bezug oder eine Formel sein. Bei der Benutzung der WERT.FESTLEGEN-Funktion gilt grundsätzlich, daß bei Angaben interner Bezüge Zellen in der aktiven Makrovorlage angesprochen werden.

```
67  =WERT.FESTLEGEN(schaltfläche;"Blatt 2")
68  =WERT.FESTLEGEN($K$11;1)
```

Abbildung 8-29: Beispiele für die Festlegung von Initialwerten

Bei der Vorbelegung mit Initialwerten müssen Sie immer den Datentyp, der von den einzelnen Dialogfeld-Elementen in der Spalte 7 erwartet wird, beachten.

Microsoft Excel prüft vor der Anzeige des Dialogfeldes die Vorbelegungswerte auf ihre formale Korrektheit. Wird dabei ein Fehler bemerkt, erfolgt die Meldung *"Fehler im Dialog ...."* mit der Bezugsangabe, welches Datenfeld fehlerhaft ist. Danach kann das Dialogfeld nicht angezeigt werden, und die Zelle der DIALOGFELD-Funktion erhält den Fehleranzeiger #WERT!.

Bei einer wiederholten Benutzung eines Dialogfeldes innerhalb einer Anwendung kann es erforderlich sein, die Daten, die zuletzt eingegeben worden sind, und die noch in Spalte 7 eingetragen sind, vor der erneuten Anzeige des Dialogfeldes zu löschen. Falls keine der Daten in der siebten Spalte der Dialogfelddefinition erhalten bleiben sollen, können wir mit einer Folge von drei Funktionsaufrufen aus unserem Makro alle Daten entfernen:

   AKTIVIEREN(Name_Makrovorlage)

   AUSWÄHLEN(Bereich_Spalte_7_in_Dialogfeld)

   INHALTE.LÖSCHEN(3)

	A
50	=AKTIVIEREN("rka.xlm")
51	=AUSWÄHLEN("z6s11:z27s11")
52	=INHALTE.LÖSCHEN(3)

Abbildung 8-30: Beispiel für das Löschen eines Initialfeld-Bereiches

Natürlich können wir mit dieser Funktionsfolge auch nur Teile der Daten in der Dialogfelddefinition löschen.

Sie müssen stets darauf achten, daß vor der INHALTE.LÖSCHEN-Funktion unbedingt die entsprechende Makrovorlage aktiviert und dort der richtige Bereich ausgewählt wird, da ansonsten unter Umständen andere Tabellen oder Makrovorlagen zerstört werden könnten.

8.6 Anzeigen

Wie wird ein in einer Makrovorlage definiertes Dialogfeld schließlich auf dem Bildschirm angezeigt?

Für den Aufbau und die Anzeige eines Dialogfeldes bedarf es nur einer einzelnen Funktion:

   DIALOGFELD(Dialogfeldbezug)

Dabei gibt der Dialogfeldbezug als absolute oder relative Adresse oder - besser
- als Name den Bereich an, in dem das zu bearbeitende Dialogfeld definiert ist.

A
15 =DIALOGFELD($D$2:$J$30)

A
68 =DIALOGFELD(blatt_1)

Abbildung 8-31: Beispiele für den Aufruf von Dialogfeldern

Ist das Dialogfeld angezeigt, so übernimmt Microsoft Excel die Steuerung der
Arbeit innerhalb dieses Feldes. Cursor-Bewegungen, Markierungen, formale
Prüfung der Daten usw. erfolgen unabhängig von irgendeiner Beeinflussung
durch die Applikation. Beenden wir die Arbeit mit dem Dialogfeld durch Betätigen einer Schaltfläche, so erhält die Zelle, die die DIALOGFELD-Funktion
enthält, einen der weiter oben besprochenen Statuswerte, und der Makro übernimmt wieder die Kontrolle der weiteren Abläufe. Nach Beendigung einer
DIALOGFELD-Funktion mit einer *Ok*-Schaltfläche stehen in den Zellen der
Spalte 7 die den jeweiligen Feldern entsprechenden Eingabewerte, die nun im
weiteren Verlauf der Anwendung weiterverarbeitet werden müssen.

8.7 Datentransport in Tabellen

Handelt es sich bei einem Dialogfeld um ein "Datenerfassungsformular" - es
sind auch Dialogfelder ohne Dateneingabe und -auswahlmöglichkeiten denkbar
-, so müssen die erfaßten Werte in Tabellen übergeben werden, da nur dort eine
sinnvolle Weiterbearbeitung möglich ist. Wir wollen kurz einige Möglichkeiten
der Datenübergabe aus einer Makrovorlage an eine Tabelle betrachten.

Diese Datenübergabe kann leider nicht durch externe Bezüge auf die Datenzel-
len in der Makrovorlage in fest in den Berechnungstabellen eingetragenen Formeln erfolgen. Vielmehr müssen die Werte explizit per Makro-Funktion wei-
tergegeben werden. Dabei ist dringend zu empfehlen, vor dem Transport einer
größeren Menge von Daten das automatische Berechnen mit Hilfe der Funktion

=BERECHNEN(3)

und die automatische Bildschirmanpassung mit der Funktion

=ECHO(FALSCH)

abzuschalten. Dadurch kann eine nicht unerhebliche Beschleunigung des Vorganges erreicht werden.

Den eigentlichen Datentransport führen wir mit der Makro-Funktion

FORMEL(Formel;*Bezug*)

durch. Dabei enthält das Argument *Bezug* die Zielangabe, also die Adresse der Zelle oder des Bereiches, in die die in *Formel* angegebenen Daten übergeben werden sollen. Wird das Argument *Bezug* nicht angegeben, so gilt als Ziel die aktuell aktive Zelle im derzeit aktiven Dokument. Das Argument *Formel* kann entweder ein Bezug auf eine Zelle oder einen Bereich in der Dialogfelddefinition, ein direkter Wert oder eine als Text dargestellte Formel sein.

Beispiele für solche FORMEL-Funktionen sind:

=FORMEL(J25;REIKOS.XLS!D11)

übergibt den in der Zelle J25 der Makrovorlage gespeicherten Wert an die Zelle D11 der Tabelle REIKOS.XLS;

=FORMEL("andere Verkehrsmittel";RKA.XLS!B28)

speichert den Text *andere Verkehrsmittel* in der Zelle B28 der Tabelle RKA.XLS;

=FORMEL(" =rka.xlm!z40s8";REIKOS.XLS!F59)

stellt in der Zelle F59 der Tabelle REIKOS.XLS die Formel   =RKA.XLS!H 40 ab, die wiederum die Zuweisung des in der Zelle H40 von RKA.XLM enthaltenen Wertes zu dieser Zelle bewirkt.

Eine erhebliche Verbesserung bezüglich der Selbstdokumentation und Wartungsfreundlichkeit Ihrer Anwendung erreichen Sie, wie bereits mehrmals betont, durch Vergabe von Namen sowohl an die Eingabefelder in der Dialogfelddefinition als auch an die Zielfelder in den Berechnungstabellen. Es ist zweifelsfrei, daß

=FORMEL(reiseweg;RKA.XLS!reiseweg)

besser verständlich ist, als

=FORMEL(J15;RKA.XLS!D20).

Daß ein Makro bei Benutzung von Namen für die Bereiche oder -zellen in den
Zieltabellen seltener den Änderungen in diesen Tabellen angepaßt werden muß,
ist auch schon gesagt worden.

Schalten Sie am Ende des Datentransports das automatische Berechnen mit

=BERECHNEN(1)

wieder ein, oder lösen Sie mit

=NEUBERECHNEN()

einen Berechnungsdurchgang aus, und vergessen Sie schließlich nicht, auch die
Bildschirmanzeige mit

=ECHO(WAHR)

zu aktualisieren.

8.8 Ein ausführliches Beispiel

8.8.1 Aufgabenstellung und Vorbereitung

Als Abschluß und Zusammenfassung zum Thema Dialogfelder wollen wir eine
in sich geschlossene Anwendung "Reisekostenabrechnung" betrachten. Ergebnis der Arbeit mit dieser Applikation soll ein ausgefülltes Formular, ein Antrag
auf Reisekostenerstattung, sein, der alle Kosten im einzelnen sowie den zu er-
stattenden Betrag ausweist (siehe Abbildung 8-32).

Die Eingabe der Daten über den Antragsteller und die Dienstreise soll über
Dialogfelder erfolgen. Das erste Dialogfeld haben wir bereits im Abschnitt 8.3.
(Definition von Dialogfeldern) kennengelernt, das zweite soll den in Abbildung
8-33 gezeigten Aufbau haben.

```
┌──────────────────────────────────────────────────────────────────────────┐
│                      Reisekostenabrechnung                                 │
├──────────────────────────────────────────────────────────────────────────┤
│ Name, Vorname................ Peters, Dieter                               │
│                                                                            │
│ Zweigstelle/Abteilung........ Entwicklung/Schulung      Reisekostenstufe: 1│
├──────────────────────────────────────────────────────────────────────────┤
│ Beginn der Dienstreise am..... 18.7.88 um        12:15 Uhr                 │
│                                                                            │
│ Ende der Dienstreise am....... 22.7.88 um        13:45 Uhr                 │
│                                                                            │
│ Dauer der Abwesenheit........   an 0 Tag(en) mehr  als  6 Stunden a   0,00 DM│
│                                 an 1 Tag(en) mehr  als  8 Stunden a  11,00 DM│
│                                 an 4 Tag(en) mehr  als 12 Stunden a  22,00 DM│
│                                                                            │
│                                 Summe Tagegeld..................... 99,00 DM│
├──────────────────────────────────────────────────────────────────────────┤
│ Reiseweg................... Düsseldorf - Hamburg - Düsseldorf              │
│                                                                            │
│ Zweck der Reise............. Seminare Microsoft Excel                      │
├──────────────────────────────────────────────────────────────────────────┤
│ Fahrtkosten                                                                │
│                                                                            │
│ privater Pkw, Kennzeichen MG-ST 456, 876 km à 0,42 DM              367,92 DM│
│                                                                            │
│                                                                            │
│                                                                            │
│                                 Summe Fahrtkosten.................. 367,92 DM│
├──────────────────────────────────────────────────────────────────────────┤
│ sonstige Kosten                                                            │
│                                                                            │
│ Übernachtungskosten incl. Frühstück.............................. 475,00 DM│
│                                                                            │
│ Parkgebühren, Telefon u.a. ......................................  12,50 DM│
├──────────────────────────────────────────────────────────────────────────┤
│ Berechnung des Erstattungsbetrages                                         │
│                                                                            │
│             Tagegeld.....................   99,00 DM                        │
│             Fahrtkosten..................  367,92 DM                        │
│             Übernachtungskosten..........  475,00 DM                        │
│             sonstige Kosten..............   12,50 DM                        │
│             Summe........................  954,42 DM                        │
│             abzüglich Vorschuß...........  300,00 DM                        │
│             Erstattungsbetrag............  654,42 DM                        │
│                                                                            │
│ Der oben genannte Betrag wird überwiesen auf Kont Nr.   035 077 088        │
│ Institut: Kreissparkasse Mönchengladbach, BLZ 099 088 077                  │
└──────────────────────────────────────────────────────────────────────────┘
```

Abbildung 8-32: Aufbau der Berechnungstabelle der Anwendung REISEKO-STENABRECHNUNG

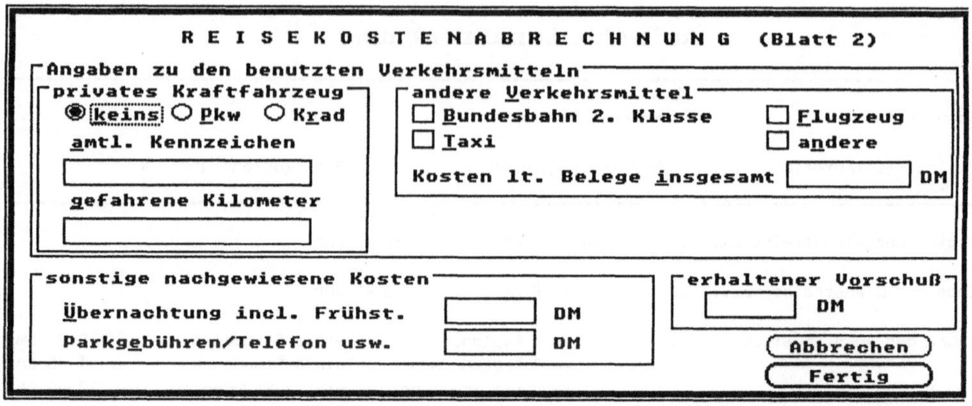

Abbildung 8-33: Zweites Dialogfeld der Anwendung REISEKOSTENABRECH-NUNG

Die Anzeige der beiden Dialogfelder sowie der Übertrag der Daten in das Formular sollen hintereinander von einem Makro aus gesteuert werden, der über den Befehl *Makro Ausführen* oder die Tastenkombination ALT+e gestartet werden kann.

Wir gehen davon aus, daß bereits folgende Dokumente fertig vorliegen (auf der Beispieldiskette sind diese Tabellen bereits vorhanden und mit Beispieldaten gefüllt):

- das Antragsformular RKA.XLS wie oben gezeigt und

- eine Tabelle (RKA_BASE.XLS) mit den firmenspezifischen Grunddaten, nämlich Erstattungsbeträge für Fahrten mit dem Pkw oder Kraftrad pro Kilometer, Tagegeld je nach Dauer der Abwesenheit und Reisekostenstufe sowie eine Liste der Abteilungen und Zweigstellen des Unternehmens.

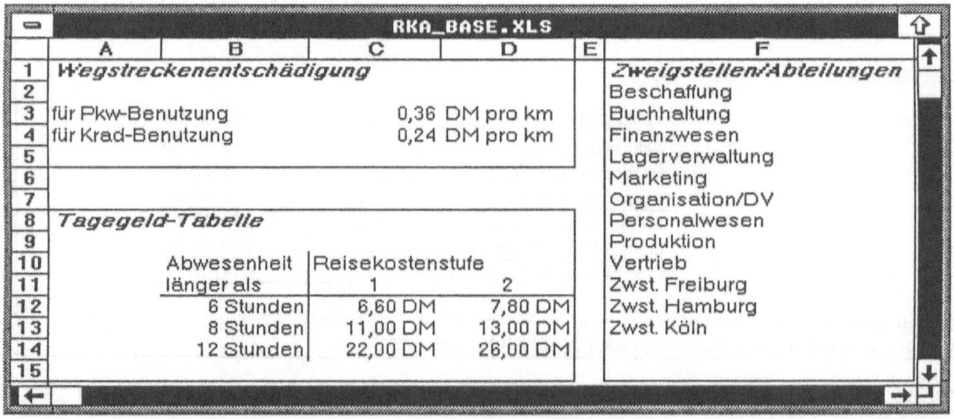

Abbildung 8-34: Tabelle RKA_BASE.XLS mit Beispieldaten

Erstellen wir zunächst eine neue leere Makrovorlage mit dem Befehl *Datei Neu*, und geben wir einen Makro ein, der zu Anfang der Anwendung alle erforderlichen Microsoft Excel-Dokumente lädt. Dieser Makro könnte *beginn* heißen und etwa den Aufbau wie in Abbildung 8-35 haben.

	A
1	beginn
2	=VERBERGEN()
3	=LADEN("rka_base.xls")
4	=VERBERGEN()
5	=LADEN("rka.xls")
6	=VOLLBILD(WAHR)
7	=RÜCKSPRUNG()

Abbildung 8-35: Makro für das Laden der erforderlichen Dokumente

Geben wir dem Makro nicht nur den Namen *beginn*, sondern zusätzlich den Microsoft Excel-Standardnamen *auto_laden*, so wird dieser Makro von Microsoft Excel automatisch ausgeführt, sobald wir die Makrovorlage laden.

8.8.2 Definition der Dialogfelder

Im nächsten Schritt wollen wir die beiden Dialogfelder definieren. Betrachten wir noch einmal die Darstellung des ersten Dialogfeldes (Abbildung 8-6).

Aus welchen Elementen besteht dieses Dialogfeld?

- Wir finden mehrere konstante Texte, nämlich die Überschrift *R E I S E K O S T E N A B R E C H N U N G (Blatt 1)* sowie die Feldbeschriftungen *Name, Vorname, Zweigstelle/Abteilung, Beginn am, Ende am, um, Uhr, Reiseweg* und *Zweck der Reise*;

- Zum zweiten haben wir mehrere Textfelder für die Eingabe des Namens, des Beginn- und des Endedatums, der jeweiligen Uhrzeit, des Reiseweges, des Zwecks der Reise und der Zweigstelle oder Abteilung;

- Mit dem zuletzt genannten Textfeld verknüpft ist das darunterliegende Listenfeld;

- Um mehrere Bereiche finden wir die Rahmen von Gruppierungs-Optionsfeldern gezogen, nämlich *Angaben zur Person, Reisekostenstufe* und *Angaben zur Dienstreise*;

- Im Gruppierungs-Optionsfeld *Reisekostenstufe* gibt es zwei zu einer runden Optionsfeldgruppe gehörigen runden Optionsfelder *1* und *2*;

- Schließlich geben die beiden Schaltflächen *Abbrechen* (Nicht-Standard) und *Blatt 2* (Standard) die Möglichkeit, die Benutzung des Dialogfeldes entsprechend zu beenden.

Die Definition dieses Dialogfeldes wollen wir im Bereich ab D2 unserer Makrovorlage ablegen. Bevor wir mit den eigentlichen Einträgen beginnen, sollten wir die Tabelle so vorbereiten, daß wir möglichst viel der Definition auf unserem Bildschirm sehen können. Dazu stellen wir die ersten 5 Spalten (Spalten D bis H) auf eine Breite zwischen 1,5 und 3 ein, die völlig ausreichend für die dort einzutragenden Zahlen ist. Die Breite der nächsten Spalte (I) kann dagegen um einiges größer sein, da dort längere Texte eingetragen werden sollen. Die siebte Spalte (J) spielt jetzt für die Definition keine Rolle, außer, daß Sie darauf achten sollten, daß dort alle Zellen im Definitionsbereich leer sein müssen.

Bevor Sie Abbildung 8-36 betrachten, versuchen Sie bitte, selbständig eine Definition des Dialogfeldes zu erstellen! Als zusätzliche Information benötigen Sie nur noch den Hinweis, daß die Namen der Zweigstellen und Abteilungen des Unternehmens in der Microsoft Excel-Tabelle RKA_BASE.XLS in einem Bereich, der den Namen *abteilungen* trägt, abgespeichert sind.

	E	F	G	H	I	J
1						*blatt_1*
2	rka_					
3	5	50	10	450	20	REISEKOSTENABRECHNUNG (Blatt 1)
4	14	15	30	500	80	Angaben zur &Person
5	5	20	50	150	16	&Name, Vorname
6	6	230	46	250	20	
7	5	20	70	180	16	&Zweigstelle/Abteilung
8	6	25	88	160	20	
9	16	25	110	160	60	rka_base.xls!abteilungen
10	14	280	70	150	40	Reisekostenstufe
11	11					
12	12	300	87	50	20	&1
13	12	370	87	50	20	&2
14	5	230	185	250	16	&Reiseweg
15	6	245	202	272	20	
16	5	230	227	250	16	Z&weck der Reise
17	6	245	244	272	20	
18	14	220	114	335	152	Angaben zur &Dienstreise
19	5	230	135	80	16	&Beginn am
20	6	310	131	100	20	
21	5	420	135	20	16	&um
22	6	450	131	60	20	
23	5	520	135	30	16	Uhr
24	5	230	157	80	16	&Ende am
25	6	310	153	100	20	
26	5	420	157	20	18	u&m
27	6	450	153	60	20	
28	5	520	157	30	16	Uhr
29	2	30	205	100	20	Abbrechen
30	1	30	227	100	20	Fertig

Abbildung 8-36: Definition des ersten Dialogfeldes der Anwendung REISEKO-STENABRECHNUNG

Wir haben die Folge der Definitionen absichtlich nicht dem optischen Aufbau des Dialogfeldes angepaßt, um zu zeigen, daß diese keinen Einfluß auf das Aussehen des Feldes hat. Dabei mußten wir natürlich auf die Reihenfolge innerhalb von funktionalen Gruppen (z.B. beim verknüpften Listenfeld) achten.

Um Ihnen eine Vorstellung über die Größe dieses Dialogfeldes zu geben, vier Zahlen:

Dieses Dialogfeld besteht aus

29	Definitionszeilen
8	Eingabefeldern
1	Listenfeld und
rund 220	Textzeichen.

Vergleichen Sie diese Daten mit den im Abschnitt "Definition von Dialogfeldern" (8.3) genannten Maximalangaben, so erkennen Sie, welche Möglichkeiten im Aufbau von Dialogfeldern noch stecken, und wie schwer es sein dürfte, dieses Maximum zu erreichen.

Analysieren Sie nun das zweite Dialogfeld, das in diesem Abschnitt weiter vorn gezeigt wurde, und versuchen Sie anschließend, dieses Feld selbständig zu definieren. Wir werden Ihnen hier keinen Lösungsvorschlag zeigen, auf der Beispieldiskette werden Sie jedoch innerhalb der vollständigen Reisekostenabrechnungs-Anwendung eine entsprechende Definition finden.

Zum Schluß versehen wir die beiden Definitionsbereiche der Dialogfelder mit Hilfe des Befehls *Formel Namen festlegen* mit den Namen *blatt_1* bzw. *blatt_2*.

8.8.3 Entwicklung der Ablaufsteuerung

Um mit den Dialogfeldern arbeiten und die gewünschten Daten in das Antragsformular übertragen zu können, müssen wir eine oder - besser noch - mehrere Makroroutinen entwickeln, die die Steuerung dieser Abläufe übernehmen sollen.

Für die hintereinanderfolgende Anzeige der beiden Dialogfelder würde die Funktionsfolge

=DIALOGFELD(blatt_1)

=DIALOGFELD(blatt_2)

genügen. Bei dieser Einfach-Lösung würde unser Makro jedoch weder sicher noch schnell genug sein noch auf die Betätigung der *Abbrechen*-Schaltflächen reagieren. Wir müssen den Makro also etwas intelligenter gestalten, indem wir dafür sorgen, daß

-   der Anwender während des Makroablaufes nur das Berechnungsformular und evtl. ein Dialogfeld auf dem Bildschirm angezeigt erhält;

-   die automatische Bildschirmanpassung und das automatische Neuberechnen abgeschaltet wird;

-   bei Betätigung einer *Abbrechen*-Schaltfläche durch den Anwender die Eingabe-Routine ohne weitere Aktionen beendet wird.

Ein solcher Makro hätte etwa den in Abbildung 8-37 dargestellten Aufbau.

	A
9	*eingabe*
10	=AKTIVIEREN("rka.xls")
11	=BERECHNEN(3)
12	=ECHO(FALSCH)
13	=DIALOGFELD(blatt_1)
14	=WENN(NICHT(A13);GEHEZU(eingabe_ende))
15	=DIALOGFELD(blatt_2)
16	=WENN(A15;transport())
17	*eingabe_ende*
18	=AUSWÄHLEN("z1s1")
19	=VOLLBILD(WAHR)
20	=NEUBERECHNEN()
21	=ECHO(WAHR)
22	=RÜCKSPRUNG()

Abbildung 8-37: Makro für die intelligente Steuerung der Aufrufe der Dialogfelder

Hierin finden wir in den WENN-Funktionen auch die Abfragen wieder, ob die Arbeit mit dem ersten Dialogfeld mit der *Abbrechen*-Schaltfläche

=WENN(NICHT(A13);GEHEZU(eingabe_ende))

bzw. mit dem zweiten mit der *Ok*-Schaltfläche

=WENN(A15;transport())

beendet wurde.

Statten wir abschließend den Makro mit dem Namen *eingabe* aus, und legen wir fest, daß er mit Hilfe des Kurzschlüssels STRG+e aufgerufen werden kann.

Falls die Eingaben in beide Dialogfelder mit *Ok* abgeschlossen worden sind, ruft unser Makro eine Makro-Subroutine *transport()* auf, die den Übertrag der erfaßten und daraus abgeleiteten Daten in das Formular vornimmt. Da dieser Vorgang recht lang ist, wollen wir uns hier nur mit einigen wichtigen Details befassen. Die komplette Routine finden Sie auf der Beispieldiskette.

Eine ganze Reihe von Daten können mit Hilfe der einfachen FORMEL-Funktion transportiert werden, so z.B. die Bezeichnung der Zweigstelle bzw. Abteilung des Unternehmens mit

```
=FORMEL(abteilung;RKA.XLS!abteilung)
```

oder das Beginndatum der Dienstreise mit

```
=FORMEL(datum_beginn;RKA.XLS!datum_beginn).
```

In diesem Fall einfach ist auch noch das Auswerten des Ergebnisses der runden Optionsfeldgruppe *Reisekostenstufe*, da auch hier nur die entsprechende Zahl übertragen werden muß:

```
=FORMEL(reisekostenstufe;RKA.XLS!reisekostenstufe).
```

Umfangreicher und anspruchsvoller dagegen ist der Ablauf für die Auswertung der runden Optionsfeldgruppe *privates Kraftfahrzeug* und der logisch zusammengehörigen viereckigen Optionsfelder *Bundesbahn 2. Klasse* bis *andere*.

Ist in der ersten Gruppe die Option *keins* ausgewählt, so werden alle folgenden Operationen zu dieser Optionengruppe übersprungen. In den anderen Fällen wird aus alternativen Texten, den eingegebenen Kennzeichen- und Kilometereingaben und vom Typ des Fahrzeugs abhängigen Kilometerpauschalen, die aus der Tabelle *Wegstreckenentschädigung* des Microsoft Excel-Dokumentes RKA_BASE.XLS entnommen werden, ein Satz gebildet. Zusätzlich wird der gesamte Wegstreckenentschädigungs-Betrag berechnet und ebenfalls in das Formular eingesetzt. Die sehr lange Formel für die Bildung des Satzes könnte lauten

```
=WENN(J36=2;FORMEL("privater Pkw, Kennzeichen"&J41&", 
    "&TEXT(J43,"0")&"km a "&TEXT(RKA_BASE.XLS!C3;"0,00 DM");
    RKA.XLS!B27)),
```

der Entschädigungsbetrag wird bestimmt und eingetragen mit

```
=WENN(J36=2;FORMEL(J43*RKA_BASE.XLS!C3;RKA.XLS!G27)).
```

Noch umfangreicher wird die Behandlung der viereckigen Optionen. Da davon mehrere gleichzeitig angekreuzt werden können, müssen alle Fälle nacheinander behandelt werden. Wir haben deshalb eine Folge von gleichartigen Routinen, die damit beginnen, ob eine bestimmte Option angekreuzt ist. Ist dies nicht der Fall, wird zur nächsten Abfrage gesprungen, ansonsten wird ein entsprechender Text in die nächste freie Zeile des Formulars geschrieben. Der Anfang dieses Ablaufs könnte wie in Abbildung 8-38 aussehen.

	A
58	=WERT.FESTLEGEN($D$67;$D$67+1)
59	*andere*
60	=WENN(NICHT($J$45);GEHEZU(flugzeug))
61	=überschrift()
62	=AUSWÄHLEN("z"&TEXT($D$67;"0")&"s4")
63	=FORMEL("Bundesbahn 2. Klasse")
64	=WERT.FESTLEGEN($D$67;$D$67+1)
65	*flugzeug*
66	=WENN(NICHT($J$46);GEHEZU(taxi))

Abbildung 8-38: Anfang der Makroroutine für die Auswertung der viereckigen Optionsfelder des zweiten Dialogfeldes

Am Ende dieses Programmteils wird, falls mindestens eine der viereckigen Optionen angekreuzt worden ist, die in das Eingabefeld *Kosten lt. Belege insgesamt* eingegebene Summe in das Antragsformular eingetragen:

=WENN(NICHT(ODER($J$45;$J$46;$J$47;$J$48));GEHEZU(bank)).

Versuchen Sie, unter Zuhilfenahme der hier gezeigten Teillösungen, eine ablauffähige Anwendung fertigzustellen. Sie werden dadurch eine, wenn auch noch nicht in allen Belangen perfekte Hilfe für das Ausfüllen von Reisekosten-Erstattungsanträgen erhalten, die leicht anderen Anforderungen angepaßt werden kann. Auf unserer Beispieldiskette werden Sie eine erweiterte Version finden, die zusätzlich an einem Beispiel den Zugriff auf eine Personal-Datenbank per Makro und das makrogesteuerte Drucken des Antragsformulars beinhaltet.

9 Menüs

9.1 Zweck anwendungsspezifischer Menüs

Jede vollständige Anwendung kann weder auf eine ansprechende und gut gegliederte Benutzeroberfläche für die Datenein- und -ausgabe noch auf eine übersichtliche und leicht bedienbare Ablaufsteuerung verzichten. Gibt eine Applikation dem Anwender die Möglichkeit, verschiedene Funktionen des Programms wahlweise zu nutzen, so ist es nicht zumutbar, daß er alle Befehle und die die Funktionen auslösenden Tastenkombinationen auswendig kennen muß, so wie beispielsweise in unserer Lösung im Kapitel 8, wo wir den Eingabemakro mit der Tastenkombination STRG+e aufgerufen haben. Vielmehr muß die Anwendung alle Auswahlmöglichkeiten optisch und leicht verständlich anbieten und die Funktionswahl über sogenannte Menüs gestatten.

Im folgenden Abschnitt wollen wir darstellen, welche Vorteile die Benutzung von Menüs sowohl für den Anwendungsentwickler als auch für den Anwender hat.

Microsoft Excel bietet, wie die meisten Windows-Applikationen, ein bedienerfreundliches, leicht verständliches System von Drop-Down-Menüs. Alle zu einem Zeitpunkt auswählbaren Menüs einer Windows-Anwendung werden im oberen Bildschirmbereich in einer sogenannten Menüleiste nebeneinander dargestellt. Hinter jedem der dort aufgelisteten Menünamen verbirgt sich eine Auswahl von logisch zusammengehörigen Befehlen, die nur erkennbar sind, wenn wir mit einem Mausklick das Menü anwählen. Die Auswahl eines dieser angezeigten Befehle erfolgt schließlich durch Markieren des Befehlsnamens mit der Maus oder durch Betätigen des in diesem Namen unterstrichenen Zeichens.

Menüs haben nicht nur die Aufgabe, dem Anwender eine leichte Wahl der Programmfunktionen zu ermöglichen. Nicht zu unterschätzen sind zwei weitere Effekte:

- der Schutz der Anwendung vor falscher Bedienung und

- der Schutz der Dokumente, Daten und Algorithmen (Formeln) vor versehentlichem Verändern oder Zerstören.

Sehen wir in einem geschlossenen Menüsystem zum Beispiel keinen Befehl für das Löschen von Dateien vor, so schalten wir eben die Möglichkeit des unbeabsichtigten Löschens von Dokumenten innerhalb dieser Anwendung aus und machen dadurch die Anwendung sicherer.

Innerhalb von makrogesteuerten Microsoft Excel-Anwendungen können wir ein spezifisches Menüsystem aufbauen, verwalten und für die Applikationssteuerung benutzen, das speziell auf die Fähigkeiten und Bedürfnisse der Anwendung ausgerichtet ist. Dies bedeutet: wir ersetzen die von Microsoft Excel stanardmäßig angebotenen Menüs durch genau auf die jeweilige Anwendung ausgerichtete Menüs mit eigenen Befehlen.

9.2 Spielerei mit Menüs

Die Microsoft Excel-Makrosprache enthält eine Reihe von Funktionen, die die Verwaltung und Steuerung von anwendungsspezifischen Menüsystemen erlauben. Diese Funktionen sind zum größten Teil auch in der Lage, die Microsoft Excel-Standardmenüs zu steuern und zu ändern.

Wir wollen deshalb, bevor wir uns ansehen, wie Menüs und Befehle definiert werden, ein nicht ganz ungefährliches Spiel spielen. Dabei soll das Ziel sein, die Funktionsweise von Menüs in Microsoft Excel-Makros und die darin steckenden Möglichkeiten zu erkennen und ein wenig den Umgang damit zu üben.

Starten Sie Microsoft Excel neu oder sorgen Sie dafür, daß keine Dokumente außer einer leeren Tabelle geladen sind. Kreieren Sie als nächstes mit dem Befehl *Datei Neu* eine neue Makrovorlage und geben Sie die in Abbildung 9-1 aufgeführten Makros ein. Falls Sie die zum Buch gehörige Beispieldiskette besitzen, können Sie die Makrovorlage MENÜPLAY.XLM von dort laden.

```
MENÜPLAY.XLM
       A                                      B
 1  beginn                                löschen
 2  =MENÜLEISTE.ZEIGEN(5)                  =MENÜLEISTE.ZUORDNEN()
 3  =RÜCKSPRUNG()                          =WENN(B2<>5;GEHEZU(ende_löschen))
 4                                         =BEFEHL.LÖSCHEN(5;3;7)
 5  umbenennen                             ende_löschen
 6  =MENÜLEISTE.ZUORDNEN()                 =RÜCKSPRUNG()
 7  =WENN(A6<>5;GEHEZU(ende))
 8  =BEFEHL.UMBENENNEN(5;5;1;"Daten&maske
 9  ende
10  =RÜCKSPRUNG()
```

Abbildung 9-1: Makros für das "Spielen" mit Menüs

Vergessen Sie nicht, den Makros und den darin enthaltenen Einsprungspunkten Namen zu geben und für die Befehlsnamen Kurzschlüssel festzulegen.

Die Namen und Kurzschlüssel in der Beispiel-Datei MENÜPLAY.XLM auf der Beispieldiskette lauten *beginn* (Kurzschlüssel STRG+b), *umbenennen* (STRG+u) und *löschen* (STRG+l). In den folgenden Erläuterungen werden wir diese Namen benutzen.

Was bewirken diese kurzen Makros?

Der Dreizeiler *beginn* sorgt dafür, daß die Menüleiste mit der Kennummer 5 angezeigt wird.

Zeigt die aktuelle Menüleiste auf dem Bildschirm die Folge *Datei Bearbeiten Format Formel Daten* ..., so prüfen Sie bitte, ob das Menüsystem auf *Ganze Menüs* eingestellt ist (letzter Befehl des Menüs *Optionen* muß *Kurzmenüs* sein, siehe linke Seite in Abbildung 9-2). Starten Sie danach den Makro *beginn* mit dem Kurzschlüssel. Auf dem Bildschirm geschieht, außer vielleicht einem kurzen Flackern, nichts. Öffnen Sie nun aber wieder das Menü *Optionen*, so erkennen Sie, daß jetzt die kurzen Menüs angezeigt werden (letzter Befehl in *Optionen* ist *Ganze Menüs*, siehe rechte Seite in Abbildung 9-2).

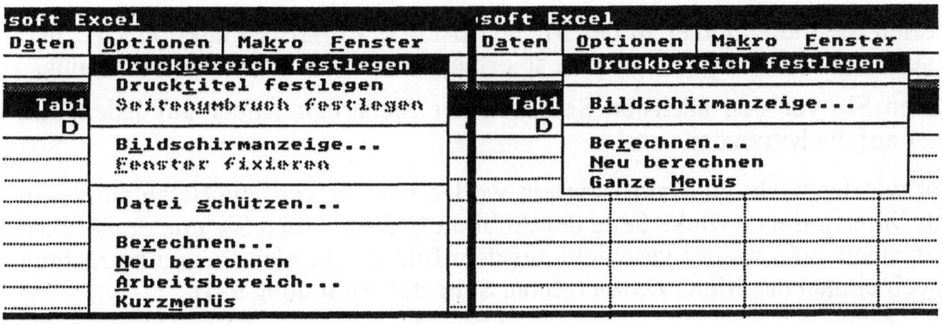

Abbildung 9-2: Das Standardmenü Optionen als ganzes und als Kurzmenü

Die Funktion MENÜLEISTE.ZEIGEN(5) bewirkte also das Umschalten zwischen den ganzen und den kurzen Menüs. Da es sich hierbei um zwei in Microsoft Excel standardmäßig definierte unterschiedliche Menüleisten handelt, bedeutet dies, daß wir mit Hilfe dieser Funktion die Menüleiste mit der internen Kennummer 5 anzeigen lassen. Alle anderen Standardmenüs in Microsoft Excel besitzen ebenfalls eine solche, eindeutige Kennummer. Abbildung 9-3 stellt alle Excel-Standardmenüs mit ihren zugeordneten Kennummern dar.

```
    1   Makrovorlagen- und Tabellenmenüleiste (ganze Menüs)
    5   Makrovorlagen- und Tabellenmenüleiste (kurze Menüs)
  ═══════════════════════ Microsoft Excel ═══════════════════════
  Datei  Bearbeiten  Formel  Format  Daten  Optionen  Makro  Fenster


    2   Diagramm-Menüleiste (ganze Menüs)
    6   Diagramm-Menüleiste (kurze Menüs)
  ═══════════════════════ Microsoft Excel ═══════════════════════
  Datei  Bearbeiten  Muster  Diagramm  Format  Makro  Fenster



    3   Basis-Menüleiste
  ═══════════════════════ Microsoft Excel ═══════════════════════
  Datei



    4   Info-Menüleiste
  ═══════════════════════ Microsoft Excel ═══════════════════════
  Datei  Info  Makro  Fenster
```

Abbildung 9-3: Die Excel-Standardmenüs und ihre Kennummern

Änderten Sie die Nummer in der MENÜLEISTE.ZEIGEN-Funktion z.B. in 1 und starteten Sie erneut den Makro, so erhielten Sie wieder die ganzen Menüs.

Schalten Sie vor den nächsten Schritten der Sicherheit halber auf jeden Fall wieder auf die Kurzmenüs um!

Bevor wir den nächsten Makro starten, wollen wir uns kurz die Befehlsfolge im Menü *Daten* ansehen (linke Seite der Abbildung 9-4). Rufen Sie nun den Makro *umbenennen* auf - wieder geschieht auf dem Bildschirm nichts - und betrachten Sie noch einmal das Menü *Daten* (rechte Seite der Abbildung 9-4).

```
Microsoft Excel                        Microsoft Excel
rmat  Daten  Optionen  Makro  Fen    rmat  Daten  Optionen  Makro  Fen:
      Maske...                        L.UM  Datenmaske

      Suchen                                Suchen
      Datenbank festlegen                   Datenbank festlegen
      Suchkriterien festlegen               Suchkriterien festlegen

      Ordnen...                             Ordnen...
```

Abbildung 9-4: Die Befehle des Standardmenüs Daten vor und nach Ablauf des Makros umbenennen

Sie sehen, daß dieser Makro den Standardbefehl *Maske* in *Datenmaske* umbenannt hat. Ausführende Funktion war BEFEHL.UMBENENNEN mit den Argumenten "Menüleiste mit der Kennnummer 5", "5. Menü in dieser Menüleiste", "1. Befehl in diesem Menü" und "der neue Name lautet Datenmaske".

Um nicht versehentlich ein anderes Menü zu verändern, ist in diesem und dem folgenden Makro eine kleine Sicherheitsvorrichtung eingebaut. Diese stellt zunächst mit der Funktion MENÜLEISTE.ZUORDNEN() die Kennummer der aktuell angezeigten Menüleiste fest und prüft anschließend, ob diese Nummer den Wert 5 hat. Nur wenn eine Gleichheit vorliegt, wird die Umbenennung des Befehls vorgenommen.

Noch wichtiger ist diese Sicherheitseinrichtung im Makro *löschen*. Dieser hat die Aufgabe, den Befehl *Notiz...* im Menü *Formel* der Menüleiste 5 zu löschen. Da das Löschen eines Befehls aus einem Standardmenü solange Gültigkeit hat, bis Microsoft Excel neu gestartet wird, sollten Sie dies wirklich nur unter größten Sicherheitsvorkehrungen tun!

Betrachten Sie wiederum das Menü *Formel* vor und nach dem Makroaufruf, wiederholen Sie die Makroausführung und sehen Sie, wie die Anzahl der Befehle in diesem Menü immer weiter abnimmt. Sie werden auch erkennen, daß die Querlinien in den Menüs als Befehle erkannt werden, obwohl sie nur die Funktion der optischen Trennung von Befehlsgruppen haben.

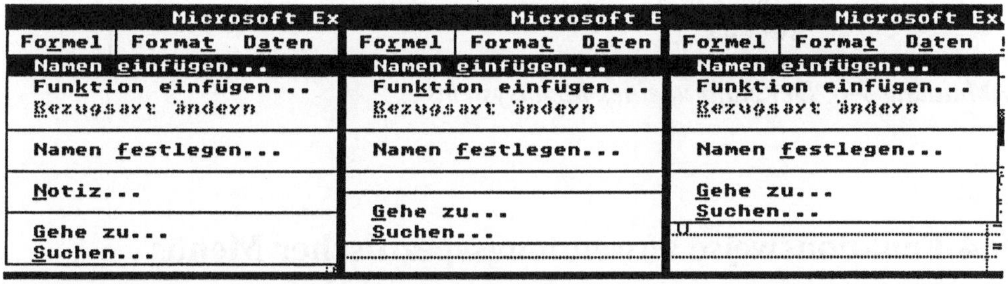

Abbildung 9-5: Die Veränderungen im Standardmenü Formel bei zweimaligem Ablauf des Makros löschen

Da wir absichtlich alle Änderungen ausschließlich in der Menüleiste mit den Kurzmenüs vorgenommen haben, bleibt Microsoft Excel mit Hilfe der ganzen Menüs ohne Neustart voll funktionsfähig, außer, Sie hätten den Befehl *Ganze Menüs* aus dem Menü *Optionen* gelöscht.

9.3 Aufbau von Menüsystemen

Im Verlaufe unserer Spielerei haben wir bereits die wichtigsten Begriffe im Umfeld von Menüs kennengelernt. Hier deshalb noch einmal eine kurze Zusammenfassung:

- für Microsoft Excel bildet eine **Menüleiste** eine Verwaltungseinheit, in der alle gleichzeitig anzuzeigenden und aktiven Menüs zusammengefaßt sind. Jeder Menüleiste gibt Microsoft Excel eine eindeutige Kennummer zur Identifizierung.

-   eine Menüleiste enthält mehrere **Menüs,** deren Namen auf dem Bild-
    schirm in der Menüleiste angezeigt werden. Ein Menü wird durch
    seine Position innerhalb der Menüleiste von links nach rechts oder
    seinen Namen identifiziert.

-   jedes Menü enthält wiederum mehrere **Befehle,** wobei Befehlsgrup-
    pen durch Querstriche voneinander getrennt werden können. Ein Be-
    fehl wird durch seine Position innerhalb der Befehlsliste eines Menüs
    von oben nach unten, wobei Querstriche mitgezählt werden, oder
    seinen Namen identifiziert.

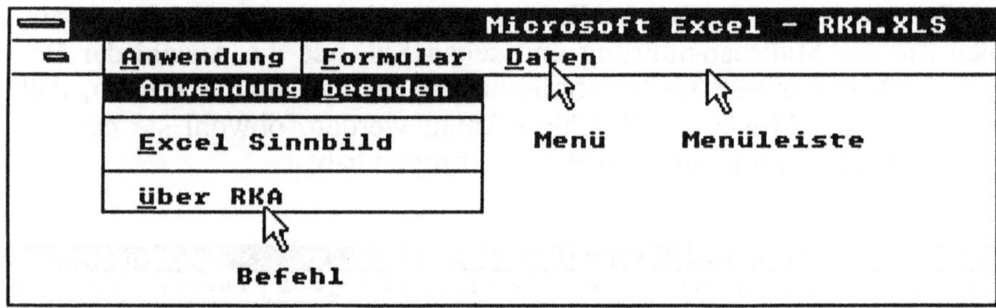

Abbildung 9-6: Der Aufbau eines Menüsystems

9.4 Funktionsweise anwendungsspezifischer Menüs

Nachdem wir besprochen haben, aus welchen Bausteinen ein Excel-Menü-
system besteht, wollen wir anhand eines weiteren Beispiels beobachten, wie in
einer Makrovorlage definierte Menüs funktionieren und die dazugehörigen Makro-Routinen abgerufen werden und ablaufen.

Eine über ein eigenes Menüsystem gesteuerte Microsoft Excel-Anwendung besteht - läßt man die eventuell zusätzlichen Definitionen von Dialogfeldern außer
acht - aus zwei Programmbereichen:

-   einem Bereich mit den Definitionen der Menüs und der dazugehö-
    rigen Befehle sowie

-   einer Sammlung von Makro-Routinen, die durch die Aufrufe der Be-
    fehle aktiviert werden können.

Beide können zusammen auf einer oder getrennt auf mehreren Makrovorlagen
definiert sein.

Erinnern wir uns noch einmal an das am Anfang des Kapitels 8 über die Dialogfelder betrachtete Beispiel *Berechnung der Abwesenheit*. Wir können die Anforderung an diese kleine Anwendung erhöhen, indem wir

- die Berechnungstabelle bei Bedarf ausgedruckt haben wollen, ohne irgendwelche Formatierungsarbeiten durchführen zu müssen und

- mehr Bedienungskomfort durch ein Menüsystem fordern, da wir nicht in der Lage sind, uns die für die Makroaufrufe nötigen Tastenkombinationen zu merken und uns der Start von Makros über den Microsoft Excel-Befehl *Makro Ausführen* zu umständlich erscheint.

Wir besitzen bereits einen fertigen Makro *dia_bsp*, der das Dialogfeld aufruft und am Ende der Eingaben die Daten in die Tabelle übergibt. Aus diesem Makro entfernen wir, indem wir beispielsweise einfach den Inhalt der Zelle A5 löschen, die LADEN-Funktion.

Die erste Erweiterung, ein den Druck steuernder Makro, den wir der Einfachheit halber *drucken* nennen wollen, könnte wie in Abbildung 9-8 gezeigt aussehen.

Abbildung 9-7: Der Makro drucken

Nun besitzen wir die zwei Makroroutinen, die die erwünschten Funktionen unserer kleinen Anwendung ausführen können. Doch damit können wir noch keine Menüsteuerung erreichen. Dazu bedarf es noch zweier zusätzlicher Routinen:

- eine für den Aufbau und die Anzeige der anwendungsspezifischen Menüleiste und

- eine für die ordnungsgemäße Beendigung der Anwendung und die Rückkehr in die "normalen" Microsoft Excel-Menüs.

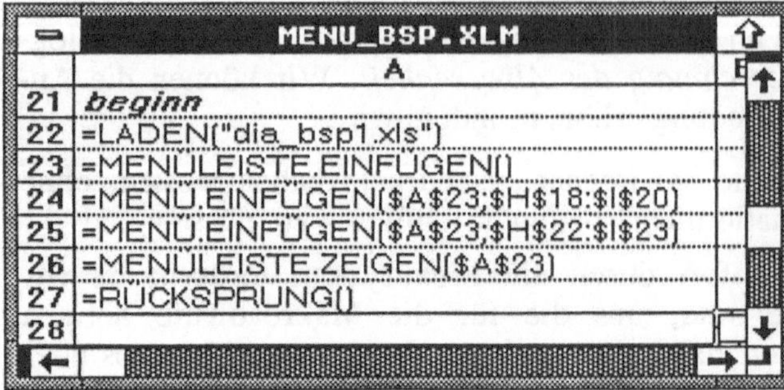

Abbildung 9-8: Möglicher Aufbau eines Makros für die Vorbereitung der An-
wendung mit Aufbereitung und Anzeige der Menüleiste

Der in Abbildung 9-8 aufgelistete Makro erstellt eine neue Menüleiste, fügt in
diese Leiste die erwünschten Menüs mit den zugehörigen Befehlen ein und zeigt
die so fertiggestellte Menüleiste schließlich auf dem Monitor an.

Die Enderoutine in Abbildung 9-9 andererseits sorgt dafür, daß wieder die vollständige Standard-Menüleiste angezeigt und die anwendungsspezifische gelöscht wird.

Abbildung 9-9: Enderoutine der Anwendung mit Anzeige der Standardmenü-
leiste 1

In einem anderen Teil der Makrovorlage sind die beiden Menüs mit den zugehörigen Befehlen definiert (Abbildung 9-10).

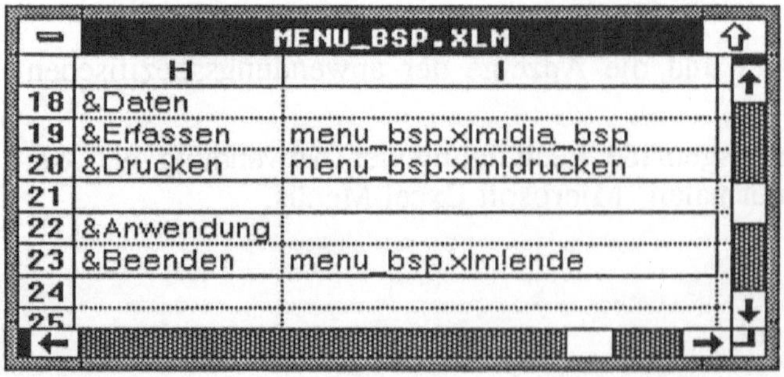

Abbildung 9-10: Definitionen der Menüs Daten und Anwendung

Starten wir nun einmal unsere Anwendung durch Aufruf des Makros *beginn*.

Was geschieht?

Beobachten wir die Menüleiste auf dem Bildschirm genau, so bemerken wir, daß nach einiger Zeit die übliche Standard-Menüleiste durch eine neue ersetzt wird, die nur noch die von uns definierten Menüs enthält.

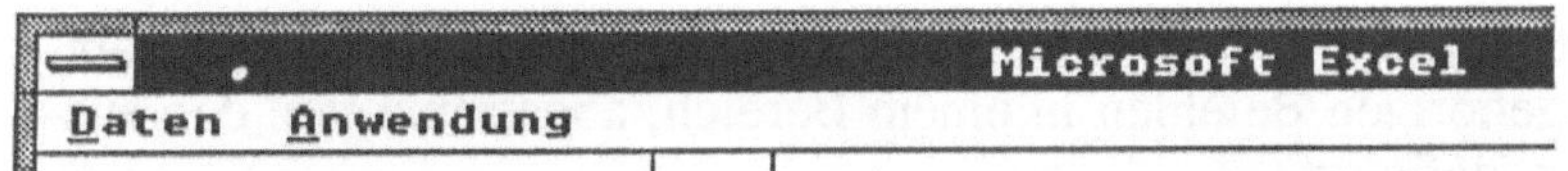

Abbildung 9-11: Ansicht der in Abbildung 9-10 definierten Menüs

Sobald die Menüleiste angezeigt ist, ist auch der Start-Makro beendet. Da Microsoft Excel jedoch nur die Befehle ausführen kann, die in den aktuell angezeigten Menüs enthalten sind, können wir nun keine Standardbefehle wie *Option Druckbereich festlegen* oder *Datei Laden* erteilen. Die Auswahl ist auf die von uns festgelegten Befehle *Daten Erfassen*, *Daten Drucken* und *Anwendung Beenden* beschränkt.

Rufen wir doch einmal den Befehl *Daten Erfassen* auf. Wie zu erwarten, erscheint nach kurzer Zeit das uns schon bekannte Dialogfeld. Die Auswahl des Befehls *Daten Erfassen* hat also die Ausführung des Makros *dia_bsp* ausgelöst. Beenden wir die Dateneingaben, so werden die Daten in die Tabelle geschrieben und die Kontrolle kehrt wieder an Microsoft Excel zurück. Dieses wartet nun auf den nächsten Befehl.

Ein ähnlicher Ablauf vollzieht sich bei Aufruf des Befehls *Daten Drucken*. Auch hier kehrt Microsoft Excel nach Ausführung des entsprechenden Makros in den Wartezustand zurück.

Bei menügesteuerten Anwendungen handelt es sich also nicht um konstant ablaufende Makrofolgen, die eine permanente Kontrolle des Gesamtsystems einschließlich der Anzeige der Menüs und der Auswertung der erteilten Befehle ausüben. Der Makroentwickler stellt Microsoft Excel vielmehr im wesentlichen Routinen zur Verfügung, die bei Aufruf der Befehle ausgeführt werden sollen. Alle übrigen Arbeiten erledigt Microsoft Excel von selbst.

9.5 Definition von Menüleisten, Menüs und Befehlen

Wie sehen nun die Definitionen von Menüs und Befehlen in einer makrogesteuerten Excel-Anwendung aus? Und wie erhalten wir schließlich eine eigene Menüleiste für unsere Anwendung auf dem Bildschirm angezeigt?

Eine Menüleiste wird erst während des Ablaufs einer Anwendung durch geeignete Excel-Funktionen definiert und mit den zugehörigen Menüs gefüllt. Bevor dies geschehen kann, müssen diese Menüs und die durch sie aufgerufenen Befehlsmakros in mehreren Schritten und Teilen der Makrovorlage definiert werden. Dabei sollten Sie nicht vergessen, daß die Güte und Übersichtlichkeit einer Anwendung auch von einer überlegten Struktur der Menüs und ihrer Hierarchie abhängt.

9.5.1 Definition von Menüs und Befehlen

Die in einer oder mehreren Menüleisten einzufügenden Menüs werden zusammen mit ihren zugehörigen Befehlen in einem Bereich, abgetrennt von den ausführenden Makros, definiert.

Die Definition eines Menüs besteht aus mindestens zwei Zeilen und zwei bis fünf Spalten. Dabei ist die Anzahl der Zeilen abhängig von derjenigen der zum Menü gehörigen Befehle zuzüglich einer Kopfzeile, die Anzahl der Spalten davon, ob dem Benutzer Hilfen in der Statuszeile oder in Hilfetexten gegeben werden.

	N	O	P	Q	R
9	*menü_formular*				
10	&Formular				
11	&Neu	rka.xlm!formular_neu		leeres Formular laden	rka_hilf.txt!4
12	-				
13	&Drucken	rka.xlm!drucken		ausgefülltes Formular drucken	rka_hilf.txt!5
14	&Speichern	rka.xlm!speichern		ausgefülltes Formular speichern	rka_hilf.txt!6

Abbildung 9-12: Definition eines Menüs mit drei Befehlen und einem Trennstrich

Die erste Definitionszeile dient der Festlegung des Menünamens. Dazu wird in die erste Zelle in dieser Zeile dieser Name eingetragen, wobei hier wiederum wie bei den Texten in den Dialogfeldern und später bei der Definition der Befehlsnamen ein Zeichen durch ein vorgestelltes Et-Zeichen (kaufmännisches Und, &) für die Unterstreichung vorgesehen werden kann. Alle anderen Zellen der ersten Zeile bleiben leer.

Jede der folgenden Zeilen in einer Menüdefinition dient der Festlegung eines Befehls und besitzt folgenden Aufbau:

Tabelle 9-1: Aufbau einer Definitionszeile für einen Menübefehl

Spalte	Inhalt
1	Befehlsname
2	Name des Befehlsmakros (externer Bezug!)
3	leer
4	Hilfemeldung in Statuszeile (optional)
5	Bezug auf Anwender-Hilfetext (optional)

Der Befehlsname wird nach denselben Regeln gebildet wie der Menüname oder konstante Texte in Dialogfeldern. Tragen Sie in diese Zelle nur einen einzelnen Bindestrich ein, wird im Menü ein Trennstrich zwischen dem direkt davor und dem direkt danach definierten Befehl gezogen.

Der in der zweiten Spalte genannte Befehlsmakro ist die Routine, die bei Auswahl des Befehls aufgerufen und ausgeführt wird. Der Makroname muß immer als externer Bezug eingetragen werden, auch wenn der Makro auf derselben Vorlage eingetragen ist wie die Menüdefinition!

Die Belegung der bisher genannten Zeilen und Spalten ist für die Definition eines Menüs völlig ausreichend. Allerdings geben Sie dadurch dem Anwender keinerlei nähere Informationen darüber, was der Befehl im einzelnen bewirkt und welche Daten eventuell für die Ausführung des Befehls benötigt werden.

Solche Anwenderhilfen können Sie in den Spalten vier und fünf einer Menüdefinition anlegen. In die vierte Spalte können Sie einen kurzen Text eintragen, der bei Markieren des Befehls mit Hilfe der Richtungstasten oder des Mauszeigers (ohne Loslassen der linken Maustaste!) in der Statuszeile am Fuß des Bildschirms erscheint. Hierbei kann es sich naturgemäß nur um eine kurze Information handeln, da in der Statuszeile nur ca. 50 bis 60 Zeichen angezeigt werden können. Dieser Text kann auch während der Anwendung per Makro variiert werden, da die entsprechende Zelle aus einem Makro heraus per Bezug adressiert werden kann.

Wesentlich mehr Informationen können die Anwender-Hilfetexte umfassen, die über den in Spalte fünf eintragbaren Hilfepunkt in einer Textdatei angesprochen werden können. Dabei gelten sowohl für die Bildung des Bezugs auf den Hilfetext als auch für den Aufbau des Textes in der ASCII-Datei die gleichen Regeln, die bereits im Abschnitt über Anwenderhilfen bei Dialogfeldern (Abschnitt 8.3.6) angegeben worden sind. Während der Benutzung der Applikation können wir einen solchen kontextabhängigen Hilfetext unter anderem dadurch aufrufen, daß wir zunächst die Tastenkombination UMSCHALTTASTE+F1 betätigen und dann den Befehl auswählen, über den wir Informationen erhalten wollen. Haben wir UMSCHALTTASTE+F1 gedrückt, so erscheint neben dem Mauszeiger ein Fragezeichen, das kennzeichnet, daß die nächste Auswahl eines Befehls nicht dessen Ausführung sondern die Anzeige des zugehörigen Hilfetextes bewirken wird.

Schließlich ein Tip: auch hier können Sie sich viel Arbeit und Nachsuchen ersparen, wenn Sie dem Bereich, in dem ein Menü definiert ist, einen aussagekräftigen Namen geben. Man kann sich z.B. angewöhnen, einen Menü-Definitionsbereich nach dem Menünamen zu benennen, vielleicht in Verbindung mit dem Zusatz menü. Ein Beispiel: heißt das Menü *Formular*, so könnte der Menü-Definitionsbereich *menü_formular* genannt werden.

9.5.2 Anlegen einer Menüleiste

Erste Aktion innerhalb der Makros beim Erstellen eines anwendungsspezifischen Menüsystems ist das Anlegen einer Menüleiste. Mit Hilfe der Makrofunktion

> MENÜLEISTE.EINFÜGEN()

geben wir Microsoft Excel bekannt, daß wir eine neue Menüleiste aufbauen wollen. Microsoft Excel reserviert daraufhin einen internen Speicherbereich für die für die Verwaltung der Menüleiste erforderlichen Daten und vergibt an die neue Menüleiste eine Kennummer. Die noch leere Menüleiste wird durch diese Funktion jedoch noch nicht angezeigt!

Da, wie bereits angesprochen, die Standard-Menüleisten die Kennummern 1 bis 6 besitzen, erhalten anwendungsspezifische Menüleisten Nummern ab 7. Maximal können gleichzeitig 15 benutzerdefinierte Menüleisten angelegt sein.

Wurde die Funktion MENÜLEISTE.EINFÜGEN erfolgreich durchgeführt, so erhält die Zelle, die diese Funktion beinhaltet, den Wert der von Microsoft Excel vergebenen Kennummer. Alle anderen Funktionen, die diese Kennummer benötigen, können deshalb in ihren Argumenten auf diese Zelle Bezug nehmen. Abbildung 9-13 zeigt dieselben Zellen in einer Makrovorlage, in denen eine neue Menüleiste angelegt und mit drei Menüs versehen wird. Die linke Seite des Bildes stellt die Zelleninhalte als Makro-Funktionen, die rechte Seite die Zelleninhalte als Werte (erreichbar durch Löschen der Option *Formeln* im Befehl *Optionen Bildschirmanzeige...*) nach Ausführung des Makros. Sie können hier erkennen, daß die neu angelegte Menüleiste von Microsoft Excel die Kennummer 5 erhalten hat, und die drei eingefügten Menüs in der Reihenfolge ihres Einfügens in diese Menüleiste durchnumeriert worden sind.

	A			A	
7	=MENÜLEISTE.EINFÜGEN()		7		7
8	=MENÜ.EINFÜGEN(kennummer_menüle		8		1
9	=MENÜ.EINFÜGEN(kennummer_menüle		9		2
10	=MENÜ.EINFÜGEN(kennummer_menüle		10		3

Abbildung 9-13: Formeln (links) und Werte (rechts) in Zellen mit Funktionen für das Anlegen einer Menüleiste und das Einfügen von Menüs

Eine Beispiel, wie auf eine solche Menüleisten-Kennummer Bezug genommen werden kann, zeigt Abbildung 9-14, in dem die in Zelle A7 angelegte Menüleiste an einer anderen Stelle (Zelle A115) wieder gelöscht wird.

	A
7	=MENÜLEISTE.EINFÜGEN()
115	=MENÜLEISTE.LÖSCHEN($A$7)

Abbildung 9-14: Anlegen und Löschen einer Menüleiste

9.5.3 Einfügen von Menüs in eine Menüleiste

Wir haben bisher eine leere Menüleiste per Makrofunktion angelegt und die für unsere Anwendung notwendigen Menüs und Befehle definiert.

Nun müssen wir die Menüleiste mit den Menüs "füllen", über die der Anwender die Funktionen des Programms auswählen soll.

Dieses "Füllen" erfolgt durch die Makrofunktion

MENÜ.EINFÜGEN(Kennummer;Menübezug).

Dabei sind *Kennummer* die Nummer der Menüleiste, in die das Menü eingearbeitet werden soll, *Menübezug* die Adresse des Menü-Definitionsbereiches, also eine absolute oder relative Referenz oder - viel besser - eine Namensangabe.

Im in Abbildung 9-15 gezeigten Beispiel wird in den Zellen A8 bis A10 eine vorher angelegte Menüleiste mit drei Menüs versehen. Dabei sind die Zellen mit der MENÜLEISTE.EINFÜGEN-Funktion mit dem Namen *kennummer_menüleiste*, die beiden letzten Menü-Definitionsbereiche jeweils mit aussagekräftigen Namen (*menü_formular* und *menü_daten*) versehen. Die erste MENÜ.EINFÜGEN-Funktion enthält dagegen Argumente im absoluten A1-Format.

	A
8	=MENÜ.EINFÜGEN($A$7;$N$10:$R$14)
9	=MENÜ.EINFÜGEN(kennummer_menüleiste;menü_formular)
10	=MENÜ.EINFÜGEN(kennummer_menüleiste;menü_daten)

Abbildung 9-15: Einfügen von Menüs in eine neu erstellte Menüleiste

Aus den Argumenten der Funktion ist erkennbar, daß sie stets nur ein Menü in eine Menüleiste einfügen kann. Wollen wir also mehrere Menüs einbauen, so müssen wir eine entsprechende Folge von MENÜ.EINFÜGEN-Funktionen erstellen. Dabei ist die Reihenfolge der eingefügten Menüs maßgebend für ihre Auflistung in der später angezeigten Leiste von links nach rechts.

9.5.4 Anzeigen einer Menüleiste

Alle im vorigen Abschnitt beschriebenen Makro-Aktionen geschehen "im Verborgenen". Die geschilderten Funktionen wirken ausschließlich auf die im Speicher von Microsoft Excel verwaltete Menüleiste, die Anzeige des Bildschirms ist davon bisher vollkommen unberührt.

Erst durch eine spezielle Makrofunktion können wir, wenn alle Vorbereitungsarbeiten beendet sind, die neue Menüleiste anzeigen lassen. Dazu dient die Makrofunktion

     MENÜLEISTE.ZEIGEN(Kennummer),

wobei auch hier wieder die von Microsoft Excel vergebene *Kennummer* für die Menüleiste angegeben werden muß.

A
136 =MENÜLEISTE.ZEIGEN($A$7)

A
136 =MENÜLEISTE.ZEIGEN(kennummer_menüleiste)

Abbildung 9-16: Benutzung der MENÜLEISTE.ZEIGEN-Funktion mit absolutem Bezug im A1-Format und mit Hilfe eines Namens

Durch diese Aktion wird die bisher angezeigte Menüleiste durch die neue ersetzt, sie existiert allerdings im Hintergrund weiter und kann später wieder aufgerufen werden, außer sie wird zwischenzeitlich gelöscht.

Die neue Menüleiste ist nunmehr so lange aktiv, bis sie entweder wiederum ersetzt oder bis Microsoft Excel beendet wird. Wie bereits schon einmal betont, können nur die Befehle aufgerufen werden, die in den angezeigten Menüs eingetragen sind.

9.6 Verwaltung von Menüs und Befehlen

Menüs können nicht nur statisch in eine Leiste eingefügt werden. Wir können während der Anwendung des Programms per Makro Menüs auch wieder aus einer Leiste entfernen oder neue hinzufügen. Letzteres erfolgt mit der bereits bekannten MENÜ.EINFÜGEN-Funktion, das Löschen mit Hilfe von

MENÜ.LÖSCHEN(Kennummer;Menüposition)

Das Argument *Menüposition* ist die Rangnummer von links nach rechts innerhalb der Menüleiste oder der Name des Menüs. Wie bei allen menü- und befehlsverwaltenden Aktionen wirkt diese Funktion direkt auf die angezeigte Menüleiste. Die Änderungen werden deshalb nicht erst nach einer MENÜLEISTE.ZEIGEN-Funktion auf dem Bildschirm, sondern sofort nach der Abarbeitung der entsprechenden Makrofunktion sichtbar und für die Menüauswahl wirksam.

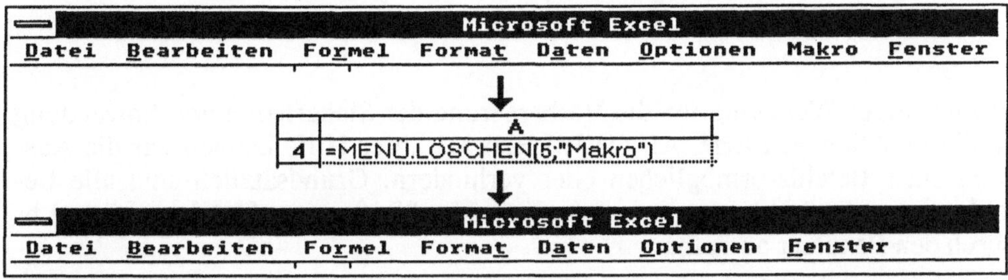

Abbildung 9-17: Auswirkung der MENÜ.LÖSCHEN-Funktion auf eine Menüleiste

Eine ganze Reihe an Funktionen besitzt Microsoft Excel für die Verwaltung von Menü-Befehlen. Wir kennen schon von den Beispielmakros für unsere Spielereien die Funktionen BEFEHL.UMBENENNEN und BEFEHL. LÖSCHEN. Dabei haben wir auch schon die Gefährlichkeit der BEFEHL.LÖSCHEN-Funktion speziell bei der Benutzung in Standardmenüs erkannt.

Weitere befehlsverwaltende Funktionen sind

    BEFEHL.EINFÜGEN(Kennummer;Menüposition;Menübezug),

    BEFEHL.AKTIVIEREN(Kennummer;Menüposition;
        Befehlsposition;Aktivieren) und

    BEFEHL.WÄHLEN(Kennummer;Menüposition;
        Befehlsposition;Wählen).

BEFEHL.EINFÜGEN erweitert die Befehlsauswahl in einem Menü um einen Befehl, der unterhalb des letzten bereits vorhandenen Befehls angefügt wird. Das Argument *Menüposition* bezeichnet anhand der Rangnummer oder des Namens das Menü, in den der Befehl eingefügt werden soll, *Menübezug* enthält die Angabe, wo die Definition des Befehls eingetragen ist.

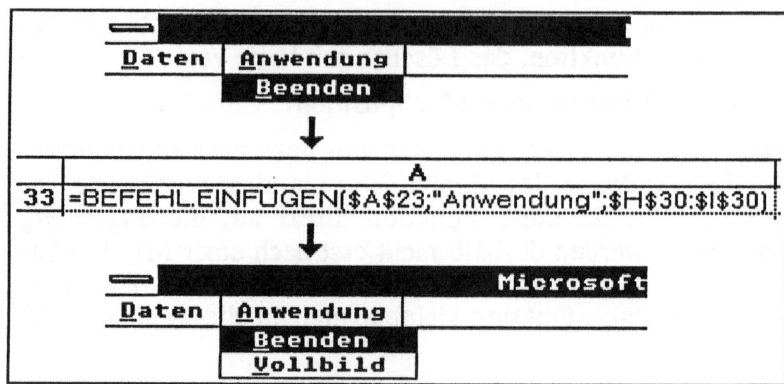

Abbildung 9-18: Erweiterung eines Menüs mit Hilfe der BEFEHL.EINFÜGEN-Funktion

Ein wichtiges Werkzeug für die Verbesserung der Sicherheit einer Anwendung ist die Funktion BEFEHL.AKTIVIEREN. Mit ihrer Hilfe können wir die Auswahl eines Befehls ermöglichen oder verhindern. Grundsätzlich sind alle Befehle eines Menüs, das in eine angezeigte Menüleiste eingefügt ist, aktiv, d.h. durch den Benutzer aufrufbar.

Deaktivieren wir jedoch einen Befehl, indem wir dem Funktionsargument *Aktivieren* der BEFEHL.AKTIVIEREN-Funktion den Wert FALSCH zuordnen, wird der Name des Befehls im geöffneten Menü grau dargestellt, und eine Anwahl dieses Befehls wird von Microsoft Excel verhindert.

Abbildung 9-19 stellt das Menü *Daten* dar, in dem durch die Funktionsfolge

=BEFEHL.AKTIVIEREN($A$7;"Daten";"Datenblatt 1";FALSCH)

=BEFEHL.AKTIVIEREN($A$7;"Daten";"Datenblatt 2";FALSCH)

zwei Befehle deaktiviert wurden.

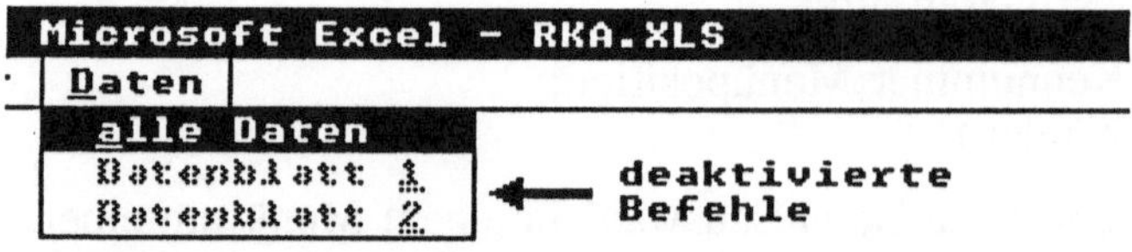

Abbildung 9-19: Menü mit zwei mit der BEFEHL.AKTIVIEREN-Funktion deaktivierten Befehlen

Setzen wir im späteren Verlauf der Anwendung das Argument *Aktivieren* auf
WAHR, wird der Befehlsname schwarz dargestellt, die Wahl des Befehls ist
wieder erlaubt. Die Funktionen

=BEFEHL.AKTIVIEREN($A$7;"Daten";"Datenblatt 1";WAHR)

=BEFEHL.AKTIVIEREN($A$7;"Daten";"Datenblatt 2";WAHR)

ermöglichen also wieder den Aufruf dieser Befehle durch den Anwender (siehe
Abbildung 9-20).

Abbildung 9-20: Das Menü aus Abbildung 9-19 mit wieder aktivierten Befehlen

Diese Möglichkeit, Befehle zu deaktivieren und zu aktivieren kennen Sie bereits
aus vielen Windows-Anwendungen. Auch in Ihren Microsoft Excel-Applikatio-
nen sollten Sie dieses Instrument benutzen, um die Auswahl von Befehlen in
bestimmten Stadien der Bearbeitung zu verhindern, wenn deren Ausführung
überflüssig wäre oder gar zu Fehlern führen würde.

Der Information des Anwenders einer Applikation und nicht dem Aufruf eines
Befehls dient schließlich die Funktion BEFEHL.WÄHLEN. Mit ihrer Hilfe
wird links vor dem Befehlsnamen im Menü - wenn das Argument *Wählen*
WAHR ist - eine Wählmarkierung, ein Häkchen, gesetzt bzw. - bei *Wählen*
gleich FALSCH - entfernt. Weitere Aktionen werden durch diese Funktion
nicht ausgeführt. Damit ist es z.B. möglich, den Anwender zu informieren, daß
ein bestimmter Befehl bereits ausgeführt ist.

*Abbildung 9-21: Beispiel eines mit der BEFEHL.WÄHLEN-Funktion markierten
Befehls*

9.7 Löschen einer Menüleiste

Wird eine Anwendung beendet, müssen alle spezifischen Menüleisten gelöscht werden. Dies führen wir in einem Makro durch, der die Abschlußarbeiten für die Applikation erledigen soll. Die entsprechende Makrofunktion ist

MENÜLEISTE.LÖSCHEN(Kennummer)

die die mit *Kennummer* identifizierte Menüleiste aus dem Speicher entfernt. Dabei müssen Sie darauf achten, daß sich Microsoft Excel mit einer Fehlermeldung weigert, eine aktive, also angezeigte Menüleiste zu löschen. Vor dem Löschen muß deshalb mit der MENÜLEISTE.ZEIGEN-Funktion eine andere Leiste auf dem Bildschirm angezeigt werden.

	A
114	=MENÜLEISTE.ZEIGEN(1)
115	=MENÜLEISTE.LÖSCHEN(kennummer_menüleiste)

Abbildung 9-22: Wechsel zur Standardmenüleiste 1 und nachfolgendes Löschen einer anwendungsspezifischen Menüleiste

Menüleisten können natürlich auch während einer Anwendung gelöscht werden, z.B. um Platz für eine neue Menüleiste zu gewinnen, wenn die Höchstzahl von 15 solcher Leisten bereits ausgeschöpft ist.

9.8 Ein ausführliches Beispiel

9.8.1 Aufgabenstellung und Vorbereitung

Abschließend wollen wir anhand des bereits in Kapitel 8 begonnenen Beispiels RKA (REISEKOSTENABRECHNUNG) den Aufbau und die Nutzung anwendungsspezifischer Menüs in Microsoft Excel-Anwendungen betrachten.

Die Anwendung REISEKOSTENABRECHNUNG soll nun durch den Einbau von spezifischen Menüs vervollständigt und damit verbessert werden. Ziel der jetzt folgenden Schritte soll es sein, dem Benutzer eine übersichtliche und für die Ausführung aller Arbeiten vollständige Menüunterstützung zur Verfügung zu stellen, die gleichzeitig Fehlbedienungen ausschließt und die Anwendungsdokumente vor Zerstörung oder fehlerhafter Veränderung schützt. Mit anderen Worten: wir wollen ein Menüsystem entwickeln, das nur solche Befehle beinhaltet, die für die Arbeit mit RKA erforderlich sind, und das gewährleistet, daß nur die Befehle ausgeführt werden können, die dem aktuellen Bearbeitungszustand der Daten entsprechen.

Auf der separat erhältlichen Beispieldiskette finden Sie eine komplette menügesteuerte Reisekostenabrechnungs-Anwendung, die noch einige Eigenschaften über das in diesem Kapitel besprochene hinaus besitzt und die als Ganzes ein anschauliches Beispiel für eine geschlossene Microsoft Excel-Applikation darstellt.

Erster Schritt beim Entwurf eines Menüsystems muß die Gliederung der Anwendung in für den Anwender logisch zusammengehörige Funktionsgruppen sein. Ergebnis dieser Überlegungen sind die Menüs, die, zunächst einmal, noch keine Befehle beinhalten.

In unserer Applikation RKA können wir - dies ist sicherlich nur eine Lösung von mehreren! - drei Funktionsgruppen bilden:
- Verwaltung der gesamten Anwendung,
- Verwaltung eines Berechnungsformulars und
- Eingabe und Änderung der Daten.

Wir haben damit eine für den Anwender übersichtliche und logische Gliederung der Anwendungsfunktionen geschaffen und uns damit auf drei Menüs festgelegt:

Anwendung
Formular
Daten.

Im nächsten Schritt werden die drei Menüs mit den ihnen logisch zugehörigen Programmfunktionen (Befehlen) "gefüllt".

Das Menü *Anwendung* soll solche Befehle enthalten, die Auswirkung auf die gesamte Applikation haben. Dazu zählt auf jeden Fall die Möglichkeit, das Programm zu beenden. Weiterhin können wir hier einen Befehl einbauen, der Microsoft Excel einschließlich der Anwendung vorläufig in den Hintergrund stellt, so daß z.B. zwischendurch andere Windows-Applikationen aufgerufen werden können. Schließlich soll ein dritter Befehl - ähnlich wie in Windows-Anwendungen üblich - eine Kurzinformation über RKA anzeigen. Wir haben also im ersten Menü folgende Befehle:

Beenden
Excel Sinnbild
über RKA.

In ähnlichen Schritten kommen für die beiden anderen Menüs zu den Befehlen für Menü *Formular*:

Neu	(neues, leeres Formular anlegen),
Drucken	(ausgefülltes Formular drucken),
Speichern	(ausgefülltes Formular speichern),

für Menü *Daten*:

alle Daten	(alle Daten erfassen/ändern),
Datenblatt 1	(nur Daten im 1. Dialogfeld ändern),
Datenblatt 2	(nur Daten im 2. Dialogfeld ändern).

9.8.2 Definition der Menüs

Definieren wir nun diese Menüs und Befehle in der Makrovorlage RKA.XLM
im Bereich N1 bis R20, so erhalten wir einschließlich der kurzen Hilfstexte für
die Statuszeile und der Verweise auf Hilfspunkte in einer Textdatei die in Abbildung 9-23 aufgelisteten Definitionen.

	N	O	P	Q	R
1	*menü_anwendung*				
2	&Anwendung				
3	Anwendung &beenden	rka.xlm!ende		Reisekostenabrechnung beend	rka_hilf.txt!1
4	-				
5	&Excel Sinnbild	rka.xlm!ikone		Excel in den Hintergrund stellen	rka_hilf.txt!2
6	-				
7	&über RKA	rka.xlm!über		Informationen über die Anwendu	rka_hilf.txt!3
8					
9	*menü_formular*				
10	&Formular				
11	&Neu	rka.xlm!formular_neu		leeres Formular laden	rka_hilf.txt!4
12	-				
13	&Drucken	rka.xlm!drucken		ausgefülltes Formular drucken	rka_hilf.txt!5
14	&Speichern	rka.xlm!speichern		ausgefülltes Formular speichern	rka_hilf.txt!6
15					
16	*menü_daten*				
17	&Daten				
18	&alle Daten	rka.xlm!eingabe		alle Daten für Berechnung erfass	rka_hilf.txt!7
19	Datenblatt &1	rka.xlm!blatt1		Daten im 1. Dialogfeld ändern	rka_hilf.txt!8
20	Datenblatt &2	rka.xlm!blatt2		Daten im 2. Dialogfeld ändern	rka_hilf.txt!9

*Abbildung 9-23: Definitionen der Menüs der Beispielanwendung
REISEKOSTENABRECHNUNG*

Sie erkennen, daß wir in den Menüs *Anwendung* und *Formular* einige Trennstriche definiert haben, um bestimmte Befehle oder Befehlsgruppe von anderen
zu differenzieren. Beispielsweise gehören die Befehle *Drucken* und *Speichern*
logisch zusammen, da sie nur ausgefüllte Formulare bearbeiten, der Befehl *Neu*
dagegen kreiert ein neues, noch nicht ausgefülltes Formular.

In der fünften Spalte (Spalte R) erkennen Sie, daß jedem Befehl ein Verweis auf
einen Hilfetext zugeordnet ist, so daß wir während der Anwendung eine genauere Information darüber erhalten können, was dieser Befehl bewirkt und
welche Daten er eventuell von uns für seine Arbeiten benötigt.

In Abbildung 9-23 haben die drei Menüdefinitionen die Überschriften
menü_anwendung, menü_formular und *menü_daten* erhalten. Diese entsprechen
den Namen, die den umrahmten Definitionsbereichen gegeben wurden und die
in den späteren Beispielen benutzt werden.

9.8.3 Aufbau der Menüleiste

In den ersten Makro, der nur einmalig zu Beginn der Anwendung durchlaufen
wird, tragen wir alle die Aktionen ein, die als Vorbereitungen   erforderlich

sind. Dazu zählen u.a. das Laden aller erforderlicher Dokumente, das Verbergen von Dokumenten, das Einstellen der Parameter des Arbeitsbereiches, das Initialisieren von Feldern sowie der Aufbau der anwendungsspezifischen Menüleiste, zumindest in ihrer Grundstruktur.

In unserer Anwendung RKA benötigen wir eine Menüleiste mit den drei vorhin festgelegten Menüs und den dazugehörigen Befehlen. Diese Struktur bauen wir in einer Funktionsfolge innerhalb dieses ersten Makros *rka_menü* auf (siehe Abbildung 9-24).

	A
7	=MENÜLEISTE.EINFÜGEN()
8	=MENÜ.EINFÜGEN(kennummer_menüleiste;menü_anwendung)
9	=MENÜ.EINFÜGEN(kennummer_menüleiste;menü_formular)
10	=MENÜ.EINFÜGEN(kennummer_menüleiste;menü_daten)

Abbildung 9-24: Anlegen und Füllen der anwendungsspezifischen Menüleiste der Applikation REISEKOSTENABRECHNUNG

Der in den MENÜ.EINFÜGEN-Funktionen benutzte Name *kennummer_menüleiste* bezieht sich dabei auf die Zelle A7, in der die MENÜLEISTE.EINFÜGEN-Funktion die interne Nummer der Leiste als Ergebnis abgelegt hat.

Nachdem alle drei Menüs in die Menüleiste eingefügt sind, wird diese auf dem Bildschirm angezeigt, wobei allerdings die vorbereitenden Arbeiten an den Menüs noch nicht abgeschlossen sind.

Abbildung 9-25: Ansicht der in Abbildung 9-23 definierten und in Abbildung 9-24 angelegten Menüleiste

9.8.4 Deaktivieren und Aktivieren von Befehlen

Bevor der Anwender den ersten Befehl erteilen kann, wollen wir zunächst noch einige Befehle deaktivieren. Der Befehl *Formular Neu* braucht anfangs nicht aufgerufen zu werden, da die Anwendung nach ihrem Start automatisch ein leeres Formular zur Verfügung stellt. Die Befehle *Formular Drucken* und *Formular Speichern* sollen noch nicht durchgeführt werden können, da noch kein ausgefülltes Formular vorliegt. Die Befehle *Daten Datenblatt 1* und *Daten Datenblatt 2* sollen nur dazu dienen, bereits eingegebene Daten zu einer Dienstreise noch einmal überarbeiten zu können. Da jedoch am Anfang des Programms noch keine Daten erfaßt sind, können diese Befehle noch nicht benutzt werden.

Da die Deaktivierung dieser Befehle auch immer dann notwendig ist, wenn im späteren Verlauf der Anwendung ein neues Formular angelegt werden soll, fassen wir die notwendigen Makrofunktionen in einer Subroutine zusammen, die wir *deaktivieren* nennen wollen. Dieses Makro-Unterprogramm wird einerseits nach dem Aufbau der Menüleiste im Programmvorlauf (in Zelle A11 nach den Funktionen in Abbildung-9-24) als auch später in der Makroroutine *formular_neu* aufgerufen, die ein neues Formular auf Befehl anlegt.

	A
130	*deaktivieren*
131	=BEFEHL.AKTIVIEREN(kennummer_menüleiste;2;1;FALSCH)
132	=BEFEHL.AKTIVIEREN(kennummer_menüleiste;2;3;FALSCH)
133	=BEFEHL.AKTIVIEREN(kennummer_menüleiste;2;4;FALSCH)
134	=BEFEHL.AKTIVIEREN(kennummer_menüleiste;3;2;FALSCH)
135	=BEFEHL.AKTIVIEREN(kennummer_menüleiste;3;3;FALSCH)
136	=MENÜLEISTE.ZEIGEN(kennummer_menüleiste)
137	=RÜCKSPRUNG()

Abbildung 9-26: Deaktivieren einiger Befehle der anwendungsspezifischen Menüs und Anzeigen der Menüleiste auf dem Bildschirm

Ergebnis des Makros *deaktivieren* ist somit eine Menüleiste, in der einige Befehlsnamen grau, andere schwarz geschrieben sind.

Abbildung 9-27: Ansicht der drei Drop-Down-Menüs nach dem Deaktivieren der Befehle

Liegt ein noch nicht ausgefülltes Formular vor, können also nur alle Befehle im Menü *Anwendung* und der Befehl *Daten alle Daten* erteilt werden. Alle anderen Befehlsaufrufe werden von Microsoft Excel ignoriert.

Im späteren Verlauf der Benutzung des Programms, wenn ein Formular ausgefüllt ist, müssen die ausgeschalteten Befehle wieder aktiviert werden. Dies können wir z.B. dadurch erreichen, daß wir die uns schon aus dem Beispiel im Ka-

pitel 8 bekannte Makroroutine *transport*, die die erfaßten Daten aus der Makrovorlage in das Berechnungsformular überführt, am Ende um die entsprechenden
Funktionen erweitern.

	A
200	*ende transport*
201	=BEFEHL.AKTIVIEREN(kennummer_menüleiste;2;1;WAHR)
202	=BEFEHL.AKTIVIEREN(kennummer_menüleiste;2;3;WAHR)
203	=BEFEHL.AKTIVIEREN(kennummer_menüleiste;2;4;WAHR)
204	=BEFEHL.AKTIVIEREN(kennummer_menüleiste;3;2;WAHR)
205	=BEFEHL.AKTIVIEREN(kennummer_menüleiste;3;3;WAHR)
206	=RÜCKSPRUNG()

*Abbildung 9-28: Funktionsfolge für das Aktivieren der in Abbildung 9-26 deak-
tivierten Befehle*

Nun können alle Befehle des Menüsystems aufgerufen werden, bis durch den
Befehl *Formular Neu* die freigegebenen Befehle wieder gesperrt werden.

Micros
Anwendung   Formular
Formular   Da
Daten
Anwendung beenden
Neu
alle Daten
Datenblatt 1
Datenblatt 2
Excel Sinnbild
Drucken
Speichern
über RKA

*Abbildung   9-29:   Ansicht   der   Drop-Down-Menüs   der   Anwendung
REISEKOSTENABRECHNUNG nach dem Aktivieren aller Befehle*

9.8.5 Struktur der menügesteuerten Anwendung

Wie bekannt, gehört bei einer menügesteuerten Applikation zu jedem Befehl
eine Makroroutine, die die Ausführung des Befehls übernimmt. Da wir in unserem Menüsystem alle Standardauswahlen entfernt haben, müssen wir auch die
Programmfunktionen in eigenen Makros realisieren, die ansonsten von Standardbefehlen ohne Programmierarbeit ausgeübt werden. Hierzu zählen in unserem Beispiel insbesondere die Funktionen *Drucken* und *Speichern*. Wir haben
dadurch andererseits den Vorteil, speziell den Anforderungen der Anwendung
angepaßte Routinen erstellen zu können, die dem Benutzer viele Tätigkeiten ab-
nehmen werden.

Stellen wir die Struktur unserer Reisekostenabrechnungs-Applikation als Baum
dar, erhalten wir eine übersichtliche Hierarchie von der Gesamtanwendung
über die Menüs, die Befehle bis zu den Makros. Wir erkennen daran, daß die
Benutzung von anwendungsspezifischen Menüs nicht nur die Benutzer-
freundlichkeit und die Sicherheit der Anwendung fördert, sondern Entwicklern
auch als Basis für einen übersichtlichen Aufbau des Anwendungssystems dienen
kann.

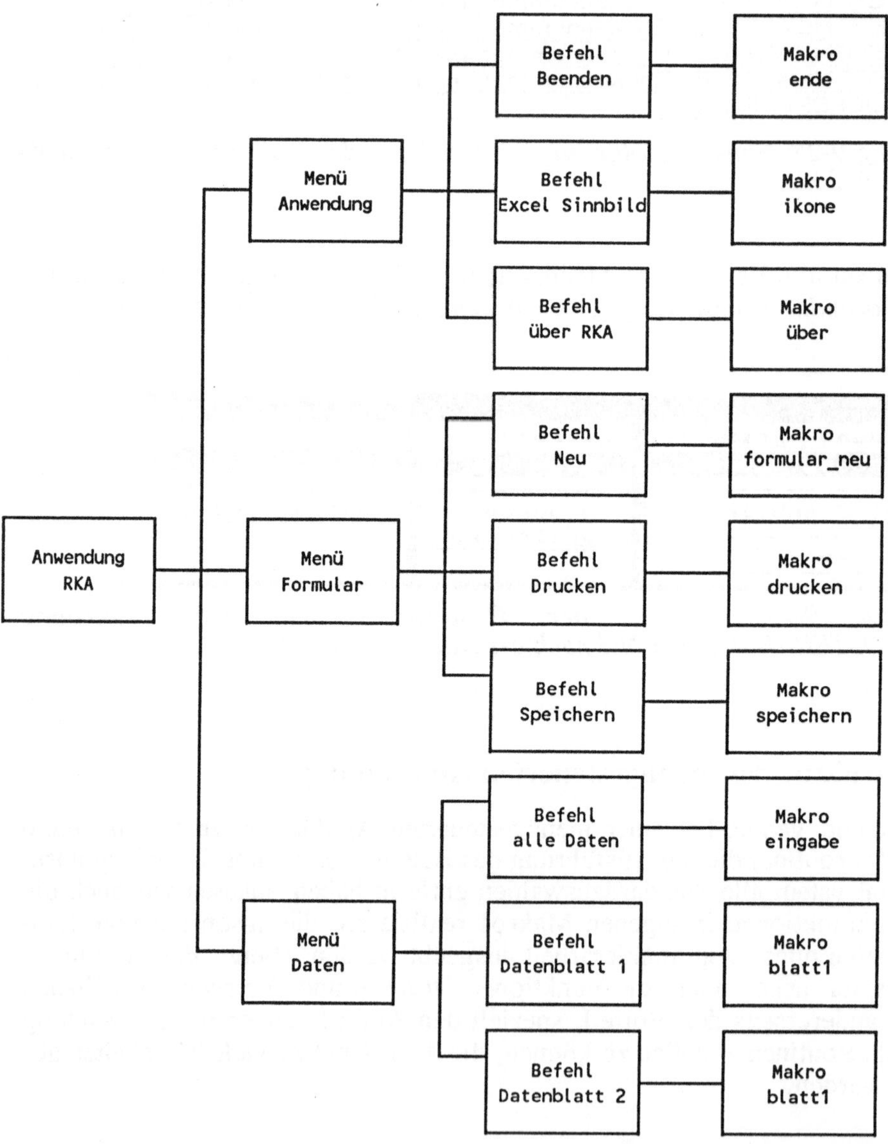

Abbildung 9-30: Funktionale Struktur der Anwendung REISEKOSTEN-
ABRECHNUNG

Halten wir uns an die Regel, daß für jeden Befehl genau eine Makroroutine "zuständig" ist, die entweder alle Aktionen für den Befehl selbst ausführt oder zumindest die Ablaufsteuerung für die Befehlsausführung übernimmt, wird unsere Anwendung "automatisch" übersichtlich und damit auch wartungsfreundlich.

9.8.6 Beenden der menügesteuerten Anwendung

Wird die Applikation RKA durch den Benutzerbefehl *Anwendung Beenden* abgeschlossen, hat eine Makroroutine dafür zu sorgen, daß wieder ein Standardmenü angezeigt wird und schließlich alle Dokumenten geschlossen werden. In RKA übernimmt diese Arbeiten der Makro *ende*, der zusätzlich auf ein weiteres Problem hinweist, das bei vollständigen Anwendungen unter Microsoft Excel beachtet werden muß.

	A
105	*ende*
106	=ECHO(FALSCH)
107	=AKTIVIEREN("rka_base.xls")
108	=SCHLIESSEN(FALSCH)
109	=AKTIVIEREN("rka_pers.xls")
110	=SCHLIESSEN(FALSCH)
111	=AKTIVIEREN(formular_name)
112	=SCHLIESSEN(FALSCH)
113	=ANZEIGEN("rka.xlm")
114	=MENÜLEISTE.ZEIGEN(1)
115	=MENÜLEISTE.LÖSCHEN(kennummer_menüleiste)
116	=ARBEITSBEREICH(;;;;WAHR)
117	=LADEN("rka_ende.xlm")
118	=GEHEZU('D:\WIN2\EXCEL\XL\RKA_ENDE.XLM'!rka_ende)

Abbildung 9-31: Abschlußroutine der Applikation REISEKOSTENABRECH-NUNG mit Schließen der Berechnungstabellen und Übergabe der Kontrolle an die Makrovorlage RKA_ENDE.XLM

Ihnen ist bestimmt aufgefallen, daß am Ende des Makros noch ein Dokument RKA_ENDE.XLM geladen wird, und die letzte Zeile dieses Makros nicht die RÜCKSPRUNG- sondern eine GEHEZU-Funktion mit einer externen Referenz in diese neue Makrovorlage ausführt. Microsoft Excel kann eine Makrovorlage, die den steuernden Makro enthält, nur mit der Makrofunktion ALLES.SCHLIESSEN schließen. Bei einer Anwendung, bei der durch Speicherung von Daten, z.B. bei Eingaben in Dialogfelder, der Inhalt der Makrovorlage geändert wird, besteht das Problem, daß Microsoft Excel den Benutzer automatisch fragt, ob die geänderte Makrovorlage gespeichert werden soll. Da dies wohl in wenigen Fällen erwünscht ist, muß versucht werden, diese Abfrage zu vermeiden. Ein Schließen eines geänderten Dokumentes per Makro ohne

Nachfrage auf Speicherung ist nur mit der Funktion SCHLIESSEN(FALSCH) möglich. Um eine Makrovorlage damit schließen zu können, muß die Ablaufsteuerung an einen Makro in einer anderen Vorlage abgegeben werden. Dieser kann die nicht mehr aktive Makrovorlage ohne Benutzerabfrage und endlich sich selbst mit ALLES.SCHLIESSEN aus dem Speicher entfernen.

RKA_ENDE.XLM

	A	B
1	rka_ende	Beginn der Abschluß-Prozedur
2	=AKTIVIEREN("rka.xlm")	Aktivieren der Haupt-Makrovorlage
3	=SCHLIESSEN(FALSCH)	Schließen der Makrovorlage
4	=ALLES.SCHLIESSEN()	alle Dokumente schließen
5	=RÜCKSPRUNG()	Ende der Anwendung

Abbildung 9-32: Die Makrovorlage RKA_ENDE.XLM mit dem Endemakro der Anwendung REISEKOSTENABRECHNUNG

9.9 Ein wichtiger Tip

Während der Entwicklung einer Applikation sind Fehler unvermeidlich. Stellt Microsoft Excel jedoch einen Fehler in einem anwendungsmenügesteuerten System fest, so kann es dem Programmierer sehr viel Mühe kosten, den Fehler zu beheben, wenn bereits das eigene Menüsystem aktiv, jedoch gerade nicht die Makrovorlage als Fenster auf dem Bildschirm sichtbar ist. Beinhaltet das Anwendungsmenü nämlich nicht die Möglichkeit, fehlerfrei zwischen verschiedenen Fenstern umzuschalten, können wir nicht direkt an die Fehlerquelle gelangen und das Übel beheben. Funktioniert sogar der Makro nicht, der die Anwendung regulär beenden und eines der Standardmenüs anzeigen soll, kann es vorkommen, daß wir Microsoft Excel sogar ganz verlassen müssen.

Es ist deshalb während der Entwicklungs- und Testphase unumgänglich, sich einen "Nebenausgang" aus der Anwendung zu schaffen, der als kurzer, über Tastatur aufzurufender Makro aus der Not befreien kann. Wir benutzen in unserer RKA-Anwendung einen kleinen Makro *notausgang*, der jederzeit über die Tastenkombination STRG+x aufgerufen werden kann. Diese Routine aktiviert die wahrscheinlich mit dem Fehler behaftete Makrovorlage, zeigt die Standardmenüleiste 1 an und löscht die anwendungsspezifische Menüleiste, damit nicht bei wiederholtem Aufruf der Anwendung immer wieder eine weitere Leiste angelegt wird, und wir so allmählich den für die Anwendungen zur Verfügung stehenden Speicherplatz mit "Menüleisten-Leichen" füllen.

	A
217	*Routine für den Abbruch der Anwendung während der Entwicklungsphase*
218	*Aufruf mit STRG-X*
219	*notausgang*
220	=ANZEIGEN("rka.xlm")
221	=MENÜLEISTE.ZEIGEN(1)
222	=MENÜLEISTE.LÖSCHEN(kennummer_menüleiste)
223	=RÜCKSPRUNG()

Abbildung 9-33: Hilfsmakro notausgang für den Abbruch der Anwendung bei Fehlern

Legen Sie sich zu Beginn der Entwicklung einer Anwendung stets eine solche kleine Notausgangs-Routine an und ordnen Sie ihr - aus Gründen der Gewöhnung - immer die gleiche Tastenkombination (z.B. STRG+x) zu. Sie werden dann niemals in die Verlegenheit kommen, weite Umwege bis zur Behebung eines Fehlers gehen zu müssen.

Falls Sie in Ihrer Anwendung mehrere Menüleisten anlegen, denken Sie daran, die Notausgang-Routine mit allen erforderlichen MENÜLEISTE.LÖSCHEN-Funktionen zu versehen.

Und beachten Sie während der Entwicklungs- und Testphase, bei einem Abbruch der Applikation stets diese Routine aufzurufen, auch wenn dies offensichtlich nicht erforderlich ist. Andernfalls könnte es zu unerklärlichen Programmabbrüchen wegen Speicherplatzmangels kommen, da zu viele Menüleisten aus vorangegangenen Durchläufen noch nicht entfernt worden sind.

10 Funktionsmakros

Nachdem wir im vierten Kapitel bereits die Unterschiede zwischen Funktions- und Befehlsmakros aufgezeigt und in den darauffolgenden Kapiteln die Klasse der Befehlsmakros besprochen haben, wollen wir nun ausführlicher auf die Funktionsmakros eingehen.

Nach einer kurzen Wiederholung der Charakteristika von Funktionsmakros werden wir uns anhand von Beispielen dem Aufbau von Funktionsmakros, der Festlegung und der Übergabe von Parametern sowie dem Aufruf von Funktionsmakros widmen.

Wir hatten früher schon gesehen, daß Funktionsmakros die Möglichkeiten, die durch die Standard-Tabellenfunktionen von Microsoft Excel bereitgestellt werden, erweitern. Sie benötigen also immer dann einen Funktionsmakro, wenn arithmetische oder sonstige mathematische Operationen auszuführen sind.

Funktionsmakros werden eingesetzt, um für regelmäßig ausgeführte, spezielle Berechnungen Anwenderfunktionen festzulegen.

Beachten Sie: Funktionsmakros können nicht - wie Befehlsmakros - aufgezeichnet werden, da sie keine Aktionen, sondern ausschließlich Berechnungen ausführen.

Wenn Sie sich darin erinnern, daß ein Funktionsmakro einer Tabellenfunktion gleicht, haben Sie auch gleich die wesentlichen Eigenschaften eines solchen Makros, nämlich:

Funktionsmakros führen **Berechnungen** durch,

Sie **benötigen Werte** und **geben Werte aus,**

Sie werden in Felder als **Teile von Formeln** eingegeben.

Eingabeparameter

	A	B
		FUNKMAK1.XLM
1	Mwst	Name des Makros
2	=ARGUMENT("Betrag")	Angabe des Arguments
3	=Betrag/114*14	Berechnung der enthaltenen MWST
4	=RÜCKSPRUNG(A3)	Rücksprung mit Parameterübergabe
5		

Ausgabeparameter

Abbildung 10-1 : Übergabe von Werten an und von einem Funktionsmakro

10.1 Aufbau von Funktionsmakros

Im folgenden werden wir den Aufbau und die Eigenschaften eines Funktionsmakros an einem einfachen Beispiel erläutern.

Dabei wollen wir auf das Beispiel der Kapitalaufzinsung im ersten Kapitel zurückkommen. Dort hatten wir die entsprechenden Funktionen direkt in die Tabelle eingegeben, da wir keine anderen Möglichkeiten kannten. Mit Hilfe eines Funktionsmakros läßt sich diese Tabelle aber verständlicher formulieren und vor allen Dingen flexibler gestalten.

Wie Sie schon wissen, wird ein Funktionsmakro, wie ein Befehlsmakro auch, in einer Makrovorlage festgelegt. Wir wollen in einer neuen Makrovorlage beginnen.

Erstellen Sie dazu bitte über den Befehl *Datei Neu* und die Wahl der Option *Makro* eine leere Makrovorlage. In diese geben Sie dann Schritt für Schritt die nachfolgend erklärten Befehle ein.

Der Aufbau eines Funktionsmakros ist im Prinzip identisch mit dem eines Befehlsmakros.

Jeder Funktionsmakro beginnt mit einem Namen und danach folgen Funktionen.

Festlegung des Namens eines Makros

Der zu erstellende Funktionsmakro soll den Namen *endkapital* erhalten.

Schreiben Sie in das erste Feld der ersten Zeile der Makrovorlage den Namen endkapital.

	A	B	
1	endkapital		
2			
3			

MAKRO1.XLM

Abbildung 10-2 : Festlegung des Makronamens

Wählen Sie als nächstes den Befehl *Formel Namen festlegen*. Da das Feld A1 noch ausgewählt ist, schlägt Microsoft Excel Ihnen den Namen endkapital mit dem Bezug $A$1 im Feld *Zugeordnet zu* vor. Klicken Sie die Option *Funktion* an, und bestätigen Sie durch Anklicken der Schaltfläche OK.

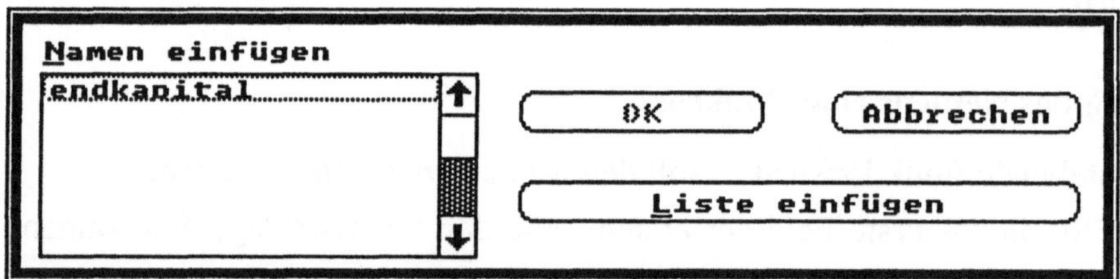

Abbildung 10-3 : Dialogfeld Namen festlegen

Damit ist der Name endkapital für den Makro festgelegt, und Sie können später durch Angabe des externen Bezugs für endkapital darauf zurückgreifen.

Wollen Sie nachprüfen, ob der von Ihnen festgelegte Name auch wirklich angenommen worden ist, so wählen Sie den Befehl *Formel Namen einfügen* aus. Am Ende des Listenfeldes müßte der von Ihnen festgelegte Namen erscheinen.

Abbildung 10-4 : Dialogfeld Namen einfügen

Doch zurück zum Aufbau eines Funktionsmakros.

Sie sollten die Reihenfolge der Funktionen innerhalb des Makros nicht beliebig wählen, sondern sich an dem folgenden Schema orientieren:

Festlegung des Datentyps des Ergebnisses

Festlegung der Argumente

Festlegung der Formeln

Rücksprung-Funktion

Dies soll im Folgenden näher ausgeführt werden.

Festlegung des Datentyps des Ergebnisses

Falls Sie den Datentyp des Ergebnisses festlegen wollen, was Sie zur Sicherheit und Überprüfbarkeit tun sollten, so verwenden Sie als erste Funktion innerhalb des Makros die Funktion ERGEBNIS. Diese Funktion ist aber wahlfrei, d.h. sie muß nicht festgelegt werden.

Das Format der Funktion lautet:

ERGEBNIS(Typzahl)

Jede Typzahl entspricht dabei einem bestimmten Argumenttyp, nämlich

Tabelle 10-1: Zuordnung der Typzahlen zu Argumenttypen

Typzahl	Ergebnis
1	Zahl
2	Text
4	Wahrheitswert
8	Bezug
16	Fehlerwert
64	Matrix

Ist die Typzahl eine Summe der obengenannten Zahlen, so kann der als Ergebnis ausgewiesene Wert zu verschiedenen Typen gehören. Diese Summe kann immer eindeutig in die zugehörigen Bestandteile zerlegt werden, da die Typzahlen dementsprechend festgelegt wurden. Erfolgt keine Angabe, so nimmt Microsoft Excel die Typzahl 7 an. 7 entspricht der Summe aus 1, 2 und 3, d.h. das Ergebnis kann eine Zahl, ein Text oder ein Wahrheitswert sein.

In unserem Fall ist der Ergebnistyp Zahl, also geben Sie in die zweite Zeile des zu erstellenden Makros ein:

=ERGEBNIS(1)

Abbildung 10-5: Festlegung des Datentyps des Ergebnisses

Festlegung der Argumente

Als nächstes folgt die Funktion ARGUMENT, die für jeden Parameter des Makros festgelegt werden muß. Das einfache Format dieser Funktion lautet:

ARGUMENT(Name;Datentypzahl),

wobei die Angabe der Datentypzahl wieder wahlfrei ist, d.h. sie kann weggelassen werden.

Beachten Sie bitte, daß Sie maximal 13 Argumente zu einem Funktionsmakro definieren können und daß die Reihenfolge der Festlegung der Reihenfolge der späteren Angabe von Argumenten entsprechen muß.

In unserem Beispiel benötigen wir die drei Argumente:

Anfangskapital, Zinssatz und Jahre.

Das bedeutet, daß wir drei weitere Zeilen unseres Makros festlegen müssen:

=ARGUMENT("Anfangskapital")

=ARGUMENT("Zinssatz")

=ARGUMENT("Jahre")

Geben Sie diese drei Zeilen als Zeile 3, 4 und 5 in die Makrovorlage ein.

	A	B
		MAKRO1.XLM
1	endkapital	
2	=ERGEBNIS(1)	
3	=ARGUMENT("anfangskapital")	
4	=ARGUMENT("zinssatz")	
5	=ARGUMENT("zeit")	
6		

Abbildung 10-6 : Festlegung der Argumente

Festlegung der Formeln für die Berechnungen

An die beschriebenen Festlegungen des Ergebnisses und der Argumente schließen sich die Formeln an, die Sie zur eigentlichen Berechnung benötigen.

In unserem Fall handelt es sich um die in Kapitel 1 besprochene Formel zur Kapitalaufzinsung. Schreiben Sie also in Zeile 6:

=Anfangskapital*(1+Zinssatz)^Zeit

	MAKRO1.XLM	
	A	**B**
1	endkapital	
2	=ERGEBNIS(1)	
3	=ARGUMENT("anfangskapital")	
4	=ARGUMENT("zinssatz")	
5	=ARGUMENT("zeit")	
6	=anfangskapital*(1+zinssatz)^zeit	

Abbildung 10-7: Formel zur Berechnung

Rücksprung-Funktion

Die letzte Zeile jedes Makros sollte die RÜCKSPRUNG-Funktion enthalten. Die Syntax dieser Funktion lautet im Fall eines Funktionsmakros:

RÜCKSPRUNG(Wert)

Sie befiehlt Microsoft Excel, den im Augenblick ausgeführten Makro anzuhalten und die Steuerung zum Startpunkt des Makros zurückzugeben. Das ist im Falle eines Funktionsmakros die entsprechende Formel oder ein anderer Makro. Das Argument Wert legt den Ausgabewert des Makros fest.

In unserem Beispiel wollen wir als Ergebnis den in Feld A6 berechneten Wert zurückgeben, also lautet die letzte Zeile des Makros:

=RÜCKSPRUNG(A6)

Sehen wir uns noch einmal den erstellten Makro in seiner Gesamtheit an.

	MAKRO1.XLM	
	A	**B**
1	endkapital	
2	=ERGEBNIS(1)	
3	=ARGUMENT("anfangskapital")	
4	=ARGUMENT("zinssatz")	
5	=ARGUMENT("zeit")	
6	=anfangskapital*(1+zinssatz)^zeit	
7	=RÜCKSPRUNG(A6)	
8		

Abbildung 10-8 : Funktionsmakro endkapital

Wir haben eine neue Funktion entwickelt, die den Wert eines eingegebenen Anfangskapitals bei eingegebenem Zinssatz nach einer eingegebenen Anzahl von Jahren berechnet und ausgibt.

Speichern Sie die Makrovorlage unter dem Namen KAP_AUF.XLM auf unserer Beispieldiskette ab.

Sie sehen, der Name der Makrovorlage auf dem Bildschirm erhält sofort den neu definierten Namen.

	Microsoft Excel – KAP_AUF.XLM	
Datei Bearbeiten Formel Format Daten Optionen		
B17		
	A	**B**
1	endkapital	
2	=ERGEBNIS(1)	
3	=ARGUMENT("anfangskapital")	
4	=ARGUMENT("zinssatz")	
5	=ARGUMENT("zeit")	
6	=anfangskapital*(1+zinssatz)^zeit	
7	=RÜCKSPRUNG(A6)	
8		

Abbildung 10-9: Makrovorlage nach Speichern-Befehl

10.2   Übergabe von Argumenten

Wir haben oben schon kurz erläutert, wie Ergebnisse festgelegt und Argumente definiert werden. Es existieren in Microsoft Excel zwei Ausprägungen der ARGUMENT-Funktion, auf die wir nun ausführlicher eingehen wollen.

Erste Form der ARGUMENT-Funktion

Die Syntax der ersten Form der ARGUMENT-Funktion lautet:

ARGUMENT(Name;*Datentypzahl*),

wobei Datentypzahl wahlfrei ist.

Es heißt in der Beschreibung dieser Funktion: für das dieser ARGUMENT-Funktion entsprechende Argument wird der angegebene Name festgelegt. Das wollen wir an einem Beispiel verdeutlichen.

Angenommen, Sie definieren ARGUMENT("Hausnummer") für einen Funktionsmakro. Rufen Sie diesen unter Angabe der Zahl 5 auf, so erhält die Zahl 5 im Makro den Namen Hausnummer und immer, wenn in einer Formel im Makro mit Hausnummer gerechnet wird, so wird mit 5 gerechnet.

Beachten Sie bitte, daß, wenn ein Makro eine ARGUMENT-Funktion enthält und Sie das entsprechende Argument zum Aufruf des Makros nicht angeben, der Makro als Argumentwert den *Fehlerwert #NV* verwendet.

Wenn Sie die Datentypzahl nicht angeben, so nimmt Microsoft Excel an, daß es sich um eine Zahl, einen Text oder einen Wahrheitswert handelt. Gehört das von Ihrem Funktionsmakro erhaltene Argument nicht zum angegebenen Typ, so versucht Microsoft Excel zunächst, es in den angegebenen Typ umzuwandeln. Ist eine Umwandlung nicht möglich, so gibt der Funktionsmakro den *Fehlerwert #Wert!* aus.

Zweite Form der ARGUMENT-Funktion

Eine zweite Möglichkeit, die ARGUMENT-Funktion festzulegen lautet folgendermaßen:

ARGUMENT(*Name;Datentypzahl*;Bezug),

wobei die ersten beiden Parameter wahlfrei sind.

Hier geschieht folgendes: bei Aufruf des Makros wird der Argumentwert in das durch Bezug festgelegte Feld bzw. den festgelegten Bereich der Makrovorlage geschrieben, und dieses Feld bzw. dieser Bereich wird dann mit dem angegebenen Name benannt.

Auch hierfür ein Beispiel:

Angenommen Sie schreiben =ARGUMENT("Hausnummer";1;C4) und rufen den Makro wiederum mit dem Wert 5 auf, so wird die 5 in das Feld C4 der Makrovorlage geschrieben und dieses Feld erhält den Namen Hausnummer. Sie können hier auch einen Bereich ansprechen, also z.B. C4:C8.

Sorgen Sie bei dieser Form der Verwendung von ARGUMENT nur dafür, daß die im Bezug angegebenen Felder keine anderen Formeln oder Konstanten enthalten, die gespeichert werden sollen und daß der Bezug groß genug ist, um das zu übergebende Argument aufzunehmen.

10.3   Aufruf von Funktionsmakros

Wie arbeiten Sie nun mit einem erstellten Funktionsmakro?

Grundsätzlich gilt: Funktionsmakros werden fast so wie Befehlsmakros ausgeführt, aber anders gestartet. Erinnern Sie sich: bei einem Befehlsmakro wählen Sie den Befehl *Makro Ausführen* oder drücken den festgelegten Tastaturschlüssel.

Einen Funktionsmakro dagegen verwenden Sie wie eine Microsoft-Excel-Tabellenfunktion, d.h. Sie rufen ihn über seinen Namen und Angabe der entsprechenden Argumente auf.Beachten Sie aber bitte eine wichtige Ausnahme:

Die Makrovorlage mit dem betreffenden Funktionsmakro muß geladen werden, bevor Sie den Makro verwenden können.

Danach gibt es zwei Möglichkeiten:

-    Sie wählen den Befehl *Formel Funktion einfügen* und suchen im angezeigten Listenfeld nach dem gewünschten Namen(siehe Bild 10-10).

Achtung: Benutzer-definierte Funktionen werden nicht alphabetisch ein-sortiert, sondern stehen am Ende der Liste.

Danach geben Sie die erforderlichen Argumente ein.

oder

-    Sie geben ein Gleichheitszeichen ein, gefolgt vom Namen der Funktion und dahinter in Klammern die erforderlichen Argumente. Bei der Verwendung mehrerer Argumente müssen diese durch Semikolons voneinander getrennt werden.

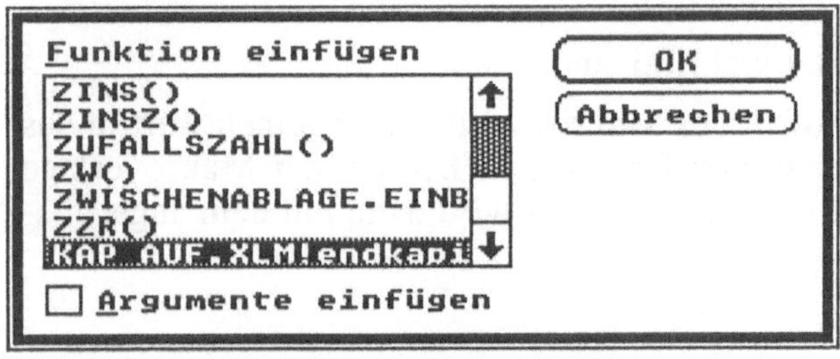

Abbildung 10-10: Dialogfeld Formel Funktion einfügen

Dieses wollen wir nun auf unseren Funktionsmakro endkapital anwenden. Dazu müssen wir die Tabelle der Kapitalaufzinsung mit dem entsprechenden Aufruf versehen.

Dazu laden Sie bitte zum einen die Tabellen ZINS_DB.XLS und KAP2.XLS, zum anderen die Makrovorlage KAP_AUF.XLM von Ihrer Beispieldiskette. Wählen Sie dann den Befehl *Fenster Alles anordnen*.

Ihr Bildschirm müßte nun folgendermaßen aussehen:

Abbildung 10-11: Angeordnete Fenster

Klicken Sie das Fenster kap2.xls an. Wir ersetzen die Formeln in Spalte B durch die Aufrufe des Funktionsmakros. Die Struktur der Befehle bleibt dabei selbstverständlich erhalten, d.h. der WENN-Befehl ändert sich nicht, sondern nur der Teil, der beschreibt, was im Falle einer erfüllten Bedingung zu geschehen hat. Hier stand bislang die Formel für die Kapitalaufzinsung, die wir nun über einen Funktionsmakro realisieren. An diese Stelle gehört also der Aufruf.

Beachten Sie bitte: jeder Aufruf muß den **vollständigen externen Bezug** enthalten, d.h. den Namen der Makrovorlage, gefolgt von einem Semikolon, gefolgt vom Namen des Makros und den Argumenten in Klammern.

Wählen Sie also das Feld B14 aus, markieren Sie in der Bearbeitungszeile den Text zwischen dem ersten und dem zweiten Semikolon und geben Sie ein:

KAP_AUF.XLM!endkapital($B$6;$B$8;A14)

Wir verwenden in der Formel die absoluten Bezüge für B6 und B8, da auch beim Kopieren immer auf dieselben Felder - das Anfangskapital und den Zinssatz - Bezug genommen werden soll.

A14 wird mit dem relativen Bezug angesprochen, da sich das Endkapital in Abhängigkeit von der Laufzeit steigert und in jeder Zeile deshalb mit der aktuellen Zahl gerechnet werden muß. Dieser Bezug soll also bei einem Kopieren der Formel angepaßt werden.

Abbildung 10-12 : Aufruf des Funktionsmakros aus einer Tabelle

Kopieren Sie diese Formel in die restlichen Felder der Spalte bis einschl. Feld B33. Die Inhalte der Felder C14 bis C33 bleiben unberührt.

Speichern Sie zum Schluß diese Tabelle unter dem Namen KAP3.XLS ab, und schließen Sie alle Dokumente.

11 Testen von Makros und Behandlung von Fehlern

11.1 Allgemeine Hinweise zu Makro-Tests und Makro-Fehlern

Bevor Sie Ihre Makros testen, sichern Sie Ihre Makrovorlage und die zu bearbeitenden Dokumente. Jede automatisch ausgeführte Operation birgt die Gefahr, daß wichtige Daten zerstört werden, weil zum Beispiel die Auswahl des Bereiches nicht korrekt festgelegt wurde. Testen Sie nie mit "echten" Daten! Wenn Ihr Makro mit umfangreichen Datenmengen umgeht, dann testen Sie den Makro mit einer Kopie dieser Daten. Sie ersparen sich damit möglicherweise aufwendige Rekonstruktionsarbeiten.

Erstellen Sie sich Testdaten. Verwenden Sie zunächst solche Daten, bei denen Sie das Ergebnis kennen. Beziehen Sie in Ihre Testdaten den Wert Null und die Grenzwerte ein, um festzustellen, wie sich Ihr Makro verhält

> bei dem Wert Null,
>
> bei dem letzten Wert vor dem Grenzwert,
>
> bei dem Grenzwert
>
> und bei dem Wert nach dem Grenzwert.

Grenzwerte sind solche Werte, bei denen Ihr Makro Entscheidungen zu treffen hat, etwa eine Schleifenbedingung, oder die Bedingung für eine Verzweigung.

Teilen Sie Ihre Makros grundsätzlich in kleinere überschaubare Abschnitte ein, und realisieren Sie diese der Reihe nach. Testen Sie nach Möglichkeit jeden Abschnitt für sich. So können Sie Fehler frühzeitig feststellen und korrigieren. Wenn im Zusammenspiel der Module Fehler auftreten, wird es für Sie einfacher sein, die Arbeitsschritte vor und nach der Übergabeschnittstelle nachzuvollziehen, als große komplexe Strukturen untersuchen zu müssen.

Um in der Anwendung Fehleingaben auszuschließen, nutzen Sie die Möglichkeiten, die Eingabe-Boxen, Dialogfelder und selbsterstellte Menüs bieten. Benutzen Sie die Funktionen

MELDUNG, um den Bediener zu führen und

WARNUNG, um auf Fehleingaben hinzuweisen, und lassen Sie deren Korrektur zu.

Schützen Sie die Bereiche der Arbeitstabellen, in die keine Eingaben zu machen sind, über den Menüpunkt *Optionen Datei schützen* oder über die Funktion DATEI.SCHÜTZEN.

Sie werden einiges an Erfahrungen sammeln müssen, bis Ihre selbsterstellten Makros fehlerfrei arbeiten. In der Anfangsphase werden Sie häufig mit dem Problem konfrontiert, daß Microsoft Excel die Ausführung Ihrer Makros mit der nachstehend abgebildeten Fehlermeldung unterbricht.

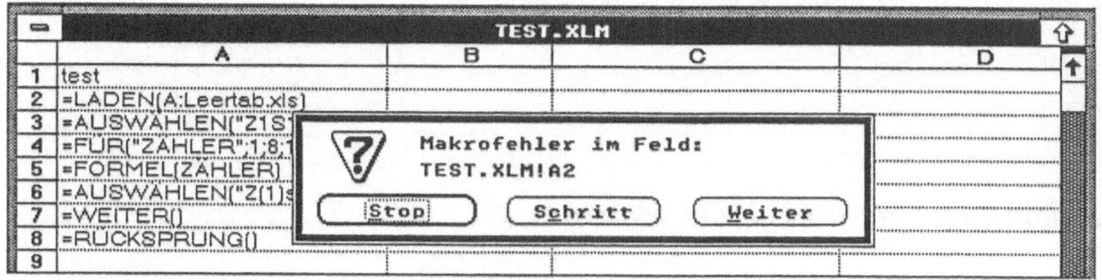

Abbildung 11-1: Warnfeld Makrofehler

Die Zelle, in der der Fehler aufgetreten ist, wird in dem Warnfeld genannt.

Die angebotenen Auswahlmöglichkeiten bedeuten:

Stop	unterbricht die Ausführung des Makros
Schritt	führt den Makro danach schrittweise weiter aus
Weiter	führt den Makro weiter aus, als wäre nichts geschehen.

Die weitere Ausführung, auch schrittweise, führt in der Regel nicht zum angestrebten Ziel, da der Makro nach der Stelle fortgesetzt wird, an welcher der Fehler aufgetreten ist.

In den meisten Fällen bleibt Ihnen nur die Möglichkeit, die Ausführung des Makros zu unterbrechen und die Zelle aufzusuchen, in der der Fehler angezeigt wurde. Schauen Sie sich den Inhalt der Zelle genauer an.

Ist der Text der Funktion nur in Kleinbuchstaben wiedergegeben, so ist bereits bei der Erstellung des Makros diese Funktion mißverstanden worden und lediglich als Text abgespeichert worden.

In der Regel wird es Ihnen weiter helfen, wenn Sie über den Menüpunkt Optionen Bildschirmanzeige die Formelanzeige ausschalten. Eine erfolgreich durchgeführte Operation hinterläßt den berechneten Wert, oder den Wahrheitswert WAHR. Tritt bei der Durchführung der Operation ein Fehler auf, so wird in der Regel der Fehlerwert dort abgestellt.

In der Abbildung 11-2 sehen wir, daß in unserem Beispiel der Fehlerwert
"#Wert" angezeigt wurde.

| A2 | | =LADEN(A:Leertab.xls) |

TEST.XLM

	A	B	C	D	E
1	test				
2	#WERT!				
3	WAHR				
4	WAHR				
5	WAHR				
6	WAHR				
7	WAHR				
8	WAHR				
9					

Abbildung 11-2 Werteanzeige im Makro

Die Funktion LADEN erfordert die Angabe des *Datei_Textes*. Wir sollten uns
daran erinnern, daß Texte in Funktionen durch Anführungszeichen
einzugrenzen sind. Der richtige Eintrag müßte hier also lauten:

=LADEN("A:Leertab.xls").

Der fehlerlos ausgeführte Makro hinterläßt dann nur den Wahrheitswert
WAHR.

TEST.XLM

	A	B	C	D	E
1	test				
2	WAHR				
3	WAHR				
4	WAHR				
5	WAHR				
6	WAHR				
7	WAHR				
8	WAHR				
9					

Abbildung 11.3: Werteanzeige im fehlerfreien Makro

Fast alle aktionsausführenden Makrofunktionen stellen vor ihrer Ausführung
den Wert FALSCH in der Zelle ab, nach fehlerfreier Ausführung den Wert
WAHR und nach nicht erfolgreicher Ausführung den Wert FALSCH oder
einen näher spezifizierten Fehlerwert (siehe Kapitel 11.2).

Häufig tritt auch die Situation auf, daß der Makro zwar ausgeführt wird, aber Ergebnisse falsch berechnet werden, oder die Ausführung nicht in der richtigen Reihenfolge erfolgt. Für das Testen eines solchen Makros bietet sich an, die Ausführung schrittweise erfolgen zu lassen.Es gibt mehrere Möglichkeiten, in den schrittweisen Ausführungsmodus zu gelangen:

1.   durch Unterbrechen mit der Taste ESC

2.   durch Eintragen der Funktion EINZELSCHRITT

3.   durch Mausklick der Schaltfläche Einzelschritt, wenn ein Fehler
      aufgetreten ist.

Für Testzwecke sollten Sie sich für ein kontrolliertes Einschalten durch die Funktion EINZELSCHRITT entscheiden.

Wählen Sie in Ihrer zu testenden Makrovorlage die Stelle aus, vor der die schrittweise Ausführung erfolgen soll. Schaffen Sie sich Platz für die folgende Eintragung:

    =EINZELSCHRITT()

In der Abbildung 11-4 haben wir dargestellt, welche Eintragungen erforderlich sind, um den Makro wahlweise im Einzelschrittmodus oder durchlaufend ausführen zu lassen.

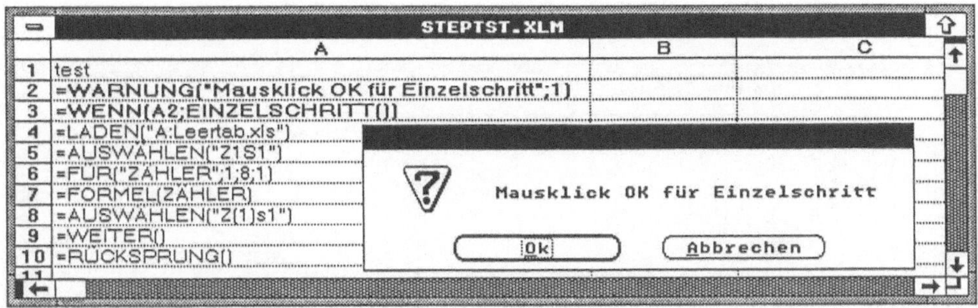

Abbildung 11-4: Wahlmöglichkeit für Einzelschrittmodus

Wird in dem Warnfeld die Schaltfläche OK ausgewählt, geht der Makro in die schrittweise Ausführung des Ablaufes über.

Die Funktion WARNUNG stellt bei Mausklick OK in Zelle A2 den Wert WAHR ab. Die Funktion WENN(A2;..) fragt, ob der Wert in A2 WAHR ist, und geht dann in den Einzelschrittmodus. Hier wird Ihnen in einem Dialogfeld die jeweils auszuführende Funktion angezeigt (vgl. Abbildung 11-5).

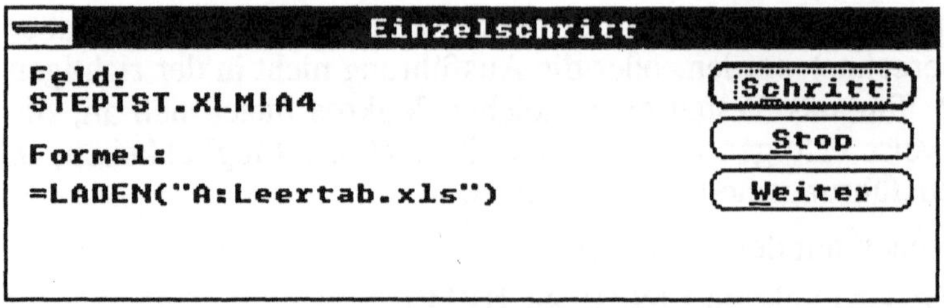

Abbildung 11-5: Dialogfeld Einzelschritt

Sie haben wiederum die Möglichkeit, den Makro schrittweise weiter zu führen, den Makro abzubrechen, oder den Makro durchlaufen zu lassen.

Eine weitere Methode, den Makro zu testen, ist das Arbeiten mit zwei Fenstern. Nach dem Laden der Makrovorlage wählen Sie über den Menüpunkt *Fenster* die Funktion *Neues Fenster* aus. Verschieben Sie mit der Maus das zweite Fenster so, daß Sie in beide Fenster ungehindert Einblick haben. Setzen Sie nun, über den Menüpunkt *Optionen Bildschirmanzeige*, eines der Fenster auf Wertanzeige. Während der schrittweisen Ausführung können Sie nun die durch den Makro generierten Werte sehen und gleichzeitig feststellen, in welcher Funktion ein Fehler auftritt (vgl. Abbildung 11-6).

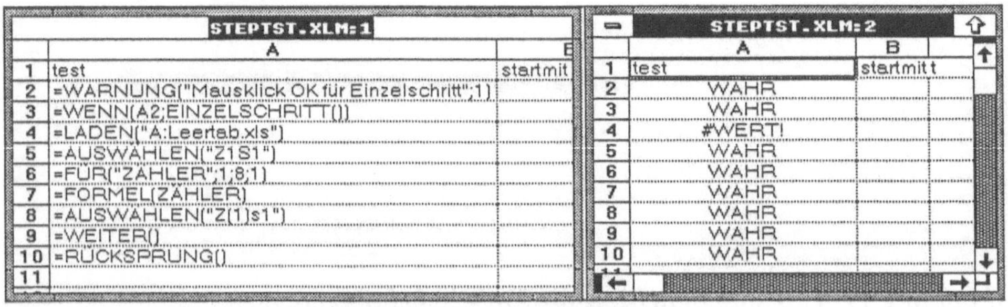

Abbildung 11-6: Fenster mit Formel- und Wertanzeig.

11.2 Makro-Fehlerwerte

Wie wir gesehen haben, geben viele Makrofunktionen näher spezifizierte Fehlerwerte aus, wenn die Funktion nicht erfolgreich durchgeführt werden konnte. Die nachstehende Zusammenstellung gibt einen Überblick über die häufigsten Fehlerwerte:

#DIV/0!

Dieser Fehlerwert sagt aus, daß in einer Formel eine Division durch Null durchgeführt werden sollte. Prüfen Sie den Inhalt der beteiligten Argumente.

#NV

Dieser Fehlerwert steht für nicht verfügbar. Er wird dann gesetzt, wenn Sie etwa externe Referenzen verwenden oder eine Funktion verwenden, die diesen Fehlerwert direkt übergibt, wie zum Beispiel die Funktion DLESEN.SATZ().

#Name?

Dieser Fehlerwert wird ausgegeben, wenn Sie einen Namen verwenden, der in dem angesprochenen Dokument nicht definiert wurde, oder Sie haben den Namen in anderer Schreibweise definiert.

#Bezug!

Dieser Fehlerwert weist darauf hin, daß Sie sich auf ein nicht gültiges Feld beziehen. Möglicherweise steht eine Hilfstabelle nicht zur Verfügung.

#Wert!

Dieser Fehlerwert wird angezeigt, wenn Sie den falschen Argument- oder Operationstyp verwenden. Prüfen Sie, ob Sie Text eingegeben haben, wo ein Wahrheitswert oder eine Zahl stehen muß.

Sachwortverzeichnis

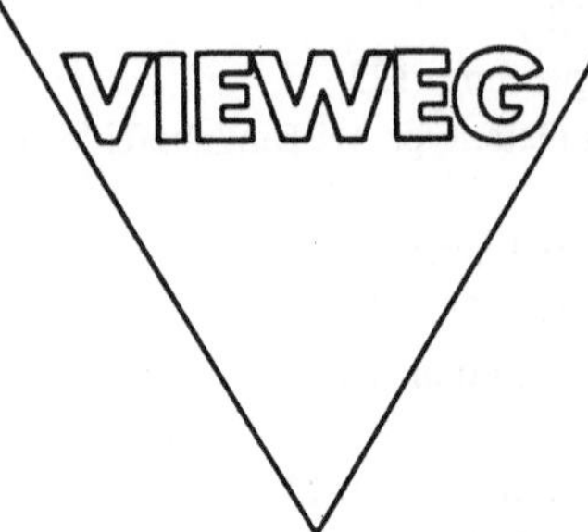

Jim Heid

POWER Windows für Fortgeschrittene

Optimierung von Geschwindigkeit und Leistungsvermögen bei Windows 2.0 und Windows / 386

Aus dem Amerikanischen übersetzt und bearbeitet von Christian Wildfeuer. 1989. XII, 208 Seiten, 18,5 x 23,5 cm. Gebunden.

Mit Microsoft Windows kann der Anwender ein maßgeschneidertes, den eigenen Bedürfnissen entsprechendes und leistungsfähiges PC-System einrichten. „Power Windows für Fortgeschrittene" beschreibt dem Leser die vielfältigen Merkmale und Funktionen von Windows 2.0 und Windows / 386. Das Buch enthält eine Vielzahl von Techniken, Prozeduren und Beispielroutinen, um dem Leser bei der Arbeit mit Windows zu helfen:

- Rationelle Startprozeduren, Festplatten- und Dateiverwaltung mit dem MS-DOS Fenster

- Einrichtung eines schnellen und effizienten Hardware-Setups und Optimierung des Speicherbedarfs

- Maximierung des Windows-Multitasking-Nutzens und der Windows-Datenaustauschfähigkeit

- Individuelle Anpassung der WIN.INI-Datei und Installation der gewünschten Bildschirm- und Druckerschriften

- Einsatz eines leistungsfähigen PostScript-Druckers mit Windows

- Optimale Verwendung von Tastatur und/oder Maus zur Verkürzung von Eingabeschritten

„Power Windows für Fortgeschrittene" widmet sich außerdem der Einbindung der neuesten Windows-Anwendungen: Textverarbeitung, Tabellenkalkulation, Desktop Publishing, Datenbank und Kommunikation.